FROISSART DANS SA FORGE

Ouvrage publié avec le concours
de la Délégation aux Célébrations nationales

FROISSART DANS SA FORGE

Actes du colloque réuni à Paris,
du 4 au 6 novembre 2004,
par M. Michel ZINK,
professeur au Collège de France,
membre de l'Académie
des Inscriptions et Belles-Lettres,

Textes rassemblés par Mme Odile Bombarde

Paris — AIBL, 2006
Diffusion DE BOCCARD
11, rue de Médicis

Illustration de couverture : *Froissart se fait raconter par les familiers du comte les grandes besoignes des dernières guerres : le jeune Gaston de Foix et son demi-frère Yvain.*
Ms. 865, fol. 201 r° (détail), © Bibliothèque municipale de Besançon.

ISBN : 2-87754-180-0

AVANT-PROPOS

Froissart est un historien si peu digne de foi qu'il a été incapable de nous donner avec précision la date de sa mort (ni, d'ailleurs, celle de sa naissance, ce qui aurait dû lui être plus facile). Le Haut Comité des Célébrations nationales, présidé par M. Jean Leclant, Secrétaire perpétuel de l'Académie des Inscriptions et Belles-Lettres, a pris l'heureuse initiative de suppléer à son insuffisance en décidant qu'il était mort en 1404 (date de l'événement le plus tardif — la mort du duc Aubert de Bavière — mentionné par ses *Chroniques*, dont le récit s'interrompt en 1400). Décision heureuse, qui nous donne l'occasion de tenir ce colloque.

Mais l'occasion ne suffit pas. Il faut que les moyens suivent. Ce m'est un agréable devoir de remercier ceux qui nous les ont généreusement fournis : l'Académie des Inscriptions et Belles-Lettres et son Secrétaire perpétuel, M. Jean Leclant, professeur honoraire au Collège de France ; la Délégation aux Célébrations nationales et son secrétaire général, Mme Martine de Boisdeffre, directrice des Archives de France ; la Fondation Hugot du Collège de France, son président, M. Jacques Glowinski, administrateur du Collège de France, et sa directrice, Mme Florence Terrasse-Riou, directrice des Affaires culturelles et des Relations extérieures du Collège de France ; le Livre de Poche et son directeur, M. Dominique Goust ; enfin, s'il faut mentionner toutes les sources de financement, la chaire de littératures de la France médiévale du Collège de France et son titulaire, votre serviteur.

Ce colloque a été organisé conjointement par le Collège de France et par l'Académie des Inscriptions et Belles-Lettres. Les deux premières demi-journées ont eu lieu au Collège de France, la dernière a occupé la séance publique hebdomadaire de l'Académie des Inscriptions et Belles-Lettres, ce qui lui a conféré un lustre tout particulier. Je remercie vivement M. le Secrétaire perpétuel d'y avoir consenti.

Les quatre communications prononcées devant l'Académie et suivies de ma synthèse improvisée n'ont pas donné lieu à discussion. Celle qui suit la communication de Godfried Croenen porte également sur celle de Bernard Guenée, qui l'avait précédée.

Michel ZINK

FROISSART EN SON TEMPS

FROISSART ET SES MÉCÈNES : QUELQUES PROBLÈMES BIOGRAPHIQUES [1]

Dans les études historiques et littéraires de Froissart, les relations entre le chroniqueur-poète hennuyer et ses mécènes occupent une place importante. Presque tous les érudits qui se sont occupés de l'œuvre de Froissart ont aussi commenté cet aspect de sa biographie, à commencer par La Curne de Sainte-Palaye au XVIIIe siècle [2]. Au XXe siècle ce sont surtout les littéraires, plutôt que les historiens,

---

1. Je tiens à remercier M. Michel Zink de m'avoir invité à prendre la parole lors du colloque au Collège de France, en novembre 2004, ainsi que Mme Odile Bombarde et M. Florent Noirfalise de leur aide pour la rédaction du présent article. Je remercie aussi la British Academy, qui a subventionné mes recherches à Londres, à Lille et à Bruxelles, et l'Université La Sapienza de Rome (dans la personne de Mme Teresa Pàroli) pour un programme d'échange dont j'ai profité pour effectuer des recherches aux Archives du Vatican.

2. La Curne de Sainte-Palaye, « Mémoire sur la vie de Froissart », dans *Mémoires de Littérature tirez des registres de l'Académie royale des Inscriptions et Belles-Lettres* 10, 1736, p. 664-690. Les études et notices les plus importantes sur la biographie de Froissart sont : J. A. C. Buchon, *Les chroniques de sire Jean Froissart qui traitent des merveilleuses emprises, nobles aventures et faits d'armes advenus en son temps en France, Angleterre, Bretaigne, Bourgogne, Escosse, Espaigne, Portingal et des autres parties*, 3 vol., Paris, 1835 (Panthéon littéraire français, Histoire), t. III, p. 479-541 ; P. Paris, *Nouvelles recherches sur la vie de Froissart et sur les dates de la composition de ses Chroniques*, Paris, Techner, 1860 ; J. M. B. C. Kervyn de Lettenhove, *Froissart. Étude littéraire sur le XIVe siècle*, 2 vol., Paris, A. Durand, 1857 ; cette étude a été largement reprise dans l'Introduction de l'édition par J. M. B. C. Kervyn de Lettenhove, « Étude sur la vie de Froissart », dans *Œuvres de Froissart publiées avec les variantes de divers manuscrits*, baron Kervyn de Lettenhove éd., vol. I^I, Bruxelles, 1870, p. 1-540 ; M. Darmesteter, *Froissart*, Paris, Hachette, 1894 ; F. S. Shears, *Froissart : chronicler and poet*, Londres, Routledge, 1930.

qui s'y sont intéressés [3]. Le livre magistral de Daniel Poirion, *Le poète et le prince*, et les études qu'il a inspirées témoignent éloquemment de l'intérêt qu'ont suscité dans la littérature les relations entre auteurs et mécènes au bas Moyen Âge.

Pour ce qui est de la biographie de l'auteur hennuyer, la critique moderne s'est souvent contentée d'interpréter ce qu'il nous apprend lui-même de sa vie dans des passages de sa propre production littéraire. La recherche dans les sources historiques extérieures à l'œuvre de Froissart n'a guère avancé depuis le XIXe siècle. Dans la présente contribution je considérerai quelques problèmes biographiques concernant Froissart et, en particulier, ses relations avec des personnages contemporains. De récentes recherches dans divers fonds d'archives ont apporté quelques sources inconnues aux études froissardiennes, que je souhaite confronter avec les interprétations reçues portant sur la biographie de Froissart. En guise de conclusion, je m'interrogerai brièvement sur les conséquences de ces quelques nouvelles données biographiques pour l'appréciation du mécénat dans le cas des *Chroniques*.

Philippa de Hainaut, reine d'Angleterre

Froissart, en tant que personnage historique, auteur d'une œuvre historique et poétique, mais aussi comme personnage

3. Les contributions les plus récentes sont celles de : J. Trotin, « Vie et œuvre de Jean Froissart », *Valentiana* 4, 1989, p. 11-25 ; J. Devaux, « De la cour de Hainaut à la cour d'Angleterre : l'exemple de Jean Froissart », *Annales du Cercle archéologique de Mons* 78, 1999, p. 137-158 ; Id., « From the court of Hainault to the court of England : the example of Jean Froissart », dans *War, government and power in late medieval France*, C. Allmand éd., Liverpool, Liverpool University Press, 2000, p. 1-20 ; M. Jones, « Froissart, Jean », dans *Oxford Dictionary of National Biography*, vol. 21, H. C. G. Matthew et B. Harrison éd., Oxford, Oxford University Press, 2004, p. 57-60. Voir aussi P. F. Dembowski, *Jean Froissart and his* Meliador : *context, craft and sense*, Lexington (Kentucky), French Forum, Publishers, 1983, p. 25-59 ; M. Zink, *Froissart et le temps*, Paris, PUF, 1998, p. 1-18 ; K. M. Figg, « Introduction », dans *Jean Froissart : an anthology of narrative and lyric poetry*, K. M. Figg et R. B. Palmer éd., New York-Londres, Routledge, 2001, p. 1-3 ; P. F. Ainsworth et G. T. Diller éd., *Jean Froissart, Chroniques : Livre I (première partie, 1325-1350) et Livre II* [Paris], Le Livre de Poche (Lettres gothiques), 2001, p. 9-16.

littéraire figurant dans ses propres écrits, nous invite à plusieurs reprises à prendre en compte ses relations avec ses mécènes et ses patrons [4]. Le passage sans doute le plus connu et peut-être aussi le plus important est celui qui se trouve au début du poème intitulé *Le Joli Buisson de Jonece*, un texte qui date de l'année 1373 [5]. L'auteur y mentionne une trentaine de personnages importants de son temps — rois, reines, ducs, comtes — qui l'ont protégé, d'une manière ou d'une autre. Tout d'abord, il y nomme la reine Philippa de Hainaut, épouse du roi Édouard III d'Angleterre, celle qui, selon ses propres termes, « le fit et le crea » [6]. Le prologue de la version *A* du Premier Livre des *Chroniques* donne encore des précisions intéressantes sur la nature du patronage : y figure le jeune Froissart offrant un premier essai de chronique — ouvrage en rimes et apparemment perdu — à la reine qui « doulcement et lieement » le reçoit et lui en fait « grant proffit » [7].

De quelle nature était la relation de Philippa et de Froissart ? Les érudits sont unanimes pour affirmer qu'en 1362 (ou 1361), la reine non seulement reçut la Chronique perdue de Froissart, mais lui offrit aussi une place dans son hôtel [8]. Froissart serait alors devenu l'un des clercs de la reine, secrétaire de sa maison, un notaire, surtout chargé d'écrire des poèmes pour les divertissements de la cour, œuvrant déjà en même temps à ses *Chroniques* (qui nous sont conservées seulement dans des versions qui sont pourtant postérieures d'au moins dix ans à cette période) comme une sorte d'historiographe officiel [9]. A plusieurs reprises dans ses *Chroniques*,

4. Sur la relation entre Froissart et ses mécènes, voyez surtout M. Zink, *op. cit.* (n. 3), p. 1-18, et M. T. de Medeiros, « Le pacte encomiastique : Froissart, ses *Chroniques* et ses mécènes », *Le Moyen Âge* 94, 1988, p. 237-255.

5. *Le Joli Buisson de Jonece*, A. Fourrier éd., Genève, Droz (Textes littéraires français, 222), 1975, p. 55-59.

6. *Ibid.*, p. 55.

7. Jean Froissart, *Chroniques* [Livre Premier], S. Luce éd., t. I, Paris, Société de l'Histoire de France, 1869, p. 210.

8. Le millésime donné par les *Chroniques*, et accepté par la plupart des auteurs modernes, est 1361, mais il est erroné. Anthime Fourrier a montré que Froissart n'a dû arriver en Angleterre qu'en 1362. Voir Jean Froissart, *« Dits » et « débats »*, A. Fourrier éd., Genève, Droz (Textes littéraires français, 274), 1979, p. 7-9 ; voir aussi J. Devaux, *art. cit.* (n. 3), 2000, p. 13-14.

9. Presque tous les biographes insistent sur le caractère officiel de la position occupée par Froissart à la cour anglaise. Cf. par exemple P. Paris, *op. cit.* (n. 2),

Froissart nous informe que, dans sa jeunesse, il résida en Angleterre ou même auprès de la reine anglaise. Ainsi dans le prologue du Livre IV, il évoque Philippa « à laquelle », écrit-il, « en ma jeunesse je fus clerc et la servoie de beaulx dittiers et traittiés amoureux » [10]. En outre, dans la dernière rédaction de son Premier Livre dite « de Rome », il rapporte que, quand il visita l'Écosse en 1365, la reine Philippa lui donna des lettres de recommandation témoignant « que je estoie uns de ses clers et familiiers » [11]. Et le baron Kervyn de Lettenhove de s'imaginer que l'un ou l'autre des documents qu'il a consultés aux archives de Londres était peut-être écrit de la main de Froissart.

Cette manière d'interpréter les informations concernant les relations entre la reine Philippa et Froissart s'appuie sur plusieurs passages bien connus des Livres I, III et IV. Ce que le chroniqueur y dit semble tout à fait clair et l'interprétation de ces sources historiques ne pose donc apparemment aucun problème. Elle se heurte quand même à un sérieux obstacle : Froissart *ne figure pas* dans les archives de l'hôtel royal anglais, bien qu'une partie importante de la documentation ait été conservée dans les archives de l'Échiquier [12]. Kervyn de Lettenhove a attribué l'absence de mentions de Froissart dans la documentation de la cour anglaise à la perte supposée des comptes de l'hôtel de la reine, mais c'est une erreur de sa part [13]. Depuis 1360, à la suite d'une série de problèmes d'ordre financier, et jusqu'à la mort de la reine Philippa en 1369, l'hôtel de la reine était

p. 17 : « la reine le retint à son hôtel avec le titre de son *ditteur* et historien » ; K. M. Figg, *loc. cit.* (n. 3), p. 2 : « Froissart was engaged as the queen's secretary, a post he occupied until her death. »

10. Jean Froissart, *Chroniques, Livre III (du Voyage en Béarn à la campagne de Gascogne) et Livre IV (années 1389-1400)*, P. Ainsworth et A. Varvaro éd., Paris, Livre de Poche, 2004, p. 344.

11. Jean Froissart, *Chroniques. Dernière rédaction du premier livre. Édition du manuscrit de Rome Reg. lat. 869*, G. T. Diller éd., Genève, Droz (Textes littéraires français, 194), 1972, p. 127-128.

12. Les sources principales sont conservées à Londres, National Archives, dans la sous-série E 101 qui comprend plusieurs comptes de la Garde-robe royale, y compris ceux de 1359-1360 (E 101/393/12), de 1364 (E 101/394/16, m. 9) et de 1366-1367 (E 101/396/2), ainsi que des comptes de la livrée de l'hôtel royal de 1360-1361 (E 101/393/15) et de 1366 (E 101/395/10).

13. J. M. B. C. Kervyn de Lettenhove, *loc. cit.* (n. 2), 1870, p. 97, n. 97.

incorporé à l'hôtel de son époux [14]. Les écrous, les comptes, les listes de gages et les listes de la livrée de ces années comprennent donc non seulement les serviteurs du roi, mais en principe aussi ceux de la reine. Geoffroy Chaucer, l'auteur anglais contemporain de Froissart, qui était écuyer de l'hôtel du roi, et dont la femme était dame de chambre de la reine, est mentionné maintes fois ; l'édition de toutes les sources historiques où il est nommé ne compte pas moins de 655 pages [15]. On ne peut certes pas attendre de la comptabilité médiévale un niveau de précision absolu, mais étant donné que Froissart serait demeuré en Angleterre durant six ou sept ans, l'absence totale de mention de son nom dans la documentation constitue une forte présomption, sinon la preuve, qu'il ne fut pas membre à part entière de l'hôtel de la reine.

Quoi qu'il en soit, il serait inexact de présenter le poète valenciennois comme l'équivalent francophone du courtisan Chaucer à la cour d'Édouard III et de Philippa de Hainaut, car leurs situations professionnelles ou « contractuelles » étaient certainement différentes. Ce constat ne conduit pas nécessairement à conclure que Froissart était un menteur et que les passages dans ses *Chroniques* où il parle de son séjour à la cour royale anglaise relèvent purement de la fantaisie. Pour l'époque concernée, une partie des archives de la cour royale anglaise n'a pas été conservée, à savoir les archives de la Chambre. Or, dans l'un des passages du Livre IV où il relate son séjour en Angleterre, Froissart affirme précisément compter parmi « des clers de la chambre de ma ditte dame la roynne » [16]. L'institution financière de la Chambre couvrait les dépenses royales de nature privée [17]. C'est en fait pour cette raison qu'elle échappait au contrôle de l'Échiquier et qu'aucun double de ses comptes n'a été déposé aux archives de l'Échiquier. La Chambre subvenait entre autres à des achats d'objets d'art et à des dons. Il serait tout à fait légitime de supposer que Froissart ait pu recevoir, de temps à autre, des paiements ou des dons importants des coffres de la Chambre

14. C. Given-Wilson, « The merger of Edward III's and queen Philippa's households, 1360-9 », *Bulletin of the Institute of historical Research* 51, 1978, p. 183-187. Voir aussi Id., *The royal household and the king's affinity : service, politics and finance in England, 1360-1413*, New Haven-Londres, Yale University Press, 1986, p. 39.

15. M. M. Crow et C. C. Olsen, *Chaucer life records*, Oxford, 1966.

16. Jean Froissart, *Chroniques, Livre IV*, A. Varvaro éd., p. 774.

17. C. Given-Wilson, *op. cit.* (n. 14), p. 85-92.

royale, effectués par sa compatriote la reine Philippa. La période de 1363 à 1367 coïncide d'ailleurs avec une hausse considérable dans les dépenses de la Chambre, conjoncture qui aurait été favorable au chroniqueur valenciennois [18].

Froissart, au début de sa carrière, travaillait donc probablement en *free-lance* — on dirait presque en « pique-assiette » — et non pas comme vrai membre de la *familia regis*. Les multiples voyages qu'il entreprend à cette époque, entre 1365 et 1368, et qui l'éloignent de l'hôtel de la reine pendant des périodes considérables, sans qu'il soit possible d'en trouver les traces dans la comptabilité de la Garde-robe royale, confirment cette interprétation [19]. C'est même le cas pour le voyage en Italie, en 1368, à l'époque même où le prince anglais Lionel de Clarence, troisième fils d'Édouard III et de Philippa de Hainaut, se rend à Milan pour se marier à Violante Visconti. Tous les critiques modernes ont affirmé que Froissart voyageait en Italie comme membre de la suite de Lionel, pourtant la documentation fragmentaire conservée dans les archives de l'Échiquier n'en souffle mot. Froissart lui-même, dans ses *Chroniques* et ses poésies, a bien pu se vanter d'avoir accompagné des voyageurs anglais rencontrés en Italie, mais nulle part il ne prétend avoir fait partie du train de Lionel de Clarence [20].

Froissart, cet auteur qui raconte et qui *se* raconte, apparaît donc une fois de plus en trompe-l'œil. Les références les plus explicites à la relation de patronage qui le liait à la reine Philippa se rencontrent

18. Id., *ibid.*, p. 77-78 et 81-82.

19. En 1365, il effectue un voyage en Écosse qui dure six mois : A. H. Diverres, « Jean Froissart's journey to Scotland », *Forum for modern language studies* 1, 1965, p. 54-63. En avril 1366, il est à Bruxelles, où il reçoit un don de la duchesse Jeanne de Brabant : R. Sleiderink, « Dichters aan het Brabantse hof (1356-1406) », *De nieuwe taalgids* 86, 1993, p. 3, n.11. A l'automne de cette même année, il voyage dans la marche du Pays de Galles en compagnie d'Edouard Despenser : A. H. Diverres, « Froissart's travels in England and Wales », *Fifteenth-century studies* 15, 1989, p. 112. Au début de 1367, il séjourne à Bordeaux, en juillet 1367 on le rencontre de nouveau dans les Pays-Bas (Zélande et Bruxelles) : J. M. B. C. Kervyn de Lettenhove, « Introduction. Seconde partie : Recherches sur l'ordre et la date des diverses rédactions des *Chroniques* », dans *op. cit.* (n. 2), t. I$^{\text{II-III}}$, Bruxelles, 1873, p. 18 ; R. Sleiderink, *art. cit.* (n. 19), p. 3, n. 12-13.

20. Jean Froissart, *Chroniques. Livre I. Le manuscrit d'Amiens. Bibliothèque municipale n° 486*, G. T. Diller éd., 5 vol., Genève, Droz (Textes littéraires français, 407, 415, 424, 429 et 499), 1991-1999, t. III, p. 449 et 467-468.

d'ailleurs dans le Quatrième Livre de ses *Chroniques*. Elles apparaissent surtout dans la dernière version du Premier Livre, le manuscrit de Rome, un texte qui, selon tous les critiques, se caractérise par la réécriture profonde d'un passé récent qui, sous la plume de Froissart, devient presque mythique [21]. Tout cela n'empêche d'ailleurs aucunement Froissart de se présenter comme serviteur de la reine : c'est à elle qu'il offre son premier ouvrage historique, c'est elle qui lui fournit des moyens financiers, c'est pour elle qu'il écrit des poèmes et c'est elle enfin qui lui procure des lettres de recommandation quand il décide de voyager en Écosse en 1365. Ces lettres l'introduisent comme « clerc et familier » de la reine, et cela n'est pas vraiment un mensonge : c'est la formulation ordinaire pour ce type de correspondance, à comparer avec les suppliques envoyées au Pape où l'on trouve une foule de « clerici » et « familiares », sans que tous ces personnages soient employés à temps plein comme notaires ou secrétaires à la cour de leur « maître ».

Guy de Blois et Wenceslas de Luxembourg

En 1369 la reine Philippa meurt. C'est sans doute un revers sérieux pour la carrière de Froissart, parce qu'il se voit alors privé de son mécène principal. Mais il avait dû déjà bénéficier des libéralités d'autres mécènes avant cette date, en raison de sa situation peu stable. En fait, on sait qu'en 1367 et 1369 il reçoit déjà un don de Jeanne de Brabant, épouse de Wenceslas de Luxembourg, duc de Brabant ; peu après la mort de la reine Philippa, en 1369, il perçoit aussi un paiement de Jean de Blois, frère de Guy [22] ; et en 1373, dans *Le Joli Buisson de Jonece*, il n'énumère pas moins de trente mécènes, parmi lesquels il faudrait sans doute en chercher quelques-uns dont le mécénat avait commencé avant 1369.

Avant 1373 Froissart devient curé à Estinnes-au-Mont, en Hainaut, un bénéfice qui lui vaut, selon le pouillé du diocèse de

21. Voir surtout M. Zink, *op. cit.* (n. 3), p. 78-110, et P. F. Ainsworth, *Jean Froissart and the fabric of history : truth, myth, and fiction in the* Chroniques, Oxford, Clarendon Press, 1990, p. 219-302.

22. R. Sleiderink, *art. cit.* (n. 19), p. 3, n. 12-13. W. J. A. Jonckbloet, *Geschiedenis der middelnederlandsche dicktkunst*, 3 vol., Amsterdam, 1851-1855, t. III, p. 644.

Cambrai de 1362, 40 livres tournois par an [23]. Fut-il pourvu de cet office par la grâce de Guy de Blois, dont il a fait la connaissance à Londres quand ce dernier faisait partie des otages du traité de Brétigny, comme le pensait Siméon Luce ? Cela semble peu probable [24]. La collation de la cure appartenait en effet au chapitre de Cambrai. Guy de Blois habitait près d'Estinnes, au château de Chimay, où Froissart deviendra plus tard trésorier du chapitre ; mais la seigneurie d'Estinnes faisait partie, à cette époque-là, du domaine de Binche, douaire de Jeanne de Brabant, alors veuve de Guillaume II de Hainaut et remariée, dès 1351, à Wenceslas de Luxembourg [25]. Le duc de Brabant reçut, vers 1372, l'écrivain-poète-chroniqueur au palais du Coudenberg à Bruxelles [26]. C'est sans doute aussi Wenceslas, dont les intérêts littéraires sont bien connus [27], ou peut-être son épouse, qui a « casé » Froissart à Estinnes et qui ordonnait depuis 1373 les divers paiements assignés sur les revenus de Binche [28]. Pendant cette période, Froissart s'occupait peut-être de

23. A. Longnon, *Pouillés de la province de Reims*, Paris, Académie des Inscriptions et Belles-Lettres (Recueil des Historiens de la France, Pouillés, t. VI, première partie), 1908, p. 315. En 1404 l'autel d'Estinnes valait 100 livres petits tournois : P. Briegleb et A. Laret-Kayser, *Documents relatifs au Grand Schisme*, 2 vol., Bruxelles-Rome, Institut historique belge de Rome, 1973, t. I, p. 744, n° 3424.

24. Froissart, *Chroniques*, S. Luce éd., t. I, p. LIV. Auguste Longnon avait déjà dénoncé l'erreur de Luce en 1895, mais elle a la vie dure. A. Longnon, *Jean Froissart.* Meliador. *Roman comprenant les poésies lyriques de Wenceslas de Bohème, duc de Luxembourg et de Brabant*, 3 vol., Paris, Firmin Didot, 1895-1899, t. I, p. LXVII. Cf. M. Darmesteter, *op. cit.* (n. 2), p. 48 ; F. S. Shears, *op. cit.* (n. 2), p. 37 ; P. F. Dembowski, *op. cit.* (n. 3), p. 47 ; P. F. Ainsworth et G. T. Diller éd., *op. cit.* (n. 3), p. 11.

25. C. Piérard, *Les douaires de Jeanne de Brabant en Hainaut*, Louvain, 1956.

26. Jean Froissart, *Chroniques*, baron Kervyn de Lettenhove éd., t. XV, p. 157.

27. L'étude la plus récente du mécénat littéraire de Wenceslas est dans R. Sleiderink, *De stem van de meester. De hertogen van Brabant en hun rol in het literaire leven (1106-1430)*, Amsterdam, Prometheus, 2003, p. 123-140. Pour les informations concernant le mécénat dans la comptabilité ducale, voir aussi Id., *art. cit.* (n. 19).

28. La majorité de ces mentions sont connues depuis les publications de Pinchart et de Cumont au XIXe siècle. A. Pinchart, « La cour de Jeanne et de Wenceslas et les arts en Brabant, pendant la seconde moitié du XIVe siècle », *Revue trimestrielle* 2/2, 1855, p. 5-31, et 4/1, 1857, p. 25-67 ; Id., *Archives des arts, des sciences et des lettres. Documents inédits publiés et annotés*, 3 vol., Gand, 1860 ; G. Cumont, « Documents contemporains relatifs aux rapports de Wenceslas, duc de Brabant, avec le célèbre chroniqueur Jean Froissart, trouvés dans les *Archives générales du*

l'éducation des deux fils-bâtards du duc, qui passaient de longues périodes au domaine de Binche, comme l'a suggéré Mme Piérard [29].

Par un premier mandement ducal daté de 19 septembre 1373, Froissart reçoit 20 petits moutons du receveur de Binche [30]. En mars 1374, le duc ordonne au prévôt de Binche le paiement de 12 francs à Froissart « pour certainez besoignes qu'il nous a baillies et delivrees » [31]. Durant le mois d'octobre de cette même année, Froissart reçoit du receveur de Binche 6 muids de blé [32]. En octobre 1375, le duc ordonne un paiement de 8 muids de blé « pour un livre qu'il nous a fait faire escrire et reparer » [33]. L'année suivante, en juin 1376, le duc ordonne deux paiements de 8 petits moutons, l'un par

---

royaume, à Bruxelles », *Annales de la Société royale d'Archéologie de Bruxelles* 11, 1897, p. 340-341. J'ai quand même décidé de reprendre ici le relevé parce que ces sources sont mieux connues d'après les introductions de Kervyn de Lettenhove et de Longnon dans leurs éditions des *Chroniques* et du *Méliador*. Ces deux érudits se sont malheureusement contentés de répéter les éditions parfois fautives de Pinchart, en y introduisant encore d'autres fautes d'éditions et de datations.

29. C. Piérard, *op. cit.* (n. 25), p. 195. Il faut quand même remarquer que les sources qu'elle cite à ce propos mentionnent les dépenses pour les bâtards de Wenceslas, mais ne démontrent pas que Froissart soit leur instructeur.

30. Bruxelles, Archives générales du Royaume (AGR), *fonds des Chambres des Comptes*, registre 8766, 2e partie, fol. 24 v°, édition dans A. Pinchart, *art. cit* (n. 28), 1857, p. 59-60, n. 74 ; J. M. B. C. Kervyn de Lettenhove, *loc. cit.* (n. 2), 1870, p. 247, n. 1 ; A. Longnon, *op. cit.* (n. 24), t. I, p. LXIX.

31. Bruxelles, AGR, *Chartes de Brabant*, n° 3063 ; éditions dans A. Pinchart, *op. cit.* (n. 28), t. I, p. 1-2 ; J. M. B. C. Kervyn de Lettenhove, *loc. cit.* (n. 2), 1870, p. 247, n. 1 ; A. Longnon, *op. cit.* (n. 24), p. LXIX-LXX ; G. Cumont, *art. cit.* (n. 28), p. 340-341 ; aussi un fragment dans A. Pinchart, *art. cit.* (n. 28), 1857, p. 60, n. 75. Le paiement est enregistré dans le compte du prévôt, Bruxelles, AGR, *Chambres des Comptes*, reg. 15030, fol. 28 v° ; éditions dans A. Pinchart, *art. cit.* (n. 28), 1855, p. 29, n. 29 ; J. M. B. C. Kervyn de Lettenhove, *loc. cit.* (n. 2), 1870, p. 247, n. 1 ; A. Longnon, *op. cit.* (n. 24), t. I, p. LXIX.

32. Bruxelles, AGR, *Chambres des Comptes*, reg. 8767, fol. 31 v° ; éditions dans J. M. B. C. Kervyn de Lettenhove, *loc. cit.* (n. 2), 1870, p. 243, n. 1, et A. Longnon, *op. cit.* (n. 24), t. I, p. LXX.

33. Bruxelles, AGR, *Chartes de Brabant*, n° 4732 ; édition dans G. Cumont, *art. cit.* (n. 28), p. 340-341. Le paiement est enregistré dans le compte du receveur de Binche, Bruxelles, AGR, *Chambres de Comptes*, reg. 8768A, fol. 32 v° ; éditions dans J. M. B. C. Kervyn de Lettenhove, *loc. cit.* (n. 2), 1870, p. 243, n. 1, et A. Longnon, *op. cit.* (n. 24), t. I, p. LXX.

le prévôt, l'autre par le receveur du domaine de Binche [34] ; en décembre suit un paiement de 4 muids de blé [35].

Aucun paiement n'est enregistré pour 1377 ou 1378, un élément sur lequel je reviendrai *infra* [36] ; mais en avril 1379 le duc ordonne au lieutenant du receveur de Binche d'effectuer un paiement de 6 francs à Froissart pour « aucune oevrages que commandé li avons a faire » [37]. La comptabilité ducale ne donne aucune précision quant à la nature de la commission, mais un an et huit mois plus tard (fin 1380-début 1381), Froissart passe une assez longue période à Bruxelles, où il est invité par le duc. Il est alors logé non pas à la cour ducale au Coudenberg, mais en ville ; c'est la raison pour laquelle sa visite n'a pas laissé de traces dans le compte de l'hôtel ducal. Dans la dernière semaine de janvier 1381, l'aubergiste Catherine de Londerzeel touche en effet la somme considéra-

34. Bruxelles, AGR, *Chartes de Brabant*, n° 4893 ; éditions dans A. Pinchart, *op. cit.* (n. 28), t. I, p. 2 (avec le millésime erroné 1377) ; A. Longnon, *op. cit.* (n. 24), t. I, p. LXXI-LXXII (avec le millésime erroné 1377) ; et G. Cumont, *art. cit.* (n. 28), p. 340-341. Bruxelles, AGR, *Chartes de Brabant*, n° 4894 ; fragment dans A. Pinchart, *art. cit.* (n. 28), 1857, p. 60, n. 77 (avec millésime erroné). Les paiements se retrouvent aussi dans les comptes de ces deux officiers, Bruxelles, AGR, *Chambres des Comptes*, reg. 15031, fol. 54 r° (prévôt) ; éditions dans J. M. B. C. Kervyn de Lettenhove, *loc. cit.* (n. 2), 1870, p. 247, n. 1 (édition fautive) ; A. Longnon, *op. cit.* (n. 24), t. I, p. LXXI ; Bruxelles, AGR, *Chambres des Comptes*, reg. 8769A, fol. 27 v° (receveur), édition fautive dans A. Pinchart, *art. cit.* (n. 28), 1857, p. 60, n. 76 ; J. M. B. C. Kervyn de Lettenhove, *loc. cit.* (n. 2), 1870, p. 247, n. 1 ; A. Longnon, *op. cit.* (n. 24), t. I, p. LXX-LXXI (repris deux fois).

35. Bruxelles, AGR, *Chartes de Brabant*, n° 4979 (mandement). Bruxelles, AGR, *Chambres des Comptes*, reg. 8769A, fol. 35 r° (enregistrement du paiement) ; éditions dans J. M. B. C. Kervyn de Lettenhove, *loc. cit.* (n. 2), 1870, p. 243, n. 1, et A. Longnon, *op. cit.* (n. 24), t. I, p. LXXI.

36. Voir plus bas p. 24. Le document relevé par Longnon sous 4 juin 1377 doit être daté de 4 juin 1376 ; voir *supra* n. 34.

37. Bruxelles, AGR, *Chartes de Brabant*, n° 5502 (mandement ducal) ; éditions dans A. Pinchart, *op. cit.* (n. 28), t. III, p. 41-42 ; J. M. B. C. Kervyn de Lettenhove, *loc. cit.* (n. 2), 1870, p. 248 en note ; A. Longnon, *op. cit.* (n. 24), t. I, p. LXXII ; Bruxelles, AGR, *Chambres des Comptes*, reg. 8772A, fol. 27 v° (enregistrement du paiement) ; édition dans A. Pinchart, *art. cit.* (n. 28), 1857, p. 60, n. 78 ; J. M. B. C. Kervyn de Lettenhove, *loc. cit.* (n. 2), 1870, p. 248 en note ; A. Longnon, *op. cit.* (n. 24), t. I, p. LXXII.

ble de 91 livres pour son hôte « domino Frussardo, dictatore » [38]. Le montant de la facture montre que Froissart a dû passer plusieurs semaines à Bruxelles et qu'il a probablement assisté aux fêtes de Noël et du Nouvel An. Étaient-elles l'occasion pour Froissart de présenter le résultat de ses « ouvrages » commandés par le duc en avril 1379 ? Serait-il téméraire de supposer qu'il s'agissait déjà d'une première version du *Méliador* ?

Un an et demi plus tard, en juin-juillet 1382, Froissart passe de nouveau quelques semaines à Bruxelles, invité par la cour ducale mais logé dans la ville [39]. Le 25 juillet, vers la fin de son séjour à Bruxelles, le duc lui fait don de dix francs. Le mandement ducal est perdu, mais le compte du receveur de Binche précise que le paiement fut « pour un livre qu'il fist pour monsigneur, paiiet a lui pour sen solaire » [40]. Cette mention a toujours été interprétée comme une référence à la présentation du *Méliador*, mais il faudrait peut-être aussi prendre en considération le fait que Froissart ait pu être le copiste, plutôt que l'auteur, du livre offert au duc. Il est à noter qu'au cours de l'année 1382 un serviteur ramène de la résidence ducale de Binche trois livres, une Légende dorée et deux autres livres en français aux titres non spécifiés [41]. S'agissait-il de manuscrits empruntés à la librairie ducale de Bruxelles et déposés à l'hôtel ducal de la Salle à Binche pour y être copiés par Froissart ?

Le dernier séjour de Froissart à la cour de Wenceslas se déroule en août 1383 [42] ; en décembre de cette année, Wenceslas meurt.

38. Bruxelles, AGR, *Chambres des Comptes*, reg. 46929 (comptes hebdomadaires de l'hôtel ducal), fol. 7 r°, sous la rubrique « Marscalcia », édition dans R. Sleiderink, *art. cit.* (n. 19), p. 4, n. 17 (avec quelques fautes de transcription et la date erronée de 3 février 1381 n. s. ; le paiement est en effet enregistré dans le compte de la « gîte » qui couvre la semaine 27 janvier-2 février).

39. Paiements de 27 livres à Lambert « in Equo Aureo » et de 9 livres à Jean Petit « pro domino Frossardo de Bynch » pendant la « gîte » des 20-26 juillet 1382 : R. Sleiderink, *art. cit.* (n. 19), p. 4, n. 17.

40. Bruxelles, AGR, *Chambres des Comptes*, reg. 8776, fol. 21 v°, édition dans A. Pinchart, *art. cit.* (n. 28), 1857, p. 60, n. 79.

41. Bruxelles, AGR, *Chambres des Comptes*, reg. 8776, fol. 35 v° : « A Rigaut Pestiel pour porter a Brouxelle dou command monsigneur le duc III livres qui estoient a Binch, c'est assavoir une *Legende de Sains* et II autrez livrez en roumanz, donnet pour sen solaire, X s. »

42. Bruxelles, AGR, *Chambres des Comptes*, reg. 1780 (comptes de l'hôtel ducal), fol. 16 r° ; R. Sleiderink, *art. cit.* (n. 19), p. 4, n. 17.

C'est seulement après sa mort qu'on peut constater un nouveau rapprochement entre Froissart et Guy de Blois. En tant que seigneur de Chimay, Guy était le patron du chapitre rural ; c'est sans doute lui qui conféra à Froissart, vers 1385, l'office de trésorier du chapitre [43].

Robert de Genève

Lors de sa nomination à Estinnes, Froissart a pu faire la connaissance d'un autre personnage important de son temps, mentionné maintes fois dans les *Chroniques* : Robert de Genève, évêque de Cambrai entre 1368 et 1371, le futur pape avignonnais Clément VII (1378-1394). Il était donc probablement le chef de l'église cambrésienne au moment même où Froissart obtint la cure d'Estinnes [44]. Par conséquent, il aurait pu jouer un rôle dans la nomination de Froissart. En effet, le successeur en 1404 de Froissart comme curé d'Estinnes fut Nicolas Falourdel, protégé de Pierre d'Ailly, l'un des successeurs de Robert de Genève comme évêque de Cambrai. Nicolas était également prévôt et chanoine à Cambrai et il est tout à fait probable qu'il a reçu tous ces bénéfices par l'intermédiaire de l'évêque [45].

Froissart, homme d'église, ne s'intéressait pourtant pas tellement aux affaires ecclésiastiques, mais il évoque le Schisme à plusieurs reprises dans ses *Chroniques*. Le comté de Hainaut, son pays natal, resta neutre durant toute la période du Schisme [46]. La neutralité permettait à chacun de reconnaître le pape de Rome ou celui

43. J. Nazet, *Les chapitres de chanoines séculiers en Hainaut du XIIe au début du XVe siècle*, Bruxelles, Académie royale de Belgique, 1993, p. 83 et 138-139. Froissart est qualifié de « trésorier et chanoine de Chimay » pour la première fois dans le prologue de la *Chronique de Flandre* (composée vers 1386). Paris, BNF, ms. fr. 5004, fol. 1 r°. Il se vante aussi de ce titre dans les prologues de deux dernières versions du Premier Livre de ses *Chroniques* (dans la rédaction *B* qui existe dans le manuscrit de la Newberry Library ainsi que dans la rédaction dite de Rome), du Quatrième Livre et dans les incipit des deux manuscrits de ses poésies.

44. L'hypothèse se trouve déjà chez Kervyn de Lettenhove, mais n'a pas été reprise par la suite. J. M. B. C. Kervyn de Lettenhove, *loc. cit.* (n. 2), 1870, p. 339.

45. P. Briegleb et A. Laret-Kayser, *op. cit.* (n. 23), t. I. p. 744, n° 3424.

46. G. Van Asseldonk, *De Nederlanden en het Westers Schisma (tot 1398)*, Utrecht-Nimègue, 1955, p. 99-132.

d'Avignon dans les affaires ecclésiastiques, mais elle impliquait la suspension non seulement de toute intervention papale dans les nominations ecclésiastiques, mais aussi de la taxation papale. Après avoir suivi le pape avignonnais pendant une courte période au début du Schisme, le comte Aubert s'orienta, dès 1386 au plus tard, vers Urbain VI (1378-1389), le pape de Rome. Froissart, par contre, partage l'opinion pro-avignonnaise d'une grande partie de ses compatriotes. Pour lui, Urbain n'était que celui « qui se nommoit pappes » [47].

La papauté a bien sûr joué un rôle important dans la situation politique du temps ; afin de comprendre tout l'intérêt de Froissart pour le Schisme, il ne faut pas écarter la possibilité qu'il ait pu connaître personnellement l'un de ses protagonistes. Est-ce par coïncidence que, en 1389, le sire de Coucy, alors que Froissart rentre à Paris de retour de Béarn, lui demande des nouvelles, non pas de la cour papale, mais du « pape Clement d'Avignon » lui-même [48] ? Le sire de Coucy fut envoyé comme ambassadeur français auprès du pape d'Avignon en 1385 et 1393 ; il avait donc rencontré Clément VII plusieurs fois. Le passage du Quatrième Livre des *Chroniques* cité *supra* traduit-il aussi la familiarité de Froissart avec le Pape ?

Enguerrand de Coucy

Dans ce même passage, Froissart qualifie Enguerrand VII de Coucy de « ung de mes seigneurs et maistres » [49]. La critique moderne n'a pourtant jamais tenu ce baron français pour un mécène important de Froissart. Le nom d'Enguerrand se trouve toutefois consigné dans la liste des mécènes du *Joli Buisson de Jonece*, datant de 1373. Il figure aussi, en tant que personnage historique et comme l'un des principaux chefs de guerre français, dans le récit des quatre livres des *Chroniques* ainsi que dans un autre poème de Froissart, le *Dit dou Florin*. Devenu seigneur de Coucy, Marle et Oisy à la mort de son père en 1344, Enguerrand se fait vite

47. Jean Froissart, *Chroniques* [Livre II], G. Raynaud éd., 3 vol., Paris, Société de l'Histoire de France, 1894-1899, t. IX, p. 157 ; voir aussi t. X, p. 172 et t. XI, p. 86.
48. Jean Froissart, *Chroniques, Livre IV*, A. Varvaro éd., p. 345.
49. *Ibid.*

remarquer par ses talents militaires et politiques [50]. Il est mentionné pour la première fois par Froissart dans le Premier Livre des *Chroniques* lorsque le chroniqueur parle de l'expédition menée en Guyenne, en 1345, par Jean, duc de Normandie, contre le comte de Derby [51]. A l'instar de son compatriote Guy de Blois, Enguerrand séjourne depuis 1360 comme otage en Angleterre, où il va épouser la fille du roi Édouard III en 1365 [52]. C'est sans doute vers cette époque que Froissart fait la connaissance d'Enguerrand, qui semble d'ailleurs avoir constitué une source orale de premier ordre pour les *Chroniques* [53]. Dans le Quatrième Livre de ses *Chroniques*, Froissart annonce la mort d'Enguerrand survenue le 18 février 1397, à Bursa en Turquie [54].

Existe-t-il des indications sur la foi desquelles l'on pourrait penser que la relation entre Froissart et Enguerrand de Coucy allait plus loin que de simples échanges d'histoires fortes et s'inscrivait peut-être aussi dans le cadre d'une subvention financière ? Froissart lui-même, dans ses poèmes, nous livre en effet de bons indices. Dans le *Joli Buisson de Jonece* il dit que le « bons sires de Couchi [...] m'a souvent le poing fouchi de biaus florins a rouge escaille » [55]. L'auteur se souvient volontiers de ces dons, mais ils n'ont probablement pas suffi à subvenir à tous ses besoins financiers. Enguerrand de Coucy a pourtant fait d'autres démarches afin d'assurer à Froissart des moyens financiers stables, dont témoigne le *Dit dou Florin*. Ce texte est une évocation littéraire de la situation souvent pénible où se trouve l'auteur qui dépend de l'aide financière de ses mécènes pour voyager et s'informer sur la guerre. Son voyage à Avignon, entrepris au printemps de 1389 à cause d'Enguerrand (« pour lui »

50. Pour la biographie d'Enguerrand, voir surtout B. W. Tuchman, *A distant mirror : the calamitous 14th century*, Londres, Macmillan, 1978.
51. Jean Froissart, *Chroniques*, S. Luce éd., t. III, p. 109. Il s'agit ici d'un passage original qui ne se trouve pas dans la *Chronique* de Jean le Bel, la source de base pour cette partie du Premier Livre.
52. L'arrivée à Londres des otages français venant remplacer le roi Jean II après le Traité de Brétigny est relatée par Froissart dans le Premier Livre de ses *Chroniques* : Jean Froissart, *Chroniques*, S. Luce éd., t. VI, p. 55.
53. J'en ai du moins la forte impression après une relecture de la totalité des *Chroniques*, mais l'étude détaillée reste encore à faire.
54. *Chroniques, Livre IV*, A. Varvaro éd., p. 676.
55. *Le Joli Buisson de Jonece*, A. Fourrier éd., p. 56.

dit le texte du poème) [56], fut effectué, nous raconte Froissart, en vue de l'obtention d'un canonicat à Lille. Démarche couronnée de succès puisqu'il obtint cette faveur du pape Clément VII lui-même ; en effet Froissart se qualifie à deux reprises, vers 1390, dans le prologue de la version *B* de son Premier Livre, et en 1393, dans l'un de ses manuscrits poétiques, de « chanoine de Lille en herbes » [57]. Ce qualificatif n'est pas une plaisanterie de Froissart pour cacher sa désillusion de ne jamais avoir reçu ce bénéfice, comme l'ont pensé presque tous les érudits [58], mais plutôt la traduction en vernaculaire du terme technique « canonicus in herbis » utilisé à l'église de Lille pour désigner celui à qui a été conférée l'expectative d'un bénéfice, mais non pas le bénéfice même [59].

Ce que l'interprétation reçue du *Dit dou Florin* ne parvient pas vraiment à expliquer, c'est le rôle précis qu'a pu jouer Enguerrand de Coucy dans les démarches entreprises par Froissart à Avignon en 1389. Si, de retour de Béarn, il avait utilisé l'argent que Gaston Phébus lui avait donné pour « acheter » un bénéfice, comme l'a suggéré Mary Darmesteter, il n'aurait pas eu besoin de la protection d'Enguerrand [60]. Or, Froissart ne passe pas par Avignon en vue d'acheter la grâce expectative, puisqu'il la détient déjà ! Le florin, s'adressant à Froissart, précise que c'est en fait grâce au sire de Coucy qu'il dispose de « l'expectation lontainne sus les chanesies de Lille » [61]. Froissart n'a donc pas reçu l'expectative en 1389, mais à une date antérieure. Deux documents conservés aux Archives du Vatican attestent même que cet événement s'est produit onze ans auparavant. En effet, le 21 novembre 1378, seulement quelques

56. Jean Froissart, *« Dits » et « débats »*, *op. cit.* (n. 8), p. 188.

57. Chicago, Newberry Library, Case MS, f. 37, t. I, fol. 2 r° ; Paris, BNF, ms. fr. 830, fol. 1 v° et 219 v° ; voir P. Saenger, « A lost manuscript of Froissart refound : Newberry Library Manuscript f 37 », *Manuscripta* 19, 1975, p. 20 ; *Jean Froissart. L'espinette amoureuse*, A. Fourrier éd., Paris, Klincksieck (Bibliothèque française et romane. Série B : éditions critiques de textes, 2), 1972, p. 13.

58. J. M. B. C. Kervyn de Lettenhove, *loc. cit.* (n. 2), p. 357. Voir en dernier lieu H. Millet, « Introduction », dans *Suppliques et requêtes. Le gouvernement par la grâce en Occident (XIIe-XVe s.)*, H. Millet éd., Rome, École française de Rome, 2003, p. 10, n. 25.

59. H. Platelle dans *Revue belge de Philologie et d'Histoire* 73, 1995, p. 1085 ; compte rendu de J. Nazet, *op. cit.* (n. 43).

60. M. Darmesteter, *op. cit.* (n. 2), p. 111.

61. Jean Froissart, *« Dits » et « débats »*, *op. cit.* (n. 8), p. 188.

jours après la reconnaissance solennelle du pape Clément VII par le roi Charles VI, Enguerrand de Coucy soumet au nouveau pontife un rôle de suppliques à la fin duquel figure la demande par Froissart de l'expectative d'un canonicat à Lille en Flandre [62]. Le même jour la lettre papale confirmant la grâce est enregistrée [63].

La visite d'Avignon en 1389 n'avait donc pas pour but la grâce expectative, mais bien l'installation effective comme chanoine à Lille, car celle-ci n'avait pas eu lieu en 1378. En effet, le Schisme avait divisé l'Église dès l'élection de Clément VII. Le comté de Flandre ne reconnaissait alors que le pape de Rome, Urbain VI, comme le vrai pape, et, malheureusement pour Froissart, la collation de l'expectative avait été accordée par le pape d'Avignon [64]. Froissart, qui avait peut-être quitté le duc de Brabant après décembre 1376 afin de s'allier à Enguerrand de Coucy, avait dû comprendre bien vite que le canonicat promis par son nouveau mécène ne se concrétiserait pas et était retourné vers Wenceslas dès 1379.

Six ans après la mort du duc de Brabant, lors de son voyage dans le Midi de la France en 1388-1389, Froissart profita donc de son passage par Avignon pour entreprendre de nouvelles démarches afin d'obtenir son installation effective comme chanoine à Lille. Le

62. Cité du Vatican, Archivio Segreto Vaticano, Reg. Suppl. 52, 176 v°, édition partielle dans K. Hanquet, *Documents relatifs au Grand Schisme*. I, *Suppliques de Clément VII (1378-1379). Textes et analyses*, Rome, Institut historique belge (Analecta vaticano-belgica. Documents relatifs aux anciens diocèses de Cambrai, Liège, Thérouanne et Tournai, publiés par l'Institut historique belge de Rome, VIII), 1924 : « Rotulus domini de Couciaco. [...] Item quatenus dilecto suo Johanni Froissardi, presbytero Attrebatensis diocesis, de canonicatu sub expectatione prebende ecclesie Sancti Petri Insulensis, Tornacensis diocesis, dignemini ut supra providere. Non obstante quod unum beneficium ecclesiasticum in cancellaria Vestre Sanctitatis declarandum obtineat. »

63. Cité du Vatican, Archivio Segreto Vaticano, Reg. Av. 219, fol. 184 v°-185 r°, analyse dans K. Hanquet† et U. Berlière, *Documents relatifs au Grand Schisme. Textes et analyses*. II, *Lettres de Clément VII (1378-1379)*, Rome, Institut historique belge (Analecta vaticano-belgica. Documents relatifs aux anciens diocèses de Cambrai, Liège, Thérouanne et Tournai, publiés par l'Institut historique belge de Rome, XII), 1930 : « [...] gratiam facere specialem canonicatum ecclesie Sancti Petri Insulensis, Tornacensis diocesis, cum plenitudine iuris canonici apostolica tibi auctoritate conferimus et de illo ecclesie providemus prebendo [...] non obstante seu quod parrochialem ecclesiam de Lestinis in Monte, Cameracensis diocesis, nosceris obtinere. »

64. G. Van Asseldonk, *op. cit.* (n. 46), p. 46-98.

contexte de cette attente permet peut-être aussi de mieux comprendre l'intérêt de Froissart pour le Grand Schisme pendant toute la période où il travaille à ses *Chroniques*. Ce qui est en jeu pour lui, c'est non seulement le bien-être moral de l'Église et de l'Occident chrétien, mais aussi ses revenus personnels, son espoir d'obtenir une indépendance financière qui lui permettrait de voyager et de se renseigner sur la guerre, ce que la cure d'Estinnes et le canonicat de Chimay ne pouvaient probablement pas lui assurer.

Il n'est pas certain que Froissart ait jamais obtenu le bénéfice lillois. Il se qualifie encore de « chanoine en herbes » en 1393. Le Schisme, qui constitua le grand obstacle à son installation comme chanoine à Lille, dura jusqu'en 1415, au moins une dizaine d'années après sa mort. Pourtant, dans le prologue du Quatrième Livre des *Chroniques* — dont la composition doit dater d'après 1400 et qui fut probablement interrompu par sa mort survenue vers 1404 — il prend le titre de « tresorier et chanonne de Chimay et de Lisle en Flandres » [65]. Mais les archives du chapitre de Saint-Pierre de Lille ne conservent aucune mention de lui, ce qui jette le doute sur le sens précis de cette formulation [66].

Le mécénat d'Enguerrand de Coucy

Bien que Froissart ne se soit probablement jamais vu accorder le canonicat de Lille, les références dans son œuvre à cette grâce papale, son intérêt pour la question du Schisme et ses relations très durables avec Enguerrand de Coucy, dont témoignent les Quatre livres des *Chroniques*, conduisent à conclure qu'Enguerrand a dû

65. Jean Froissart, *Chroniques. Livre IV*, A. Varvaro éd., p. 327-330 et 343.

66. Lille, Archives départementales du Nord (ADN), 16 G. Malheureusement, les actes capitulaires, qui auraient pu apporter la preuve décisive, n'ont pas été conservés pour cette période. Il est quand même significatif que Froissart ne soit mentionné ni dans l'obituaire ni dans les comptes du chapitre. Voir É. Hautcœur, *Documents liturgiques et nécrologiques de l'église collégiale de Saint-Pierre de Lille*, Lille-Paris, L. Quarré et A. Picard, 1895. Les documents que j'ai consultés sont : Lille, ADN, 16 G 1330-1331, 1347, 1387-1388, 1429-1430 et 1485-1486.

être non seulement un protagoniste de premier plan de la Guerre de Cent Ans, mais aussi un mécène très important de Froissart.

Tous les autres principaux mécènes de Froissart sont connus par les œuvres qui leur sont dédiées : la *Chronique* perdue offerte à la reine Philippa de Hainaut, le *Méliador* et la *Prison amoureuse* écrits pour Wenceslas de Brabant, les Livres II, III et IV des *Chroniques* rédigés sous le patronage de Guy de Blois [67], enfin la version *A* du Premier Livre des *Chroniques* dédiée à Robert de Namur. Peut-on, dans l'œuvre de Froissart, identifier des textes en relation avec le mécénat d'Enguerrand de Coucy ? Certainement : il s'agit du *Dit dou Florin*, où l'on trouve une allusion à peine voilée à la longue attente de Froissart pour se voir accorder le bénéfice à Lille, ou même une tentative discrète pour en obtenir un autre, moins problématique et moins contesté, quelque part en France par exemple, où l'autorité et la légitimité de Clément VII ne seraient pas contestées.

On pourrait même avancer l'hypothèse — audacieuse sans doute et difficile, voire impossible à vérifier — que Froissart aurait offert à Enguerrand l'un des manuscrits de ses poésies, à savoir le manuscrit français 830 de la Bibliothèque nationale de France. En effet, dans la rubrique de ce manuscrit, ainsi que dans le colophon, d'une manière donc très visible, Froissart se nomme non seulement « chanoine de Chimay », mais aussi, à deux reprises, « chanoine de Lille en herbes », ce qu'il ne fait pas dans l'autre manuscrit conservé (ms. fr. 831). De plus, le manuscrit fr. 830 contient une sélection de poèmes apparemment adaptés à un public français, avec plusieurs textes qui pourraient avoir revêtu une signification spéciale pour Enguerrand, y compris le *Dit dou Florin* [68].

Mais est-ce tout ? Le *Dit dou Florin* date de 1388, le manuscrit des poésies de 1393 ; tous deux datent donc d'une époque bien postérieure à 1378, quand Froissart reçoit l'expectative du canonicat à Lille. Il y a néanmoins dans l'œuvre de Froissart un texte qui date de cette période : la version la plus ancienne du Premier Livre des *Chroniques*, conservée dans le manuscrit d'Amiens. Ce texte était

67. Il est probable que la version *B* du Premier Livre aussi fut dès le début dédiée à Guy de Blois. Voir *infra* n. 69.

68. K. M. Figg, « The narrative of selection in Jean Froissart's collected poems : omissions and additions in BN MSS fr. 830 and 831 », *Journal of the Early Book Society for the Study of Manuscripts and Printing History* 5, 2002, p. 37-55.

bien dédié à quelqu'un, un seigneur malheureusement anonyme, parce que le copiste n'a pas copié son nom dans le passage où l'auteur veut le nommer [69]. Enguerrand de Coucy correspondrait parfaitement. Il figure très fréquemment dans la narration, beaucoup plus d'ailleurs que Guy de Blois, qui n'apparaît que quelquefois, nonobstant l'affirmation de Kervyn de Lettenhove qui voit dans Guy le patron de la version d'Amiens [70]. De plus, Enguerrand fut sans doute la source principale pour de nombreux passages. Quant à la date de composition, vers 1378, elle correspond parfaitement à la documentation qui nous informe du patronage d'Enguerrand [71].

Godfried CROENEN

69. Il est probable que le mécène auquel Froissart voulait offrir son œuvre était mentionné à la fin du prologue. Or, cette dédicace serait omise par le scribe dans le manuscrit d'Amiens (où le prologue est en tout cas mutilé) ou même par Froissart lui-même dans le prototype du manuscrit d'Amiens, qu'il aurait préparé pour diffusion auprès d'un plus large public. Le texte d'Amiens contient toutefois une référence à cette dédicace : *Chroniques. Livre I. Le manuscrit d'Amiens*, G. T. Diller éd., t. II, p. 50 : « ainssi l'ai je proummis à messires et mestrez où commenchement de mon livre. » Une situation comparable peut se dégager pour la version *B* du Premier Livre. Des sept manuscrits subsistants, seul le manuscrit de Chicago a conservé la dédicace à Guy de Blois, à la fin du prologue : Chicago, Newberry Library, Case MS, f. 37, f. 2 r°, à comparer avec *Chroniques*, S. Luce éd., t. I, p. 7.

70. J. M. B. C. Kervyn de Lettenhove, *loc. cit.* (n. 19), p. 35-41. A l'origine de l'erreur de Kervyn de Lettenhove on trouve les prologues des troisième et quatrième livres, dans lesquels Froissart explique que c'est Guy de Blois qui l'a conduit à composer ces « histoires » : *Chroniques* [Livres III et IV], P. F. Ainsworth et A. Varvaro éd., p. 90-91 et 343. Mais ces déclarations doivent se comprendre d'abord dans le contexte des deux derniers livres des *Chroniques* et ne portent pas nécessairement sur la totalité des entreprises historiographiques de Froissart depuis le début de sa carrière littéraire.

71. Voir plus haut, p. 24. Quant à la datation de la rédaction d'Amiens, il faut bien accepter les conclusions de son éditeur le plus récent, qui date la composition du texte peu après 1378, contredisant ainsi les arguments produits par J. J. N. Palmer pour une rédaction tardive. *Chroniques. Livre I. Le manuscrit d'Amiens*, G. T. Diller éd., t. I, p. IX-XXIII ; cf. J. J. N. Palmer, « Book I (1325-78) and its sources », dans *Froissart : historian*, J. J. N. Palmer éd., Woodbridge-Totowa, The Boydell Press et Rowman & Littlefield, 1981, p. 7-24.

Débat

George Diller : Permettez-moi une question concernant l'itinéraire de Charles VI : comment se fait-il qu'on ne connaisse pas mieux les dates de l'expédition qui le conduisit en Bretagne ? Comment se fait-il que l'on remarque tant de différences entre le récit du chroniqueur de Saint-Denis et celui de Froissart ?

Bernard Guenée : Je n'ose pas vous dire ce que je pense de Froissart ! Parce qu'on est certain de la date du 5 août 1392, alors que Froissart dit que cet épisode se situe en plein milieu de juillet !

Laurence Harf-Lancner : Je voulais, pour ma part, faire observer qu'il y a eu un peintre dont l'œuvre est à la hauteur, au plan iconographique, du récit de Froissart, à savoir le peintre du Froissart de Louis de Bruges. Ce qui est frappant, c'est qu'il n'existe qu'une seule représentation iconographique de la folie du roi ; on comprend pourquoi : ce n'est pas une scène que l'on trouverait représentée dans un manuscrit français. C'est donc dans un manuscrit bourguignon, un manuscrit sensible, du reste, à une esthétique macabre ; on y trouve donc une scène extraordinaire représentant Charles VI en fou furieux ; c'est là, me semble-t-il, la plus belle illustration de ce livre des *Chroniques* de Froissart, une illustration qui va exactement dans le sens du texte.

Michel Zink : Si je puis me permettre une remarque, la sévérité de Froissart à l'égard de l'avarice de Guillaume de Harcigny est intéressante, ainsi que les termes dans lesquels il la formule, disant que c'est un pique-assiette. Car lui-même, Froissart, se montre dépensier et se décrit comme dépensier avec une certaine complaisance : il fait le compte de tout ce qu'il a dépensé pour ses *Chroniques*, il explique que c'était aux frais de la reine Philippa, puis du comte Guy de Châtillon, mais que Guy de Châtillon était lui-même ruiné. Ses *Chroniques* lui ont coûté cher, et d'autant plus qu'il aime bien son confort quand il voyage : il descend dans les meilleures auberges, il aime bien manger et boire, et par exemple, pendant tout le temps où il a été curé de Lestines-au-Mont, il a laissé aux aubergistes de la ville une somme considérable. Le défaut d'avarice devait le choquer particulièrement chez ce vieux médecin. Et ce qu'il en dit complète une fois de plus son propre portrait.

L'éditeur du Manuscrit d'Amiens étant parmi nous, en la personne de George Diller, peut-être a-t-il des idées sur la question suivante : le destinataire pouvait-il être Enguerrand de Coucy et la commanditaire Philippa ?

George DILLER : Je ne puis qu'exprimer mon admiration devant tout ce que vous venez d'avancer, mon cher collègue. Je n'ai vraiment rien à ajouter à votre exposé ; je suis parfaitement d'accord avec tout ce que vous avez énoncé et suggéré et je vous en remercie.

Un auditeur : Vous avez utilisé le terme de « canonicat ». Doit-on entendre par là qu'il s'agit d'une charge de chanoine ou bien ce terme désigne-t-il autre chose ?

Godfried CROENEN : C'est vraiment cela. Froissart était en effet chanoine à Chimay, mais il aurait souhaité l'être aussi à Lille. Chimay était une église tout à la fois collégiale et locale, située dans un bourg du Hainaut, alors que l'église de Lille était un lieu autrement plus riche où était enterré Louis de Male, le comte de Flandre ; ce lieu était donc en quelque sorte plus évocateur pour lui.

Un auditeur : Était-il fréquent de parvenir à occuper une telle charge en deux endroits différents ? Un chanoine, pour autant que je sache, était attaché à un chapitre en particulier ; il se devait d'y être quelque peu présent ; si les deux lieux étaient éloignés, était-ce compatible ?

Godfried CROENEN : Il était assez normal d'avoir plusieurs canonicats à la fois.

Philippe CONTAMINE : Je vous sais gré, M. Croenen, de cet exposé dans lequel vous avez mis en relief les liens privilégiés qui existaient entre Enguerrand VII de Coucy et Froissart. Je crois effectivement, que pour peu que l'on examine, ainsi que vous l'avez fait, chacun des passages dans lesquels Froissart évoque la figure de ce grand seigneur, on s'aperçoit combien ils lui sont favorables. Je n'en citerai qu'un exemple : le passage où il relate la révolte des Maillets, exemple qui nous donne à voir à quel point Froissart — si ma mémoire est bonne — présente Enguerrand VII comme un homme susceptible de jouer le rôle d'intermédiaire entre les oncles (le roi de France ainsi que sa cour) et les Maillets parisiens. On peut bien entendu se demander si c'est vrai ; mais en tout cas Froissart le présente ainsi.

Werner PARAVICINI : Permettez-moi simplement une remarque de nature à vous rassurer quant à l'absence de Froissart dans les comptes anglais ; on constate souvent que des personnages très connus ne se trouvent pas dans la comptabilité de l'hôtel. Je connais mieux l'époque bourguignonne, où c'est quelque chose de permanent. Que se passe-t-il alors ? Ils sont payés ailleurs : par des dons réguliers, par une pension, ou par un canonicat ; être clerc et familier, ce peut être des titres honorifiques, ainsi que vous l'avez vous-même souligné en renvoyant aux suppliques. Donc il n'a pas appartenu à l'hôtel, semble-t-il, mais cela n'enlève rien à la possibilité qu'il ait fait partie de l'entourage.

Peter F. AINSWORTH : J'ai personnellement eu le bonheur de travailler durant de nombreuses années aux côtés de Godfried Croenen et j'aimerais faire remarquer ici combien il est avantageux pour un modeste spécialiste en littérature tel que moi de bénéficier de la présence d'un véritable historien. Si Froissart n'est pas à proprement parler un historien, il est en revanche certain qu'il est un chroniqueur ; les lumières d'un historien moderne nous sont nécessaires pour enrichir notre connaissance de cet écrivain, lequel fut tout à la fois chroniqueur, poète et parfois presque véritablement historien au sens où on l'entendait à son époque. Il est délicat de parler de Froissart comme d'un pur et authentique historien et la chose, pour peu qu'elle soit possible, demande à être illustrée et justifiée. Je ferai également observer que le meilleur éloge que Froissart peut faire de son quasi compatriote Jean le Bel consiste à insérer dans son propre texte l'ouvrage dans lequel le même Jean le Bel parlait de la « vraie fondation ». Aux yeux de Froissart, la chronique de Jean le Bel constitue précisément cette « vraie fondation », comme il le dit, citant Jean le Bel. Ma conviction est tout à fait emportée par ce que vient d'exposer mon collègue de Liverpool.

Jean-Marie MOEGLIN : J'ai également été très intéressé par ce que vous venez d'exposer ; je dois cependant avouer que j'ai un doute quant à l'hypothèse que vous avez formulée à la fin, quand vous évoquez Froissart succédant à Jean le Bel auprès de Philippa de Hainaut. Vous avez suggéré, je crois, l'idée que Jean le Bel avait rédigé sa chronique en hommage à Philippa de Hainaut ; il n'y a cependant, à ma connaissance, aucun élément qui permette d'aller dans ce sens. Cette chronique fut d'abord écrite, on le sait, pour Jean de Beaumont, lequel mourut bien avant ; et il ne faut du reste pas manquer de rappeler quelle place tient dans cette histoire d'Édouard III l'épisode du viol de la comtesse de Salisbury, qui eût assurément déplu à Philippa de Hainaut ; cet épisode sera d'ailleurs nié par Froissart, qui affirmait que Jean le Bel s'était trompé à ce sujet.

Godfried CROENEN : Tout à fait, et ce fut d'ailleurs là peut-être une raison supplémentaire pour Philippa de Hainaut d'employer quelqu'un dans le but de poursuivre et de corriger en même temps cet ouvrage dont elle a sans doute reçu une copie.

Jean-Marie MOEGLIN : Vous pensez qu'elle a véritablement eu cette chronique entre les mains ?

Godfried Croenen : C'est bien possible, bien qu'il y eût fort peu de manuscrits à l'époque. Bien sûr on ne sait presque rien de la bibliothèque des monarques anglais de ce temps ; par conséquent, il ne s'agit là que d'une hypothèse.

Michael SCHWARZE : Il serait pour moi intéressant d'avoir quelques précisions sur le dernier voyage de Froissart en Angleterre, évoqué au Quatrième Livre des *Chroniques*. Sur le plan de l'arrangement textuel, on a presque affaire à un mythe personnel qu'il se « forge » lui-même — pour reprendre l'expression consacrée par ce colloque. Il serait donc sans doute intéressant de savoir s'il a reçu des allocations de la Chambre royale, d'autant que Froissart cherche presque à se faire passer pour un « fils », pourrait-on dire, de la famille royale anglaise.

Godfried CROENEN : Je n'ai pas eu, à ce jour, la chance de m'intéresser à cette période de la vie de Froissart ; mais d'éminents spécialistes de l'hôtel et de la cour de Richard II, cependant, m'ont éclairé autant que rassuré à ce sujet, en précisant que Froissart ne figure pas non plus dans les documents concernant cette époque.

Bernard GUENÉE : A la lumière de ce que je viens d'apprendre en vous écoutant, je me demande si tout ce que Froissart dit du

5 août 1392 — récit dans lequel il met en valeur un personnage de Laon en précisant le rôle d'Enguerrand de Coucy dans cette affaire — ne constitue pas en définitive l'écho de ce qui pouvait se dire autour dudit Enguerrand de Coucy. C'est un détail intéressant dans la mesure où la note manifestement anti-parisienne, ainsi que l'attaque non moins véhémente à l'endroit des médecins qu'il ne cite jamais, mais qu'il méprise au point de ne pas les citer, pourrait refléter un écho de l'état d'esprit d'Enguerrand de Coucy et de son entourage. Qu'en pensez-vous ?

Godfried Croenen : Comment vous répondre ? Enguerrand de Coucy se sent-il Français ou homme du Nord ?

Bernard Guenée : C'est à vous qu'il appartient de me le dire !

Godfried Croenen : Je ne suis pas le biographe d'Enguerrand de Coucy...

Bernard Guenée : Puisqu'il intervient dans cette affaire, et que Froissart livre manifestement une version étonnante, tellement contraire à la version parisienne des choses, on peut se demander s'il n'a pas une information qui lui vient des bruits qui courent dans le Nord de la France. Ne le voyons-nous pas par exemple rapporter quels pèlerinages ont lieu dans le Nord en l'honneur du roi de France ? Il est tout de même l'évident porte-parole du Nord de la France...

Michel Zink : Pour peu, il est vrai, que l'attention se porte sur Enguerrand de Coucy, on s'aperçoit combien de choses prennent corps, même pour des détails. Je crois me rappeler que Froissart précise, au moment de la déposition de Richard II, que cette nouvelle a été connue en France par la dame de Coucy. Or elle a dû l'être aussi par d'autres canaux, mais pour Froissart, c'est parce que la dame de Coucy est arrivée en France. Ce que vous avez dit sur Clément VII et, qu'on me permette cette expression, sur cette vieille connaissance qu'était Robert de Genève, est également éclairant : sinon, on ne comprendrait pas pour quelle raison il serait allé à Avignon réclamer le canonicat, dans une région qui n'était pas favorable à Clément VII, et alors que lui-même, me semble-t-il, n'avait pas de raison particulière d'avoir choisi Clément VII contre Urbain VI, parce que ses amitiés ainsi que ses liens étaient plutôt du côté de personnages favorables à Urbain VI.

JEAN FROISSART, CHRONIQUEUR DES « MENUES GENS »

Le titre peut sembler paradoxal, tant le chroniqueur de Valenciennes est volontiers réputé pour l'intérêt presque exclusif, en tout cas prépondérant et comme allant de soi, qu'il porte au monde des rois, des princes, des seigneurs, des chevaliers et des gentilshommes (la société d'en haut, vue par un observateur bienveillant, manifestement en phase avec ses pratiques et ses valeurs). Mais j'espère montrer, en complément ou plutôt en contrepoint d'autres études que j'ai pu consacrer à Froissart [1], que cette image stéréotypée mérite d'être nuancée ou révisée. Après tout, de la même manière, ne pourrait-on aussi écrire un livre sur le peuple, le petit peuple, dans *La recherche du temps perdu* ? Ce livre étudierait par exemple le personnel composite et souvent équivoque du Grand-Hôtel de Balbec, tout un lot de chasseurs, de blanchisseuses, de chauffeurs, de femmes de chambre, de garçons de ferme et de garçons bouchers, de laitiers, de jardiniers et de simples militaires : autant de figures nombreuses quoique fugitives et souvent anonymes. La différence, me semble-t-il, est que chez Froissart, il ne s'agit pas toujours de comparses (mais peut-on appeler comparses la cuisinière Françoise [2] et le giletier Jupien ?) : en quelques circonstances, celles que j'ai précisément retenues, les « menues gens » sont des acteurs occupant le centre de l'intrigue. Je remarque à ce propos

1. Deux de ces études, relatives à l'art de la guerre et aux châteaux, sont reprises dans mon recueil *Pages d'histoire militaire médiévale (XIVe et XVe s.)*, Paris, Mémoires de l'Académie des Inscriptions et Belles-Lettres XXXII, 2005.

2. Chez les Proust, dans les années 1890, on dînait à 6 h 3/4 le 14 juillet, « afin que le peuple soit libre de bonne heure pour les réjouissances » (extrait d'une lettre de Jeanne Proust, mère de l'écrivain, citée par É. Bloch-Dano, *Madame Proust*, Paris, Grasset, 2004, p. 144).

que dans l'important colloque de Montréal de 1999 dont les actes ont été publiés en 2002 sous le titre *Le petit peuple dans la société de l'Occident médiéval*, Froissart n'est pas totalement absent [3]. Grâce à cette publication, je remarque aussi qu'à côté des termes latins *populus*, *populus infimus*, *vulgus*, *plebs*, *minores*, *simplices*, *pauperes*, à côté des termes français « simples gens » et « pauvres gens », l'expression « menues gens » a ses lettres de noblesse puisqu'elle figure déjà, sous la forme « gent menude », dans la *Vie de saint Alexis* (milieu du XIe s.) [4].

*
* *

J'aurais pu mettre à profit la perspective envisagée pour évoquer la place dans les *Chroniques* des valets, tantôt solidaires de leurs maîtres, jusqu'à la mort, et tantôt les trahissant sans scrupule, des simples femmes (ainsi cette « femmelette » chargée de « povres enfants » qui est dite avoir caché dans sa « povre maisonnette enfumee » le comte de Flandre Louis de Male lors de sa fuite précipitée de Bruges en 1379 [5], et cette autre qui, en menant paître ses vaches dans la campagne d'Audenarde, surprit les Gantois en marche vers la ville [6]). Toutefois, laissant plus ou moins de côté les anecdotes, au reste révélatrices, mettant en scène des individus, je me concentrerai de préférence, à l'intérieur de la période critique 1379-1385 au cours de laquelle Froissart traite du soulèvement des travailleurs en Angleterre, de la rébellion des Maillets à Paris et surtout des troubles de Flandre, sur les groupes sociaux en tant que tels [7].

3. *Le petit peuple dans l'Occident médiéval. Terminologie, perceptions, réalités. Actes du Congrès international tenu à l'Université de Montréal, 18-23 octobre 1999*, P. Boglioni, R. Delort et Cl. Gauvard éd., Paris, Publications de la Sorbonne, 2002. Voir en particulier la p. 707 dans la conclusion de Claude Gauvard.
4. N. Bériou, « Le petit peuple dans les sermons *ad status* du XIIIe siècle », *ibid.*, p. 23.
5. Jean Froissart, *Chroniques*, S. Luce éd., Paris, Société de l'Histoire de France (désormais cité SHF), t. X, p. 231.
6. Id., SHF, t. XI, p. 137.
7. « Froissart écrivit originellement jusque vers 1386 une *Chronique de Flandre* entièrement consacrée aux événements qui se déroulèrent entre 1378 et 1385 (avec une courte addition relative à la mort de François Ackerman en 1386 et à l'arrivée du duc et de la duchesse de Bourgogne à Bruges en novembre de cette même année). Cette chronique forme un tout dans le manuscrit de la Bibliothèque

L'expression « menues gens » se rencontre assez souvent dans les *Chroniques.* Quatre exemples ici.

En 1383, le roi de France Charles VI, dans le cadre de ce que les sources appellent l'« ost de Bourbourg », entend assiéger cette dernière place. Un cri est proclamé dans son camp selon lequel quiconque apportera un fagot de laine pour combler les fossés en vue d'atteindre la palissade défendant la ville recevra un blanc de France. Et Froissart écrit : « Adont toutes manieres de menus gens et de varlés entendirent ce diemenche au fagoter. » [8]

Dans un autre passage, Froissart expose comment la guerre de Flandre, « maintenue » par les Gantois contre leurs seigneurs le comte Louis de Male et Philippe, duc de Bourgogne, avait duré près de sept ans, causant toutes sortes de maléfices, et désolant, en raison des entraves au commerce maritime qu'elle avait entraînées, les Turcs, les païens, les Sarrasins et les autres nations infidèles, toutes les bandes de la haute mer, du soleil levant au soleil couchant, et, à plus forte raison, tout le septentrion, les dix-sept royaumes chrétiens, dès lors que toutes manières de marchandises sont censées converger à Damme, à Bruges, à L'Écluse. Aucun prince, aucun seigneur ne parvenait à mettre un terme à ce conflit. Et puis intervint la grâce de Notre-Seigneur, l'inspiration divine. Dieu ouvrit ses oreilles aux prières et aux requêtes de dévotes personnes, il eut pitié de son peuple « car moult de menues gens et povres mesnages vivoient et estoient en grant povreté et misere par toute Flandres es bonnes villes et sur le plat pays par celle guerre qui tant avoit duré » [9].

Troisième citation. La prédication évangélique et révolutionnaire du « fols prestre » John Ball eut un retentissement jusque dans la cité de Londres : « De sa parolle, de sa vie et de ses oevres furent aviset et enfourmet trop grant fuisson de menues gens en la citté de Londres qui avoient envie sur les rices et sour les nobles. » [10]

---

nationale de France fr. 5004 [...]. Plus tard Froissart corrigea cette première version et l'introduisit dans son Livre II sous une forme abrégée » (J. Van Herwaarden, « The War in the Low Countries », dans *Froissart Historian*, J. J. N. Palmer éd., Woodbridge, The Boydelle Press, 1981, p. 175). Cette remarque vient à propos, me semble-t-il, pour justifier s'il en est besoin la chronologie retenue ici.

8. Jean Froissart, SHF, t. XI, p. 147.
9. Id., SHF, t. XI, p. 451-452.
10. Id., SHF, t. X, p. 97.

Un peu plus loin dans le même contexte, Froissart évalue à plus de trente mille le nombre de « menues gens » se trouvant à Londres [11].

Dernière citation. Il s'agit cette fois de la Harelle de Rouen de 1382. « Samblablement cil de la citté de Roem esmurent ossi et se releverent et revelerent par incidense les menues gens de la ville. » [12] Notons la formule, qui implique que ces « menues gens », en l'occurrence, ne firent que suivre [13].

Mais l'expression « menues gens » n'est pas la seule utilisée pour désigner les strates inférieures de la société urbaine aussi bien que rurale. On trouve aussi, sans connotation franchement négative, les « povres laboureurs » [14], les « povres gens » [15], les « menus mestiers » [16], les « menus » [17], les « petites gens » [18], les « villains des villages », les « gens des villages », les « laboureurs des terres », les « laboureurs », les « bons hommes », les « povres compaignons », « le povre menu peuple ». Entre les « menus » et les « pauvres », l'association va de soi. « Petis communs », disent les *Istores et croniques de Flandres* [19], mais l'expression se trouve-t-elle chez Froissart ? On trouve aussi, de façon plus englobante, la « communauté », le « commun peuple », le « commun », les « bonnes gens », et tout simplement le « peuple ».

Peut-être le point le plus problématique est-il le degré exact d'équivalence entre « bonnes gens » et « menues gens ». Autrement dit, les « menues gens » peuvent-ils être aussi des « bonnes gens » ? Tout devait dépendre des circonstances, de l'identité des interlocuteurs. Les « bonnes gens » auxquels s'adressent John Ball ou Wat

11. Id., SHF, t. X, p. 102.

12. Id., SHF, t. X, p. 155.

13. Naturellement, Froissart n'est pas le seul à employer cette expression passe-partout. On la trouve par exemple dans *L'Arbre des batailles* d'Honorat Bovet, H. Biu éd., thèse de l'Université de Paris-Sorbonne, 2004, t. II, p. 600 : « Les grandes comossions er fieres felonnies des genz menus et des peuples. » Voir aussi *Le formulaire d'Odart Morchesne*, O. Guyotjeannin et S. Lusignan éd., Paris, École des chartes, 2005, p. 337-338.

14. Jean Froissart, *Chroniques*, J. M. B. C. Kervyn de Lettenhove éd. (désormais cité Kervyn), t. XII, p. 4.

15. *Ibid.*

16. *Ibid.*, p. 21.

17. Jean Froissart, SHF, t. X, p. 51.

18. Id., Kervyn, t. XII, p. 21 .

19. Id., Kervyn, t. II, p. 201.

Tyler deviennent des « mauvaises gens » quand ils résistent aux paroles de leur roi Richard II.

En tout cas, dès lors qu'ils se rebellent et qu'ils font preuve de mauvais esprit, les termes péjoratifs ou injurieux pullulent. « Villains » ne désigne pas seulement les rustres mais aussi, par exemple, les « villains de Paris » [20]. On trouve aussi « archivillains » [21], « tuffes » [22], « tuffaux » [23], « tacriers, giveliers, bomules, termulons, craffeurs, marrados, cratinas, petaux et gars loubas » [24], « mauvais » [25], « mauvais gars » [26], « ribaudaille » [27], « gloutons » [28], « garçons » [29], « mauvais maistres » [30], « mescheans gens » [31], « villains puans » [32], « gars puans » [33], « merdaille » [34], « pendailles » [35]. En Flandre comme en Angleterre, ces « mauvais » peuvent former une « sexte » [36]. En Flandre, Froissart les rattache régulièrement, presque mécaniquement, aux humbles métiers du textile : foulons et tisserands.

Les menues gens s'opposent aux « riches hommes » [37], aux nobles et aux gentilshommes, aux seigneurs, aux chevaliers et aux écuyers (même si Froissart n'ignore pas qu'il existe des pauvres chevaliers et, *a fortiori*, des pauvres écuyers, des « petis compaignons » qui, dans les campagnes militaires, ne sont pas retenus par un grand

20. Id., Kervyn, t. XV, p. 91.
21. Id., SHF, t. XI, p. 330.
22. Id., SHF, t. XI, p. 330.
23. Jean Froissart, SHF, t. XI, p. 341. « Tuffe » et « tuffau » sont deux termes d'origine inconnue. A rapprocher de « tuffal », « destiné à des rustres », et de « tuffaument », « à la manière d'un rustre ». Eustache Deschamps, *Œuvres*, Queux de Saint-Hilaire éd., t.VIII, p. 71, et t. IX, p. 397, n. 1. Renseignements fournis par mon confrère Robert Martin, que je remercie vivement.
24. Jean Froissart, SHF, t.V, p. 523.
25. Id., SHF, t. XI, p. 282.
26. Id., SHF, t. X, p. 97.
27. Id., SHF, t. XI, p. 75.
28. Id., SHF, t. X, p. 111.
29. Id., SHF, t. XI, p. 67.
30. *Ibid.*
31. Jean Froissart, SHF, t. XI, p. 282.
32. Id., SHF, t. X, p. 114.
33. Id., SHF, t. X, p. 120.
34. Id., SHF, t. X, p. 116.
35. Id., SHF, t. IX, p. 170.
36. Id., SHF, t. X, p. 81.
37. Id., SHF, t. X, p. 114.

seigneur, à ses frais : tels ces « povres chevalliers et escuiers du royaulme de France » dont le connétable Olivier de Clisson est accusé de confisquer à son profit une partie des gages [38]). Les « menues gens » se distinguent des marchands, des « gros » [39], des « gros et riches bourgois », des « notables » [40]. « Grans bourgois », disent les *Istore et croniques de Flandres.* Mais les menus, dès lors qu'ils sont méchants, s'opposent aux sages (car il y a chez eux une part avérée de folie) et aussi aux « paisibles » (car ils ont par nature le goût de la violence).

Il est bien connu que Froissart, en s'activant dans sa forge, non sans délectation, « pour ouvrer a forger en la haulte et noble matiere » des « faits » et des « avenues des guerres de France et d'Angleterre et de tous leurs conjoints et adherans » [41], s'adressait en priorité au monde aristocratique, à tous ceux qui aimaient les armes, en raison de leurs goûts et de leur statut. Mais cette fois, en évoquant ces pestilences, ces émotions, ces commotions, ces rébellions, ces « esmouvemens », ces « machinacions », ces « mauvaistiés », ces « esmeutins » [42], il n'entend pas seulement comme on l'a parfois dit, montrer l'incertitude des fortunes de ce monde, mais aussi apprendre aux « bonnes gens » — et non aux seuls hommes de pouvoir et d'armes — comment les choses se sont passées, afin qu'un remède, éventuellement préventif, puisse être apporté, car une fois que le mécanisme est enclenché, il est très difficile de l'arrêter (« Vous avés pluiseurs fois oï et recorder que c'est dure cose de commun rapaisier quant il est esmeu : je le dis pour ceulx de Gaind » [43]). Son dessein est clairement didactique et pragmatique : « Che fu une merveilleuse cose et de povre fondacion dont ceste pestillensse commencha en Engletiere et pour donner exemple a toutes manieres de bonnes gens, j'en parlerai et le remonstrerai selonc ce que dou fait et de le incidensse j'en fui adont infourmés. » [44] « Et afin que

38. Id., Kervyn, t. XV, p. 74.
39. Id., SHF, t. X, p. 51.
40. Id., SHF, t. XI, p. 282.
41. Id., Kervyn, t. XV, p. 79.
42. Tous ces termes sont employés par Froissart à propos de la révolte des travailleurs anglais : c'est elle qui le perturbe et l'inquiète le plus. Froissart, SHF, t. X, p. 94 et 153.
43. Jean Froissart, SHF, t. X, p. 56.
44. Id., SHF, t.X, p. 94.

tout signeur et bonnes gens qui ne voellent que bien i prendent exemple pour corrigier les mauvais et les rebelles, je vous esclaircirai che fait tout plainement enssi qu'il fut demenés. »[45] En particulier, il souligne que les riches et les notables pratiquent un jeu dangereux et n'ont en fin de compte que ce qu'ils méritent lorsqu'ils ne se rangent pas résolument du côté de l'ordre établi. A bon entendeur salut.

A l'évidence, Froissart éprouve à l'égard des rebelles un mélange de peur et de mépris. A ses yeux, le danger menace en permanence, car le feu couve toujours. En 1392, après l'incident connu dans l'histoire sous l'expression de bal des ardents, les oncles de Charles VI sont censés lui expliquer que la communauté de Paris avait l'intention, s'il lui était arrivé malheur, d'occire « tous les barons et chevalliers » se trouvant dans la ville [46]. Vieux fantasme remontant pour le moins à la Jacquerie de 1358.

Mais en même temps, il rend ici ou là justice à leurs revendications, ou du moins ne se soucie pas de les condamner d'emblée. Il n'hésite pas, à sa manière, à donner la parole au peuple. Ainsi les pensées que non sans vraisemblance il prête en 1386 à la « communauté » d'Angleterre : « C'est trop sans raison que on nous taille maintenant pour mettre le nostre aux chevalliers et escuiers de ce pays. Car pourquoy ? Il faut que ils deffendent leurs heritaiges. Nous sommes leurs varlets, nous labourons leurs terres et les biens de quoy ils vivent. Nous leur nourrissons les bestes de quoy ils prendent les laynes. A tout considerer, se Angleterre se perdoit, ils perdroient trop plus que nous. »[47]

C'est dans le même registre que se situe le fameux sermon que Froissart place dans la bouche du « fols prestre » John Ball en 1381. Ce sermon, a-t-on dit, « produit sur les lecteurs modernes un effet opposé à la possible intention de l'auteur », au point de devenir « la plaidoirie la plus émouvante pour une égalité sociale dans l'histoire de la langue anglaise »[48]. Soit, mais pourquoi refuser à Froissart tout désir de produire cette impression ? A côté du sermon que Ball adresse aux « bonnes gens » (« Il ont les vins, les espisses et les bons pains, et nous avons le soille, le retrait et le paille et buvons l'aige. Il

45. Id., t. X, p. 99.

46. Id., Kervyn, t. XV, p. 91.

47. Id., Kervyn, t. XII, p. 4.

48. R. B. Dobson, *The Peasants' Revolt of 1381*, Londres, Macmillan, 1970, p. 369.

ont le sejor et les biaus manoirs et nous avons le peine et le travail, et la pleue et le vent as camps » [49]), Froissart cite aussi les propos qu'il attribue aux « meschans gens » : au commencement du monde, il n'y avait, il ne pouvait y avoir nul serf s'il ne faisait trahison envers son seigneur, comme Lucifer envers Dieu, mais eux — les travailleurs, les laboureurs — n'ont pas cette « taille » car ils ne sont ni anges ni esprits mais des hommes formés à la semblance de leurs seigneurs et pourtant, sans raison, on les traite comme des bêtes [50]. Froissart prête encore aux rebelles anglais un message à portée politique : depuis plusieurs années, l'Angleterre n'a pas été gouvernée par les oncles du jeune Richard II « a l'honneur dou roiaulme et au pourfit du commun et menu peuple » [51], il est temps que les choses changent. Ce message, sans doute Froissart ne l'approuve-t-il pas, mais on peut admettre qu'en témoin honnête il n'en a pas travesti la formulation. Les raisons fiscales du mécontement ne lui échappent pas non plus, ainsi cette plainte, un peu naïve comme il se doit, qu'il prête au commun peuple d'Angleterre : « Se ceulx [un certain nombre de ministres ou de conseillers de Richard II] rendoient compte des levees que ils ont fait en Angleterre ou se on leur faisoit rendre, le menu puepl demourroit en paix, et si seroient les arrierages et les mises que l'en doit, payees, et encoires auroit on or et argent a plenté de demourant. » [52]

Il n'est pas sûr que Froissart ait avalisé tels quels tous les actes de répression de la part des puissants. En tout cas, il ne dissimule pas leur cruauté. Envoyé par le comte de Flandre, Gauthier, sire d'Enghien, entreprend le siège et l'assaut de Grammont (Geraardsbergen). Le résultat fut « grant ochision de hommes, de femmes et d'enffans », car nul n'était pris à merci. Il y eut ainsi « trop grant fuisson de vielles gens et de femmes gissans en leurs lis ars dont che fut pités », en deux cents endroits on mit le feu à la ville qui brûla entièrement, moutiers compris. Selon Froissart, le comte tint ensuite à féliciter ce « bon chevalier » pour ce « tres bon commencement », mais on ne peut écarter tout soupçon de blâme dans le récit en question [53].

49. Jean Froissart, SHF, t. X, p. 96.
50. Id., SHF, t. X, p. 95.
51. Id., SHF, t. X, p. 103.
52. Id., Kervyn, t. XII, p. 149.
53. Id., SHF, t. X, p. 142.

Dans le même registre, Froissart ne dissimule pas les conséquences dramatiques de l'ordre de destruction donné par Louis de Male à l'encontre du plat pays proche de Gand afin d'empêcher le ravitaillement de la ville rebelle : « Convint adont les povres gens qui vivoient de leurs bestes tout parperdre en enfuir en Braibant et Hainnaut et la grigneur partie mendiier. » [54]

Inversement, tout se passe comme si Froissart approuvait le capitaine de Gand, le fameux Philippe van Artevelde, dont il dresse un portrait somme toute nuancé, d'avoir, mu de compassion, lors de la tentative de blocus de la ville, promulgué « pluiseurs bonnes ordonnances dont il fu moult agraciiés car il fist ouvrir les greniers des abbeïes et des rices hommes et departir le bled parmi un certain pris d'argent et fuer que il i fist mettre » [55]. Le même Philippe van Artevelde aurait consenti à être banni pour toujours de Gand si cela devait rétablir la paix avec le comte, « pour la grant pité que il avoit dou menu peuple de Gand » [56].

Pour le chroniqueur, face aux méchants, aux obstinés, aux enragés, aux forcenés, « hors de leur bon sens », enivrés par l'envie et l'orgueil, proprement possédés, dont l'action n'est pas seulement folie et « desverie » mais « grant deablie », il peut exister un bon commun, susceptible de ne pas persévérer dans le mal. Tout n'est pas joué d'avance. Les paroles prononcées à Mile End par Richard II « apaissierent grandement ce menu peuple, voirs les simples et les novisses et les boines gens qui la estoient venus » [57]. Ils acceptent de se disperser et de suivre en signe de soumission les bannières royales. Seule demeure une minorité désignée par le chroniqueur sous l'expression « grans venins ». A Gand, « grant fuisson du menu peuple [...] ne desiroit que paix » et ce furent les exigences exagérées du comte qui amenèrent au choix de la guerre après que Philippe van Artevelde eut présenté les trois voies possibles : ou bien s'enfermer dans la ville, se bouter dans les églises et les moutiers et mourir confessés et repentants, « comme gens martirs de qui on ne voelt avoir nulle pité », ou bien, hommes, femmes et enfants, la corde au cou, pieds et têtes nus, crier merci au comte, qui, espoir, « n'a pas le coer si dur ne si oscur » qu'il ne consente à pardonner,

54. Id., SHF, t. X, p. 202.
55. Id., SHF, t. X, p. 202.
56. Id., t. X, p. 209.
57. Id., SHF, t. X, p. 113.

ou bien le juste combat avec la croyance que Dieu sera avec les Gantois comme il a été avec Judith contre Holopherne [58]. Dans le même contexte, Froissart, avant la bataille contre les Brugeois de Beverhoutsfeld du 3 mai 1382, évoque les prédications des frères mineurs comparant les Gantois « au peuple d'Israel que li rois Faraon d'Egipte tint lonc tamps en servitude et depuis, par la grace de Dieu, il en furent delivret et menet en terre de promision par Moïse et Aaron et li rois Pharaon et li Egiptiien mort et peri » [59]. Au demeurant, une fois vainqueurs, les Gantois, sauf exceptions ciblées, ne firent mal « a nul homme des menus mestiers ». Cette première victoire des Gantois, cette défaite du comte, non seulement les communautés de Rouen et de Paris s'en réjouirent mais aussi de grands seigneurs de France qui trouvaient Louis de Male trop présomptueux. Sans compter le pape Clément VII selon lequel il se serait agi du juste châtiment d'un prince ayant opté pour l'antipape Urbain [60].

Toujours dans la même note, Froissart croit devoir constater, à tort ou à raison, que l'une des forces de Gand, durant cette guerre de sept ans, c'est d'avoir conservé son unité, d'avoir formé une vraie communauté, mettant en commun, selon la fortune de chacun, « or et argent, jouiaulx et chevance » [61].

Mais ces mêmes Gantois tirèrent orgueil de cette victoire inespérée, au lieu de rendre grâce, dans l'humilité. Aussi Dieu « s'en courroucera et leur remonstrera leur orgueil avant que l'an soit oultre » [62], autrement dit lors de la bataille de Roosebeke, ce que Froissart va raconter « pour donner exemple a tous autres ». Toutefois, Froissart ne va pas aussi loin que les *Istore et croniques de Flandres*. Selon cette source, le comte, avant Roosebecke, devant l'orgueilleux refus des Gantois face à ses propositions de paix et de pardon, vit « que le maulvais sanc encoires dominoit et que sans ouvrir les vaynes le patient n'aroit point de santé » [63]. Bref, le corps social de la ville avait besoin de cette saignée.

58. Id., SHF, t. X, p. 216-218.
59. Id., SHF, t. X, p. 221-222.
60. Id., t. X, p. 239.
61. Id., SHF, t. X, p. 67.
62. Id, SHF, t. X, p. 236.
63. Jean Froissart, *Istore et croniques de Flandres*, *op. cit.*, p. 252.

Dernier point et non le moindre. Froissart est-il un témoin fiable, son analyse socio-politique est-elle considérée comme valable et recevable par les historiens, confrontant, selon la saine méthode critique, les sources narratives aux sources documentaires ? Ses préjugés ne l'auraient-ils pas en l'occurrence aveuglé, sans compter un possible manque d'information ? Son imagination ne l'aurait-elle pas entraîné trop loin sur les chemins périlleux du romanesque ?

Naturellement, les *Chroniques* ont leur valeur en soi, il convient de les prendre en compte, sans se soucier de leur « véracité ». Elles existent pour elles-mêmes et il n'y a aucun motif *a priori* pour les exclure d'emblée du champ documentaire. Il suffit par exemple de prendre acte du fait que Froissart est l'un de ceux qui opèrent le plus volontiers la liaison entre les différentes manifestations séditieuses : des Jacques Bonshommes à la révolte des travailleurs, il souligne la contagion révolutionnaire. Si les rebelles d'Angleterre « fuissent venu a leur entente, il eussent destruit tous les nobles en Engletierre et aprés en autres nations tous menus peuples se fust revelés et prendoient piet et example sur cheux de Gaind et de Flandres qui se rebelloient contre leur signeur » [64]. « Et en celle propre anee li Parisiiens le fissent ossi et trouverent a faire les maillés de fier dont il fissent plus de vingt mil, sicom je vous recorderai quant je serais venus jusques la. » Si Charles VI et sa noble chevalerie n'avaient pas déconfit les Flamands à Roosebeke, c'eût été le « grant deable » : « On puet bien croire et imaginer que toute gentillece et noblece euis esté morte et tant bien ens es autres païs. » [65] Si on laissait telle ribaudaille gouverner en Flandre, dit Philippe le Hardi à son beau-père Louis de Male, « toute chevalerie et gentillesse en poroit estre honnie et destruite et en consequence sainte crestienté » [66]. Dramatiser l'enjeu : tel est le parti de Froissart. Même la Jacquerie, une génération plus tôt, était moins dangereuse. Retenons aussi le rapprochement suivant : la plupart des vilains du Kent et de l'Essex qui affluaient vers Londres ne savaient pas ce qu'ils voulaient mais « sieuoient l'un l'autre enssi que bestes en enssi que li Pastouriel fissent jadis qui dissoient que il aloient conquerir la Sainte Terre et puis tout aloit a neant » [67].

64. Id., SHF, t. X, p. 101-102.
65. Id., SHF, t. XI, p. 33.
66. Id., SHF, t. X, p. 251.
67. Id., SHF, t. X, p. 97. Allusion aux « croisades » des Pastoureaux de 1251 et de 1320.

Froissart, comme tant d'autres de ses contemporains, adhère à une conception fonctionnelle de la société : chaque état doit être à sa place, sous l'autorité d'un prince auquel il revient, dans le souci du bien commun, d'œuvrer pour la paix et la justice. Froissart est très sensible au problème de l'insécurité : il remarque par exemple que les marchands et les laboureurs d'Angleterre « ont apris a vivre en pais », que les « laboureurs » vivent « aisement et largement selon que la saison ordonne et donne » et supportent naturellement très mal la présence dans le royaume de « routes » et de « compagnies » tenant les champs et leur dérobant, contre toute justice, « blefs, avoines, beufs, vaches, pors, moutons et brebis » [68], sans même qu'ils osent se plaindre. La morale comme l'intérêt le commandent : « Il fait bon estre [bien] de son signeur. » [69] « Voirement fait il bon estre bien de son prince et est ung bel tresor que de paix », disent en écho les *Istore et croniques de Flandres* [70]. Mais en même temps Froissart insiste sur l'indispensable solidarité entre l'Église établie, la noblesse et la bourgeoisie, contre les risques de subversion sociale que peut-être il exagère à dessein. Il se montre un ferme partisan de la solidarité des classes dirigeantes : à propos du soutien que le duc et la duchesse de Brabant apportent au comte de Flandre, « c'est raisons car tousjours sont li signeurs l'un pour l'autre » [71]. « Noblesse et gentillesse doivent estre aidiés et conseillies par gentillesse. » [72]

Mais, si l'on en vient au contenu précis de sa narration, pour l'ensemble des historiens qui ont étudié la révolte des travailleurs anglais, Froissart n'est pas considéré comme une source assurée, les anecdotes qu'il est très souvent le seul à rapporter sont invérifiables, les discours qu'il transcrit invraisemblables, on ignore la nature de ses informateurs, il a très bien pu tout imaginer sans quitter sa forge en transposant en Angleterre le cas flamand. Au-delà des inexactitudes de détail, on lui reproche d'ignorer le fait que le régime des corvées était en plein déclin, en pleine débandade en 1381, et cela depuis deux ou trois générations. On lui fait grief d'avoir omis le rôle dévastateur de la perception de la *poll tax* et d'avoir affirmé que

68. Id., Kervyn, t. XVI, p. 158.
69. Id., SHF, t. X, p. 185.
70. Id., *Istore et croniques de Flandres*, *op. cit.*, p. 223.
71. Id., SHF, t. X, p. 207.
72. Id., SHF, t. X, p. 238.

les riches citoyens de Londres avaient un temps encouragé la rébellion. En revanche, on accepte son idée d'une certaine ou d'une possible amélioration du niveau de vie des simples gens, notamment après la Peste noire. C'est sa formule fameuse : les travailleurs se rebellèrent « pour la grant aisse et craisse » où ils vivaient [73]. Je note d'ailleurs que Froissart n'est pas le seul à exprimer ce jugement : selon la *Chronique rimée des troubles de Flandre*, la prospérité correspondant au principat de Louis de Male profita « par especial au commun », qui, du coup, releva la tête, notamment les « riches vilains » [74]. Écoutons ici R. B. Dobson, selon lequel il est difficile de résister à cette interprétation : « Celle-ci demeure plus convaincante que l'hypothèse attribuant la révolte à un mouvement social venu des profondeurs, à une protestation tirant son origine du désespoir issu de l'intolérable oppression d'une classe de *landlords* réactionnaires. » [75]

En revanche, pour les troubles flamands, les historiens considèrent Froissart, au-delà d'un certain nombre d'erreurs factuelles, comme bien informé. L'explication de Henri Pirenne, avancée il y a un siècle, reprise en grande partie par Michel Mollat et Philippe Wolff il y a une génération [76], dérive largement d'une lecture tout juste simplifiée de Froissart. Selon le grand historien belge, le mouvement, de nature plus sociale que politique, fut très différent de celui qui avait affecté les villes de Flandre au début du XIVe siècle : il n'est plus question d'une hostilité du peuple flamand envers le roi de France mais, avec des nuances, d'une insurrection des « povres quemunes » et notamment des « horribles tisserands » contre la bourgeoisie riche, un mouvement tendant visiblement à la réalisation d'un idéal non seulement démocratique mais complètement égalitaire. « Les doctrines radicales de Wat Tyler ont été certai-

73. Id., SHF, t. X, p. 94.

74. Id., *Chronique rimée des troubles de Flandre en 1379-1380*, H. Pirenne, éd., Gand, 1902, p. 8.

75. R. B. Dobson, *op. cit.*, (n. 48), p. 18. Au sein d'une bibliographie pléthorique, signalons le recueil d'études publié par R. H. Hilton et T. H. Aston, *The English Rising of 1381*, Cambridge, Cambridge University Press, 1984. Les spécialistes se rejoignent, dans le domaine des sources narratives, pour accorder beaucoup plus de crédit à l'*Anonimalle Chronicle 1331 to 1381 from a ms. written at St. Mary's York*, V. H. Galbraith éd., Manchester University Press, 1970.

76. M. Mollat et Ph. Wolff, *Ongles bleus, Jacques et Ciompi. Les révolutions populaires en Europe aux XIVe et XVe siècles*, Paris, Calmann-Lévy, 1970.

nement formulées dans les quartiers ouvriers de Gand, de Bruges et d'Ypres ». De plus, à la différence de ce qui s'était passé lors du soulèvement de la Flandre maritime en 1323-1328, le plat pays ne bougea pas, et, contre les villes, se rangea tacitement du côté du comte, voire de la noblesse. Le comte trouva surtout ses appuis chez les marchands, les courtiers, les artisans enrichis, bientôt rejoints, notamment à Bruges, par certaines guildes ainsi celles des poissonniers et des bouchers, hostiles à la dictature des populeux tisserands et des misérables foulons [77].

Aujourd'hui, peut-être aurait-on tendance à mettre l'accent sur le thème anthropologique de la vengeance, et sur l'existence dans les villes de bandes, de factions, organisées autour des lignages. On s'écarterait ainsi de l'explication pure et dure en termes de lutte des classes. Peut-être aussi la dimension politique du conflit est-elle davantage prise en compte. Philippe van Arteveld aurait été un aristocrate désireux de venger son père, allié aux tisserands, voulant devenir prince de la Flandre orientale et faire sentir la domination de Gand sur les autres villes de la région, petites et grandes, et sur le plat pays. Il n'aurait voulu d'aucune manière instaurer une quelconque — et anachronique — dictature du prolétariat [78]. Mais même cela, Froissart le montre quand il parle des blancs chaperons, à la fois craints et renommés, en ajoutant : « Il besongne bien a un linage qe il i ait des fols et des outrageus pour soustenir les paisibles » [79]. A le suivre, les blancs chaperons constituent le bras armé des factions. Jean Hyoens peut être vu comme un tribun de la plèbe, un démagogue, se déplaçant habituellement entouré de 200 ou 300 blancs chaperons et affirmant aux bonnes gens de Gand qu'ils seront plus utiles pour garder leurs franchises « qe li vermel [les Brugeois] et li noir et li cappron d'autres couleurs » [80]. Selon Froissart, ils se mirent à pulluler, organisés en une véritable milice, non dépourvue d'alliances « a aucuns eskevins et riches hommes de linage en Gaind », qui les soutinrent et cautionnèrent, voire commanditèrent leur audace, tel le meurtre du bailli comtal Roger d'Outerive. Un spécialiste américain de la société gantoise au XIVe siècle, David

77. H. Pirenne, *Histoire de Belgique*, t. I, Bruxelles, 1948, p. 354 et suiv.
78. D. Nicholas, *The Arteveldes of Ghent. The Varieties of Vendetta and the Hero in History*, Ithaca, New York, Cornell University Press, 1988.
79. Jean Froissart, SHF, t. X, p. 170.
80. Id., SHF, t. X, p. 174-175.

Nicholas, écrit à propos du Livre II des *Chroniques* : « Manifestement, il [Froissart] connaissait très bien la Flandre et avait de nombreuses sources d'information. Il est notre seule source pour beaucoup d'événements de la guerre de Flandre entre 1379 et 1385. Certes Froissart exagère la dimension des armées, sa chronologie est confuse, et il a un parti pris en faveur de l'aristocratie terrienne, mais sur des sujets où sa version peut être confrontée aux comptes municipaux de Gand et à la documentation émanant des échevins et des baillis comtaux, son récit se tient extrêmement bien. » [81] Froissart ne masque pas l'importance cruciale de la rivalité avec les autres villes. Il n'a garde d'omettre les liens de Gand avec l'Angleterre. Il ne passe pas sous silence la réticence qu'eut longtemps la royauté française à intervenir dans le conflit entre Louis de Male et ses sujets. Bien sûr, on ne peut pas lui demander l'impossible, Froissart n'est pas un sociologue doublé d'un économiste et d'un statisticien. Froissart, enfant terrible de la chevalerie, chroniqueur de la chevalerie et, malgré lui, de son déclin : formulé par Huizinga, le diagnostic n'est pas faux, mais il est aussi insuffisant car réducteur. Natif de Valenciennes, Froissart comprenait à sa manière le monde des villes et les sociétés urbaines. Il était apte à les appréhender dans leur fonctionnement politique, social et économique, dans leurs tensions internes et externes [82].

⁂

Le traitement que Froissart réserve aux « menues gens » dans ses *Chroniques* — un traitement qui n'a rien d'univoque — nous apprend beaucoup sur sa philosophie politique. Il nous apprend beaucoup sur le déroulement réel de l'intrigue, surtout pour l'espace flamand qui lui est manifestement familier (même si la vigilance de l'historien est ici de rigueur). Confronté à d'autres sources narratives qui, le talent en moins, ne sont pas en dissonance avec son approche, il nous apprend encore plus sur les représentations sociales qui pouvaient avoir cours en son temps et en son milieu.

Philippe CONTAMINE

81. D. Nicholas, *op. cit.* (n. 78), p. 113.

82. Voir aussi la contribution de J. Van Herwarden à *Froissart Historian*, J. J. N. Palmer éd., *art. cit.* (n. 7), p. 101-117.

Débat

Peter F. Ainsworth : Je vous remercie tout d'abord de cette communication très nuancée et très riche, ne serait-ce que du point de vue de la lexématique des « menues gens ». On a malheureusement tendance à oublier la richesse du vocabulaire dans ce registre. J'ai par ailleurs quelques petites remarques à vous proposer, en guise de notes en bas de page. Les chiffres sont parfois brouillés dans les *Chroniques*, c'est vrai. Mais ces chiffres sont parfois à comprendre selon une perspective tout à la fois biblique, anagogique et symbolique ; ils procèdent d'une sorte de changement de registre ou de vitesse, d'une certaine manière. Dans l'épisode de la bataille du 3 mai, de même que dans tous ceux que je qualifierais de paroxystiques, on relève la présence de chiffres bibliques ; on y trouve même une glose biblique confondant la Cène et le repas miraculeux qui eut lieu sur les collines de Galilée. Or, ainsi que vous l'avez bien montré, le peuple, la « menue gent » devient pour quelques instants, un nouveau peuple d'Israël ; c'est là un élément de ce paroxysme inquiétant qui se glisse dans le récit de Froissart ; il s'agit d'une manière de s'exprimer qui lui est propre, mais il en y a bien d'autres. Selon moi, il y a chez Froissart une sorte de détournement par lequel le portrait qu'il fait de Philippe van Artevelde met en scène la montée au pouvoir d'un membre du patriciat, qui commence à singer les allures, les us et les coutumes du comte de Flandre. On voit la rivalité de l'ambition, c'est une sorte de comte ou d'anti-comte qui s'installe. Il a son blason : sur fond noir, trois chaperons blancs, ainsi que sa vaisselle, son cheval et sa suite ; il se déplace dans la ville un peu à la manière du comte de Flandre ; en contrepoint, on a le récit bien connu de la fuite et de l'humiliation bien matérielle du dit comte. C'est bien le registre du conte, mais d'un conte qui naît d'une compréhension de la gravité présidant aux faits et aux enjeux ; il me semble qu'il s'agit là d'un ensemble de passages et de discours qui sont, comme je l'ai dit, paroxystiques, et qui trahissent chez Froissart une profonde inquiétude, inquiétude qu'il maîtrise d'ailleurs mal, et qui se trouve exprimée au milieu d'un récit, qui se veut vrai, des événements.

Telle était donc la nature de ma petite contribution à ce que vous venez de proposer.

Philippe CONTAMINE : Je n'ai rien à ajouter à vos remarques que je trouve pertinentes autant qu'éclairantes. Je retiens le terme de « paroxystique ». Je pense en effet que Froissart a pu, parfois, au cours de sa vie, éprouver de l'inquiétude face à certaines situations : on ne savait pas comment cela allait tourner. Je pense qu'il n'a pas été le seul. Nous ne disposons certes que de peu de témoignages aussi éclairants que le sien ; mais les réactions et les sentiments qui sont les siens, qu'il exprime à sa manière, et avec son art merveilleux, reflètent assurément les attitudes mentales d'un certain nombre de gens appartenant à son milieu ou à son cercle.

George DILLER : Je souhaiterais ajouter un détail à ce sujet. Je crois que l'on peut parler d'une certaine inquiétude au sujet de l'ordre social, dont Froissart est le reflet. Sur le plan militaire, par exemple, on se souvient que lorsque les bourgeois de Caen, en 1346, défendirent courageusement leur ville, l'aristocratie de Caen les a critiqués. Effectivement, lorsque les soldats anglais se sont approchés, tous ces bourgeois se sont effondrés. Et Froissart y voit un exemple de la confusion des rôles entre simples civils et militaires — il s'étonne dans de nombreux cas que de petits villages puissent se défendre sans militaires : c'est en ce sens, je crois, qu'il faut parler de ses inquiétudes. C'est la confusion des rôles sociaux. Je ne peux m'empêcher de rappeler un autre terme injurieux, que Froissart met dans la bouche du roi, à la bataille de Crécy : « Sortez-moi de cette merdaille », c'est le mot qu'il emploie, pour désigner ceux qui empêchent les chevaliers d'avancer et d'accomplir leur rôle de nobles combattants.

Michel ZINK : Je voudrais indiquer rapidement combien la défense de l'utilité sociale des vilains, dans la bouche des rebelles anglais, me semble empruntée, en partie, aux revues des états du monde. C'est là un développement de ce que l'on trouve notamment dans l'*Elucidarium*, et chez Étienne de Fougères, et ailleurs. Quant à l'amélioration de la condition des paysans à la suite de la Peste noire, on la trouve exposée de manière très articulée chez Machaut, dans le prologue du *Jugement du Roi de Navarre*. Jacqueline Cerquiglini-Toulet connaît cette question mieux que moi. Machaut explique assez longuement, et du reste fort bien, de quelle manière les héritages se trouvèrent regroupés entre les mains des survivants. Enfin, parmi tous les termes que vous avez si pertinemment rassemblés, l'expression « pauvre menu peuple », qui paraît redondante, a un certain intérêt. En effet, on peut se demander si le mot « pauvre » signifie la pauvreté, ou si c'est de la compassion. Je tendrais à penser que ce mot de « pauvre » indique la compassion : on trouve ailleurs chez Froissart l'expression de « pauvre juif ». On sait qu'au lendemain de cette même Peste noire eut lieu un massacre de Juifs ; or, Froissart qui, pour sa part, et contrairement à Guillaume de Machaut, ne croyait nullement à la culpabilité des Juifs, écrit que « les pauvres juifs trouvèrent refuge sous les ailes du pape ».

Michael SCHWARZE : Deux petites remarques, quant à moi. Il y a assurément quelque chose d'étonnant dans la formule « bonnes gens », attendu qu'il ne s'agit pas, en principe, de « petites gens », mais plutôt de « bonnes gens ». Faut-il y voir un euphémisme, ou bien ce terme désigne-t-il une classe moyenne ? D'autre part, je m'interroge sur le terme de « compassion » et sur ce qu'il dit du regard porté sur les pauvres et sur la souffrance des petites gens. Faut-il penser qu'il s'agit là d'un terme fort, qui met en question l'ordre social, ou bien cette idée de compassion fait-elle partie de l'ordre, dans la vision de Froissart ?

Philippe CONTAMINE : Pour ce qui est du second point que vous venez de soulever, je pense que cette compassion fait partie de l'ordre. C'est la vision chrétienne traditionnelle ; et, de ce point de vue, Froissart se rattache à un courant que nous appellerions sans doute aujourd'hui « démocrate-chrétien ». Quant au premier point que vous avez abordé, la question demeure énigmatique : qui Froissart a-t-il voulu désigner par « bonnes gens » ? Le sens varie d'un texte à l'autre, il désigne quelquefois les classes moyennes, voire au-delà. Mais il peut être compris autrement, notamment lorsque Philippe van Artevelde s'adresse à l'ensemble de la population de Gand, il les exalte, il reconnaît leur valeur, leur importance, en les traitant de « bonnes gens ». C'est donc là un terme positif et qui n'est pas employé sans motif par Froissart.

Françoise FERRAND : Il a été fait allusion à Guillaume de Machaut, chez qui l'attitude de compassion à l'endroit des petites gens est présente ; elle va jusqu'à prendre la forme d'une exigence d'ordre politique à l'adresse de Charles de Navarre en particulier, qu'il incite à ne pas accabler le peuple d'impôts, de même qu'il l'exhorte à écouter celui-ci lors des conseils, et à lui témoigner autant d'égards qu'à la noblesse. En même temps, il insiste beaucoup, et avec force, sur l'activité des dites petites gens, lesquelles contribuaient activement au développement de la société par leur labeur. Cette insistance de Froissart, au reste, procède d'une tradition évangélique.

Michael SCHWARZE : Vous évoquiez l'épineuse question des sources. J'aimerais simplement mentionner le traitement du « menu peuple » à travers un passage des *Chroniques*, l'expédition des soldats anglais en Écosse, épisode plus ou moins inspiré du texte de Jean le Bel. C'est un épisode de commisération. Les éléments communs à ces deux récits m'inciteraient à penser que Froissart, lorsqu'il s'agit d'évoquer le « menu peuple », a pu puiser dans d'autres sources, écrites ou orales, sans exprimer une opinion personnelle.

FROISSART, LES ANGLAIS ET LEURS ROIS

L'ensemble des quatre livres des *Chroniques* de Froissart est encadré par deux règnes symétriques, ceux d'Édouard II et de Richard II, deux mauvais rois, autour du long et glorieux règne d'Édouard III. Michel Zink a analysé ce jeu d'écho entre le début et la fin des *Chroniques* [1]. Déjà Jean le Bel rappelle, en soulignant le contraste entre les règnes d'Édouard Ier et d'Édouard III d'une part, et celui d'Édouard II de l'autre, l'opinion, communément tenue en Angleterre, selon laquelle l'histoire anglaise est caractérisée par l'alternance d'un bon et d'un mauvais roi. Il rapproche ainsi celui dont il fait explicitement dans son prologue le héros de sa chronique, « le prœu et gentil roy Edowart », de son glorieux aïeul Édouard Ier, et l'oppose à son père Édouard II, chassé du trône en 1326 :

> « Premierement pour entrer en ma matere, certaine chose est que l'opinion des Anglés est communement telle, et on l'a souvent veu avenir en Angleterre puis le roy Artus, que entre deux vaillans roys d'Angleterre a tousjours eu ung mains souffisant de sens et de proesse. Et assez est apparant au gentil roy Edowart, qui maintenant regne, pour lequel ceste hystoire est encommencee ; car verité est que son ayeul, que on clamoit le bon roy Edowart, fut moult sage, prœudomme, hardy, entreprenant et bien fortuné en fait de guerre [...] Et quant il fut trespassé, son fils de son premier mariage, qui fu pere a ce gentil roy Edowart, fu aprez luy couronné, qui pas ne le ressembla de sens ne de proesse, ains gouverna et maintint son regne moult salvagement et par le conseil d'aultruy, par quoy en aprez luy en meschey moult durement, ainsy que vous porrez cy aprez ouir, s'il vous plaist. » [2]

1. M. Zink, *Froissart et le temps*, Paris, PUF, 1998, p. 94-105.
2. Jean le Bel, *Chronique*, J. Viard et É. Deprez éd., Paris, Société de l'Histoire de France, 1904-1905, 2 vol., réimpr. Genève, Slatkine Reprints, 1972, 1 vol., p. 4. Sur la glorification d'Édouard III dans la chronique de Jean le Bel, voir N. Chareyron, *Jean le Bel*, Bruxelles, De Boeck, 1996 ; L. Harf-Lancner, « Les prologues

Cette opinion des Anglais, le narrateur la prend également à son compte et en voit une parfaite illustration dans les règnes successifs des trois premiers Édouard.

Jean Froissart va bien sûr, dans le premier livre de ses *Chroniques*, se placer sur ce point, comme sur tant d'autres, dans la continuité de son prédécesseur. Mais il élargit l'analyse à quatre règnes, ceux d'Édouard Ier, Édouard II, Édouard III et Richard II. Il étend également la réflexion aux rapports entre les Anglais et leurs rois. Il s'appuie en outre sur la succession de ces règnes pour illustrer une théorie qui lui est chère, celle du caractère propre à chaque nation : les Anglais sont belliqueux et veulent un roi guerrier.

Mais il fait surtout des deux règnes symétriques d'Édouard II et de Richard II un principe structurant des *Chroniques* tout au long des quatre livres. Le sort de Richard II n'est que l'aboutissement d'une tragédie commencée dès son couronnement et même avant, puisqu'elle prend place dans le cadre de l'histoire des rois d'Angleterre : l'alternance veut qu'après Édouard Ier, Édouard II et Édouard III, Richard soit un roi faible, impopulaire et voué à la chute. Son histoire est rédigée en écho constant à celle d'Édouard II (en parallélisme) et à celle d'Édouard III (par antithèse).

On sait que les *Chroniques* sont l'œuvre d'une vie. Le chroniqueur n'a jamais cessé de réécrire son texte (les multiples rédactions du Premier Livre en font foi) et il est impossible de dater avec précision les diverses versions. La composition des deux premières rédactions du Livre I (qui couvre les années 1325-1377), c'est-à-dire celle du manuscrit d'Amiens et la rédaction dite ordinaire (les manuscrits A et B répertoriés par S. Luce), s'est étalée sur une trentaine d'années, débouchant sur une ultime version (celle du manuscrit de Rome), rédigée par Froissart peu avant sa mort. Ces révisions continues du Livre I sont opérées parallèlement à la composition des trois autres livres : le Livre II (les années 1377-1385), rédigé vers 1386-1388 ; le Livre III (les années 1385-1389), rédigé en 1389-1390 ; le Livre IV (les années 1389-1400), achevé autour de 1400.

Ce jeu constant de révision et de réécriture justifie les rapprochements et les comparaisons que l'on peut établir entre le Livre I

---

des *Chroniques* de Froissart : le triomphe du clerc sur le chevalier », dans *Seuils de l'œuvre dans le texte médiéval*, études recueillies par E. Baumgartner et L. Harf-Lancner, Paris, Presses de la Sorbonne nouvelle, 2002, t. I, p. 147-175.

(surtout dans la version du manuscrit de Rome) et le Livre IV et permet de mettre à jour des échos entre les quatre livres, révélateurs d'une réflexion du chroniqueur sur l'histoire de l'Angleterre et plus généralement sur le sens de l'Histoire.

★
★ ★

Le jeu de miroir commence dès le Premier Livre. La chronique de Jean le Bel s'ouvre, après le prologue, sur la chute d'Édouard II, qui débouchera sur le couronnement du jeune Édouard III en 1327. D'emblée le récit de la guerre civile qui voit le départ de la reine Isabelle pour la France, son retour avec les troupes de Hainaut et sa victoire, est situé dans l'histoire de l'Angleterre depuis le passé mythique du roi Arthur, une histoire caractérisée, on l'a vu, pour les Anglais comme pour Jean le Bel, par l'alternance d'un bon et d'un mauvais roi. On voit aussi que le bon roi selon les Anglais est, comme Édouard Ier, « sage, prœudomme, hardy, entreprenant et bien fortuné en fait de guerre », c'est-à-dire un roi avant tout guerrier.

Dans le manuscrit d'Amiens, qui offre la rédaction la plus ancienne du premier livre de Froissart, même si elle n'a sans doute été achevée que vers 1380 ou même 1390 [3], le texte de Jean le Bel est repris et complété par la réaction prêtée aux Anglais après la défaite d'Édouard II devant les Écossais à Stirling en 1314 :

> « Si fut moult diffamés et deparlés de ses gens meysmes de celle aventure et disoit on que par se noncallieuseté et le mauvés consseil qu'il creoit, il avoit recheub ce doummaige. » [4]

Deux défauts sont d'emblée reprochés à Édouard II par Jean le Bel puis par Froissart, qui amplifie la critique : son absence de tout sens politique (*moult salvagement*, dit Jean le Bel, Froissart parle de sa *noncallieuseté*) et sa soumission à de mauvais conseillers, en l'occurrence son favori Hugues Spencer : « et gouvrena son royaume nichement et simplement par mauvais consseil. » [5]

3. J. J. N. Palmer (« Book I and its sources », dans *Froissart Historian*, Woodbridge, The Boydelle Press, 1981, p. 7-24), propose 1390 ; G. T. Diller (Jean Froissart, *Chroniques, Livre I*, Le manuscrit d'Amiens, Genève, Droz, 1991, introduction p. XIX) fait remonter cette date à 1380.
4. Jean Froissart, *Chroniques, Livre I*, Le manuscrit d'Amiens, p. 3.
5. *Ibid.*, p. 3.

Dans la rédaction dite « ordinaire », qui suit celle d'Amiens, les considérations sur l'alternance d'un bon et d'un mauvais roi en Angleterre disparaissent. Mais dans la dernière révision du Livre I, celle du manuscrit de Rome, écrite après 1400, elles font l'objet d'une amplification particulièrement intéressante. La théorie de l'alternance et la rancœur des Anglais à l'égard d'Édouard II sont intégrées à une longue réflexion sur leur tempérament belliqueux.

> « Et se lieuve et couce uns sires en trop grant peril qui les gouverne, car ja ne l'ameront ne honneront se il n'est victorieux et se il n'ainme les armes et la guerre a ses voisins, et par especial a plus forts et a plus riches que il ne soient. [...] Et dient generaulment, et ce ont il veu par experience par trop fois que apriés un bon roi il en ont un qui n'est de nulle vaillance. » [6]

C'est une théorie chère à Froissart que celle du tempérament propre à chaque peuple. Chaque nation, c'est-à-dire chaque lieu de naissance, imprime des traits de caractère particuliers. Il élabore, tout au long des *Chroniques*, une ethnographie de l'Europe médiévale. Si les Anglais sont belliqueux, les Allemands sont cupides [7], les Flamands « chaut et merancolieus » [8], les Lombards « couars et riches » [9].

Mais cette remarque du manuscrit de Rome est également inspirée par les événements récents d'Angleterre. Certains ajouts de la dernière rédaction du Livre I prennent une résonance particulière dans la mesure où le texte a été rédigé après 1400, donc peu après la chute et la mort de Richard II. Si le Livre IV conte des événements postérieurs d'environ soixante-dix ans à ceux du Livre I, le temps de l'écriture est le même et l'on trouve dans le Livre IV une réflexion similaire, au moment de la chute de Richard II, sur le danger que fait courir au roi d'Angleterre la violence de son peuple :

---

6. Jean Froissart, *Chroniques, Livre I*, édition du manuscrit de Rome par G. T. Diller, Genève, Droz, 1972, p. 41-42.
7. *Ibid.*, p. 253, 263, 297, 329 et 449.
8. *Ibid.*, p. 451.
9. Jean Froissart, *Chroniques, Livre IV*, J. B. M. C. Kervyn de Lettenhove éd., dans Jean Froissart, *Œuvres complètes*, Bruxelles, 1867-1877, t. XIV, p. 451 (désormais cité Kervyn). Cf. L. Harf-Lancner, « Les frontières de l'Europe et de la civilisation dans les *Chroniques* de Froissart », dans *Problèmes interculturels en Europe (XVe-XVIIe s.)*, E. Baumgartner, A. Fiorato et A. Redondo éd., Paris, Presses de la Sorbonne nouvelle, 1998, p. 239-253.

> « Considérés que c'est de pueple, quant il s'esmuet et eslieve et il a puissance contre son seigneur, et par especial en Angleterre. La n'y a il nul remede car c'est le plus perilleus pœuple commun qui soit au monde et le plus oultrageux et orgueilleux. » [10]

On retrouve là l'hostilité de Froissart au *peuple commun* et la peur des jacqueries, mais aussi la réflexion du manuscrit de Rome sur les identités nationales, une réflexion ravivée par la guerre civile anglaise.

Le jeu d'écho mis en place, dans la version de Rome du Livre I, entre Édouard II et Richard II court comme un fil directeur dans l'ensemble des *Chroniques*, dès le couronnement du jeune Richard jusqu'à la mort d'Édouard III. La fin du premier livre évoque la mort d'Édouard III en 1377, précédée de celle de son fils le Prince Noir, en 1376, pour faire un vibrant éloge funèbre de ces deux glorieux princes. C'est entre ces deux morts qu'apparaît le jeune Richard, qu'Édouard III reconnaît comme son héritier avant de mourir lui-même. Édouard III est à cette occasion rapproché une fois de plus du roi Arthur : « Oncques n'eurent tel (roi) ni le pareil puis le temps le roi Artus, qui fu aussi jadis roi d'Angleterre, qui s'appeloit a son temps la grand Bretagne. » [11]

D'emblée l'enfant Richard est confronté aux deux ombres de son père et de son grand-père. Né en 1367, il est couronné en 1377, à l'âge de dix ans, à une période du conflit franco-anglais qui n'est pas favorable à l'Angleterre. Et le narrateur insiste, au moment du couronnement, sur la jeunesse et la faiblesse du nouveau roi : « et assignerent un certain jour, et bien bref, que on couronneroit l'enfant, le jeune Richard, qui fil avoit été du prince. » [12]

On sent à l'arrière-plan la malédiction biblique qui pèse sur la ville dont le prince est un enfant. Certes, trois ans plus tard, la France se trouvera dans la même situation avec le couronnement

10. Jean Froissart, Kervyn, t. XVI, p. 190 : p. 818 dans l'édition récente de P. F. Ainsworth et A. Varvaro (Jean Froissart, *Chroniques, Livres III et IV*, Paris, Le Livre de poche, 2004 [désormais cité Ainsworth-Varvaro]), qui offre les 2/3 du Livre IV, dont la chute de Richard II.

11. Jean Froissart, *Chroniques, Livre I*, J. A. C. Buchon éd., Paris, Delagrave, 3 vol., 1835 et 1867, t. I, chap. 385, p. 709 (désormais cité Buchon). Voir aussi l'édition de S. Luce, G. Raynaud, L. et A. Mirot, Paris, Société de l'Histoire de France, 1869-1975, 15 vol., Livres I-III.

12. *Ibid.*, p. 709.

du jeune Charles VI à l'âge de douze ans. Mais l'avènement de Charles VI n'est pas présenté, comme celui de Richard II, comme un signe du déclin de la puissance anglaise. L'avènement du jeune Édouard III, après le renversement de son père Édouard II, apportait un espoir de renouveau. Mais la fin du premier livre des *Chroniques* souligne plus la fin d'un règne glorieux qu'elle n'ouvre l'espoir d'un renouveau avec le couronnement du jeune roi. Le livre se clôt sur des victoires françaises, sur la mort du captal de Buch. C'est bien la fin des vainqueurs de Crécy et de Poitiers.

C'est au Livre III que se nouent les fils qui déboucheront sur la chute de Richard au Livre IV. En 1386 se développe un premier conflit qui rappelle à la fois la chute d'Édouard II en 1327 et la jacquerie de 1381 et semble préfigurer la guerre civile qui emportera Richard II en 1399. Le chroniqueur use sans cesse d'un jeu de va-et-vient entre les plans temporels, qui amène à s'interroger sur la date de rédaction de certains passages du Livre III. Le récit de la crise de 1386-1388 est annoncé en ces termes :

> « Bien est verité que le royaume d'Angleterre fut en celle saison en grant peril et en pestillence, plus grande assez que quand les vilains d'Excesses et de la comté de Kent et d'Arondel se rebellèrent contre le roi et les nobles, et ils vinrent a Londres, et je vous dirai raison pourquoi. »[13]

C'est la jacquerie de 1381 qui est ici rappelée. Si la situation est encore pire en 1386, c'est que cette fois la discorde est au cœur même de la noblesse, « le roi d'Angleterre contre ses deux oncles le duc d'York et le duc de Glocestre, et les oncles contre le roi ; et toute celle haine venoit et naissoit du duc d'Irlande qui estoit tout le conseil du roi »[14].

La cause de la discorde vient en effet de la faiblesse du roi et de sa propension à s'enticher d'un favori à qui il livre les rênes et les finances du royaume, s'attirant ainsi la rancœur de sa noblesse et de son peuple. Il s'agit alors de Robert de Vere, duc d'Irlande, « celle poupée le duc d'Irlande ». Aucun rapprochement n'est encore explicitement établi entre Richard II et son aïeul Édouard II, mais ce favori en butte à la haine générale rappelle Spencer, le favori d'Édouard II et préfigure le nouveau favori (le comte Maréchal) qui règnera dix ans plus tard sur l'esprit du roi et le mènera à sa perte.

13. *Ibid.*, *Livre III*, t. II, chap. 62, p. 576.
14. *Ibid.*, p. 576.

D'ailleurs le chroniqueur lui-même soulignera, au moment de sa chute, cette faiblesse du roi.

> « Le roy Richart d'Angleterre avoit une condition telle que quant il enchargoit un homme, il le faisoit si grant et si prochain de luy que merveilles, ne nuls n'osoit parler du contraire, et creoit si legierement ce que on luy disoit et conseilloit que oncques roy qui euist esté en Angleterre dont memoire fuist de grant temps. Et point ne se exemplioient ceulx qui estoient en sa grace et amour comment il en estoit mal advenu a plusieurs, ainsi comme au duc d'Irlande, qui en fut bouté hors d'Angleterre. » [15]

On voit aussi réapparaître au Livre III, exprimée au discours direct, la rancœur des Anglais contre leur roi, qui n'est pas assez guerrier à leur goût, et qui est comparé, à son désavantage, à son grand-père Édouard III et à son père le Prince Noir :

> « Que sont devenues les grandes entreprises et les vaillans homes d'Angleterre ? Le roi Edouard vivant, et son fils le prince, nous soulions aller en France et rebouter nos ennemis de telle façon que nul n'osoit mettre en bataille contre nous ; et si il s'y mettoit, il estoit desconfit davantage. » [16]

Et de rappeler la gloire de Crécy et de Poitiers, pour mieux l'opposer à la médiocrité des princes et des chevaliers d'aujourd'hui :

> « En ces jours estoient Anglois doutés et cremus et parloit on de nous par tout le monde et de la bonne chevalerie qui y estoit ; et maintenant on s'en doit bien taire car ils ne savent guerroyer fors que les bourses aux bonnes gens. » [17]

Un nouveau grief se fait jour : les Anglais sont accablés par les impôts, alors qu'au temps glorieux du roi Édouard, les biens de France affluaient en Angleterre. Au-delà du règne glorieux d'Édouard III, cette rancœur des Anglais renvoie au début du Livre I : à la fois aux plaintes contre Édouard II et à la théorie de l'alternance des princes en Angleterre.

La révolte s'enfle en même temps que les taxes, et le duc de Gloucester, oncle du roi, sollicité par les bourgeois de Londres, prend la tête de l'opposition, prétendant s'opposer non au roi, mais

15. Jean Froissart, Kervyn, t. XVI, p. 89.
16. Id., *Chroniques, Livre III*, Buchon éd., t. II, chap. 62, p. 576.
17. *Ibid.*, p. 576-577.

à ses *marmousets*. Et le jeu d'écho établi au plan temporel entre le passé et le présent se double d'un autre parallélisme au plan spatial entre la France et l'Angleterre, toutes deux dotées d'un jeune roi qui s'appuie sur ses *marmousets* pour se libérer de la tutelle de ses oncles. Ce conflit se clôt en 1388 avec la victoire des oncles, qui s'appuient sur les bourgeois de Londres et mettent à mort les mauvais conseillers du jeune roi : Richard II demeure au pouvoir de ses oncles, en particulier le duc de Gloucester :

> « Ainsi demourerent les affaires d'Angleterre en leur estat ; mais depuis le roi, un long temps, ne fut pas maistre ni souverain dessus son conseil, ainçois l'estoient ses oncles et les barons et les prelats dessus nommés. » [18]

C'est sur cet équilibre instable que se clôt le Livre III pour ce qui est des affaires d'Angleterre.

Le dernier tiers du Livre IV est consacré en grande partie au dénouement du conflit dix ans plus tard, avec le meurtre du duc de Gloucester, l'abdication de Richard II et le couronnement d'Henri IV. Là encore le rapprochement avec le début du Livre I et le sort d'Édouard II est constant.

En 1397, Richard finit par décider « qu'il valloit mieulx que premierement il destruisist autruy que il fuist destruit », c'est-à-dire qu'il faut prendre les devants sur son oncle [19]. S'appuyant sur son cousin et nouveau favori, le comte Maréchal, il fait enlever Gloucester, qui est emprisonné à Calais puis assassiné. Richard est dorénavant tout puissant. Mais en 1398, il exile son cousin le comte de Derby, fils du duc de Lancastre, faisant de lui un martyr dans l'esprit des Anglais et s'attirant une fois de plus la haine de la noblesse.

Chaque faute du roi est ponctuée dans le texte par la réaction du peuple et de la noblesse d'Angleterre et surtout par celle des bourgeois de Londres, qui jouent le rôle du chœur de cette tragédie par leurs discours de plainte et leurs murmures de révolte :

> « Et disoient les bonnes gens : " Le temps nous est mué de bien en mal depuis la mort du roy Edouard de bonne memoire, que justice estoit tenue et gardee grandement et souffisamment. [...] Ceste chose ne se puet longuement tenir en cel estat que Angleterre ne soit perdue sans recouvrer ; car nul ne va au devant ne nous n'avons point de roy qui riens vaille. Ils n'entent que

18. *Ibid.*, t. III, chap. 81, p. 627.
19. Jean Froissart, Kervyn, t. XVI, p. 26 et 72 ; Ainsworth-Varvaro, p. 673.

a toutes oyseuses et a accomplir ses plaisances, et n'a cure, a ce qu'il monstre, comment la chose voist, mais que sa voulenté soit faite. " » [20]

Cette accusation portée contre un roi qui ne vaut rien reprend une fois de plus la théorie de l'alternance des rois et joue sur l'opposition avec Édouard III. Mais en outre le rapprochement avec Édouard II devient explicite :

> « Or s'en va Richard de Bourdeaulx le chemin de Bristo et d'Irlande ; c'est a sa destruction. Jamais n'en retournera a joye non plus que ne fist Edouard son tayon, qui se gouverna si follement que il le compara, et par trop croire le seigneur Despensier. Aussi Richard de Bourdeaulx a tant creu povre conseil et mauvais que ce ne se peut celler ne souffrir longuement et que il ne conviegne que il le compere. » [21]

On retrouve aussi les mêmes qualificatifs dépréciatifs dans le texte de Rome du Livre I et dans le Livre IV, à propos d'Édouard II, de Richard II et, plus généralement, de tous les rois qui n'aiment pas la guerre. Dans l'addition du manuscrit de Rome sur le tempérament anglais, les rois qui n'aiment pas la guerre sont tenus « a endormi et a pesant » [22]. Et quand Édouard II est renversé, on dit à Londres et dans toute l'Angleterre :

> « Nous n'avons que faire d'un roi endormit ne pesant, qui trop demande ses aises et ses deduis. Nous en ocirons avant un demi cent, tout l'un apriés l'autre, que nous n'euissions .I. roi a nostre seance et volenté. » [23]

Quant à Richard II, la chronique prête à son oncle, le duc de Gloucester, en 1397, un long discours dans lequel il clame son désir de reprendre les armes contre les Français et déplore le pacifisme de Richard, qui « a le cul trop pesant », qui n'est « pas digne ne vaillable pour gouverner le royaulme d'Angleterre » [24].

Les choses vont aller très vite durant l'été 1399. Henri de Lancastre marche sur Bristol, où se trouve le roi qui, abandonné de tous, se réfugie au château de Flint et finit par se livrer à son ennemi. Une suite d'outrages et d'humiliations va faire alors de la fin du roi

20. *Ibid.*, p. 157 et 787-788.
21. *Ibid.*, p. 151-152 et 783.
22. Rome, p. 42.
23. *Ibid.*, p. 94.
24. Jean Froissart, Kervyn, t. XVI, p. 3 et 7.

déchu un véritable martyre qui, après le récit de Froissart, ressurgira dans la tragédie de Shakespeare [25]. On célèbrera le 13 octobre le couronnement d'Henri IV.

Quant à la mort d'Édouard II et de Richard II, on sait de quel flou elles sont enveloppées dans le récit de Froissart. Le meurtre d'Édouard II n'est évoqué que dans la dernière version du Livre I, dans une intervention du narrateur :

> « Et ne vesqui puis li rois que il fu venus a Bercler trop longement. Et conment euist il vesqu, par la maniere que je vous dirai ? Car je, Jehans Froissars, acteres de ceste histore, fui ens ou chastiel de Bercler, l'an de grasce Nostre Signeur mille .CCC.LX.VI ou mois de septembre, en la compagnie de messire Edouart le Espensier, liquels fu fils dou fil de ce mesire Hue le Espensier, dont je parlerai assés tos ; et fumes dedens le chastiel que ens es esbatemens la environ, trois jours. Si demandai de che roi, pour justefiier mon histore, que il estoit devenus. Uns anciiens esquiers me dist que dedens le propre anee que il fu la amenés, il fu mors, car on li acourça sa vie. » [26]

Le texte de Rome répond une fois de plus sur ce point au Livre IV, qui mentionne également le meurtre d'Édouard II :

> « Et fut le roy Edouard prins ou chastel de Bristol et mis en prison ou chastel de Bercler, et la moru, et furent tous mors et executés crueusement ceulx qui fourconseillié l'avoient, et le jeune Edouard, ou quatorziesme an de son eage, fut couronné a roy d'Angleterre ens ou palais de Wesmoustier. » [27]

Quant à Richard II, un complot pour le délivrer après son abdication échoue. Aux conseils de le faire mettre à mort, Henri IV répond de façon évasive et on apprend ensuite la mort de Richard II, avec cette simple remarque du narrateur : « La cause comment ce fut ne par quel incidence, point je ne le scavoie au jour que je escripvy ces croniques. » [28] Cette mort si brièvement contée dans la chronique est suivie de la description des funérailles du roi défunt et surtout d'un long commentaire de l'auteur acteur narra-

25. Cf. L. Harf-Lancner, « La Tragédie du roi Richard II », à paraître dans les actes du colloque sur Froissart tenu à Lille et Valenciennes en septembre 2004.
26. Rome, p. 90.
27. Jean Froissart, Kervyn, t. XVI, p. 159, et Ainsworth-Varvaro, p. 789.
28. *Ibid.*, p. 233 et 855.

teur sur la diversité des fortunes de ce monde et la fin d'une histoire commencée avec le début du règne d'Édouard III et l'arrivée en Angleterre en 1361 d'un jeune clerc nommé Jean Froissart, au service de la reine Philippa, et qui était à Bordeaux en 1367 au moment de la naissance de Richard.

Le narrateur refuse donc de prendre parti sur les causes de la mort du roi mais laisse clairement entendre la vérité par un double rapprochement. D'abord au moment d'un conflit en 1397 entre le roi, qui veut suivre la politique française, et le clergé d'Angleterre, qui veut soutenir le pape de Rome, surgit une annonce de la fin de Richard II :

> « Et aussi aucuns accidens soudainement luy vindrent sus le col, si grans et si horribles que les pareils ils n'en sont point ouys ne les semblables tant que l'histoire dure, excepté le noble roy Pierre de Lusegnan, roy de Cyppre et de Jherusalem, que son frere et les Cyppriens murdrirent villainement. » [29]

Ce rapprochement suffit à prédire au roi d'Angleterre une mort violente, dans le cadre d'une révolte populaire suscitée par un membre de sa famille, en l'occurrence son cousin Lancastre.

Un peu plus tard, quand les bourgeois de Londres prennent la décision de soutenir le comte de Derby contre le roi, en 1399, le chroniqueur leur prête la volonté de reproduire la révolte de 1327 qui aboutit à la déchéance et à la mort d'Édouard II :

> « Les citoiens de Londres [...] considererent ceste affaire et veirent bien que trop grant meschief estoit apparant de venir moult soubdainement en Angleterre se on n'y pourvoioit, ainsi que jadis ils y pourveirent eulx tant seulement sur le roy Edouard et le seigneur Despensier [...], quant ils veirent que ce roy Edouard se mesusoit et estoit tout assoté sur messire Hues le Despensier, ils y pourveirent [...]. Et fut le roy Edouard prins ou chastel de Bristol et mis en prison ou chastel de Bercler, et la moru. » [30]

Tout se passe comme si le narrateur usait du parallélisme avec Édouard II et Pierre de Lusignan pour dire le meurtre de Richard II.

Ainsi l'histoire tragique de Richard II répond à celle d'Édouard II pour former le cadre des *Chroniques*, autour du long

29. *Ibid.*, p. 136 et 768
30. *Ibid.*, p. 158 et 788-789.

règne glorieux d'Édouard III. Mais au-delà de ce jeu de miroir en ouverture et en clôture du récit, l'histoire des rois d'Angleterre constitue un véritable principe structurant des *Chroniques* par des effets constants d'opposition et de parallélisme autour des figures royales. Dès le Livre I (dans la version de Rome), tout au long des Livres III et IV est tissé ce lien entre les deux « mauvais princes » dont le règne ouvre et ferme le siècle. Cet élément essentiel de la structure des *Chroniques* révèle la place prédominante de l'histoire d'Angleterre dans la pensée politique de Froissart. Mais cette analyse politique des rapports entre les Anglais et leurs rois mène l'historien à une réflexion plus large sur les rapports entre les rois et leurs sujets, entre la volonté des hommes et la force du destin.

Laurence HARF-LANCNER

DÉBAT

Philippe CONTAMINE : Je vais me faire quelque peu l'avocat du diable, parce que cette alternance est magnifique, et vous l'avez du reste admirablement montrée. Si Froissart, cependant, avait vécu plus longuement, comment eût-il procédé à l'endroit d'Henri IV ou d'Henri V ?

Laurence HARF-LANCNER : Il a travaillé à partir des rois qu'il connaissait !

Philippe CONTAMINE : Il aurait modifié sa philosophie politique...

Peter F. DEMBOWSKI : De mon côté, Madame, je pense tenir ici le rôle d'avocat de l'ange ! Je pense, de fait, que vous avez vu juste ; cette croyance repose, je crois, sur l'image, sur le thème de la Roue de fortune, qu'il faut sans doute évoquer dans ce cas.

Laurence HARF-LANCNER : Certainement, d'autant que cette Roue revient constamment dans les *Chroniques*. Mais il me semble que ceci va précisément dans le sens que je viens de démontrer. Ce qui m'intéresse, c'est moins ce que Froissart dit des rois d'Angleterre que la structure qui caractérise et qui relie l'ensemble des quatre Livres composant les *Chroniques* : l'histoire des monarques anglais telle que la conçoit notre chroniqueur constitue une sorte de fil directeur dont il se sert pour construire les *Chroniques*. Ceci me paraît particulièrement flagrant à partir du texte du manuscrit de Rome, ainsi que de son parallélisme avec le Livre IV, et ce, autour de ce thème de la Roue de Fortune.

Jean-Marie MOEGLIN : Je crois que cela se relie aussi à une conception d'ensemble de Froissart au sujet de ce que nous appelons la guerre de Cent Ans ; c'est une conception qu'il expose dans le prologue du Premier Livre, où il rapporte une idée trouvée chez Jean le Bel, et selon laquelle il y a eu une translation de Prouesse vers la France. Le problème qui se pose ensuite, c'est de savoir si Prouesse va demeurer en France, ou si au contraire elle va partir vers l'Angleterre. Or elle se rend en terre anglaise au moment où les rois de ce pays se révèlent tels des rois guerriers et vaillants ; en revanche, Prouesse revient en France lorsque les rois d'Angleterre ont, je cite, « le cul trop pesant », à l'instar de Richard II.

Laurence HARF-LANCNER : Oui, bien sûr. Mais il faut également s'intéresser à la manière dont Froissart a modifié le récit de ces voyages de Prouesse d'un prologue du Livre I à l'autre. Dans le prologue qui est celui de la version dite commune, il insiste sur ce point en indiquant que le chemin que doit suivre Prouesse, c'est d'aller d'est en ouest, et de s'arrêter donc tout naturellement au pays du roi Arthur et du roi Édouard III ; dans le manuscrit de Rome, en revanche, il reprend cette idée, mais avec une note pessimiste, en évoquant le déclin du pouvoir du roi d'Angleterre ; et semble dire que c'en est fini des voyages de Prouesse, il n'aborde pas la question de savoir si Prouesse va retourner en France ou non ; ce qu'il suggère, c'est que le temps des prouesses est bel et bien révolu. Au reste, on sent, dans le Livre IV autant que dans l'ensemble du manuscrit de Rome, combien l'idéologie de Froissart évolue, idéologie qui va d'ailleurs dans le sens de sa volonté de construire les quatre Livres des *Chroniques*.

Peter F. AINSWORTH : Je me livrerai, si vous me le permettez, à deux brèves conjectures. Selon cette logique avec laquelle vous avez si remarquablement conduit votre exposé, le Prince Noir aurait donc été bien avisé de mourir en 1376...

Laurence Harf-Lancner : Oui, sans quoi l'alternance n'eût pas été respectée !

Peter F. Ainsworth : Voilà qui établit un parallélisme avec ce que nous avait dit M. Contamine...

Laurence Harf-Lancner : C'est Froissart lui-même qui affirme une telle chose ! C'est Froissart qui aurait dû dire : le Prince Noir a bien fait de mourir, sans quoi mon système ne marcherait pas !

Peter F. Ainsworth : Deuxième conjecture, ou plutôt préavis. Il faut, je crois, prendre garde aux détails, car les deux fils de celle qui aurait dû devenir reine d'Angleterre sont des fils de la famille des Spencer. Et je me demande, quant à moi, quelles en seront les conséquences dans l'avenir... Harry et William sont d'ailleurs des fils des Spencer... Je crois que je me suis fait comprendre...

Michel Zink : Nous y pensions tous autant que nous sommes, mais nous n'osions cependant évoquer ce sujet brûlant...

FROISSART, HISTORIEN DE LA PAIX

Puisqu'il avait entrepris, en écrivant les *Chroniques*, de raconter « les grans merveilles et li biau fait d'armes, qui sont advenu par les guerres de France et d'Engleterre et des royaumes voisins » [1], Froissart eut à porter son regard sur la paix. A toute époque, guerre et paix forment un couple inséparable. Ne disait-on pas, en son temps, que « l'on ne fait guerre que pour avoir paix » [2] ? De fait la paix de Brétigny et son échec se taillent une large place dans le Livre I [3], tandis que les ambassades et les conférences de paix, les trêves et leur renouvellement, ponctuent le cours des années 1389 à 1400, dans le Livre IV [4].

Cependant, entre le temps où le jeune Froissart, bouillant admirateur de la cour d'Angleterre, racontait comment Édouard III le victorieux s'était résolu à traiter avec les Français et celui où le vieux chanoine, rentré dans sa forge de Chimay, en était arrivé au récit de l'actualité de son temps, les années avaient passé, mûrissant à

1. Jean Froissart, *Chroniques*, S. Luce éd., Paris, Société de l'Histoire de France (désormais cité SHF), t. I, 1869, p. 1.
2. « Car guerre ne se fait que pour avoir paix ; fais forte guerre, et tu auras paix par subjuguer tes ennemis. La crois-tu avoir autrement ? » déclare « Sedicion » à la France « benigne et doulce » dans le traité *Audite Celi* composé en 1435 par l'évêque Jean Juvénal des Ursins, Jean Juvénal des Ursins, *Écrits politiques*, P. S. Lewis éd., Paris, Société de l'Histoire de France, t. 2, 1985, p. 221. Voir F. Autrand, « Les artisans de paix face à l'État. La diplomatie pontificale et le conflit franco-anglais au XIVe siècle », dans *Guerre et concurrence entre les États européens du XIVe au XVIIIe siècle*, Ph. Contamine dir., Paris, 1998, p. 305-337.
3. Jean Froissart, SHF, t. VI, Paris, 1876, p. 3-50.
4. *Les Chroniques de sire Jean Froissart...*, J. A. C. Buchon éd. (désormais cité Buchon), Livre quatrième, t. 3, nouv. éd., Paris, 1867, p. 1-371. Jean Froissart, *Œuvres*, J. M. B. C. Kervyn de Lettenhove éd. (désormais cité Kervyn), t. XV, Bruxelles.

la fois son écriture historique et sa réflexion politique. Comment raconter, comment expliquer, si l'on s'en tient aux « honnourables emprises et nobles aventures et fais d'armes » [5], que les *Chroniques* s'achèvent alors que la guerre dure encore ? La paix a sa propre histoire et, de plus en plus du Livre I au Livre IV, Froissart sut s'en faire l'historien.

*
* *

La paix, « chose si haute et si belle » [6], n'est pas, dans les *Chroniques*, une simple alternative à la guerre, cette guerre « qui a trop duré », comme Froissart le dit et le répète sans cesse dans le Livre IV, et causé « des maux innombrables ». La paix n'est pas seulement la condition de l'unité de la Chrétienté occidentale face aux Turcs qui avancent en Europe à la faveur des divisions [7]. La paix vient de Dieu. Dans le Livre I comme dans le Livre IV, Froissart le

5. Prologue des *Chroniques*, deuxième rédaction, Kervyn, t. II, p. 4.

6. Jean Froissart, Buchon, t. III, p. 103.

7. C'est en 1392 l'un des arguments du duc de Lancastre en faveur de la paix : « et disoit bien que la guerre avoit assez duré entre France et Angleterre ; et que bonne paix qui bien se tint y seroit bien séant ; car sainte Chrétienté en étoit bien affaiblie et amoindrie. Et mettoit encore le duc de Lancastre en termes que l'Amorath-Baquin et sa puissance étoit trop forte sur les frontières de Hongrie, et que là feroit-il bel et bon entendre ; et que tous jeunes bacheliers, chevaliers et écuyers qui chevaucher désiroient devroient prendre ce chemin et non autre » (Jean Froissart, Buchon, t. III, p. 175). C'est, à plus forte raison, l'argument décisif que développe Robert L'Ermite, face au duc de Gloucestre, pour condamner la guerre franco-anglaise : « Ainsi a été la guerre renouvelée moult dure, par laquelle de grands meschefs en sont encourus de destruction de peuple et de pays ; et la foi de Dieu et chrétienté affoiblie et moult foulée ; et s'en sont relevés et réveillés les ennemis de Dieu ; et ont jà conquis moult de Grèce et de l'empire de Constantinoble ; et ne peut l'empereur de Constantinoble résister contre la puissance d'un Turc qui s'appelle Baassach dit l'Amorath-Baquin ; et cil a conquis et mis en subjection tout le royaume d'Arménie, réservé une seule ville séant sur la mer, et ainsi comme seroit Hantonne ou Bristo en ce pays, laquelle ville on appelle Gourch ; et la font tenir contre les Turcs les Gennevois et Vénitiens ; et ne peut longuement durer contre la puissance de l'Amorath-Baquin, l'empereur de Constantinoble, qui est de votre sang, car il fut fils à l'empereur Hugue de Luzignan et madame Marie de Bourbon, cousine germoine à madame votre mère... » (Jean Froissart, Buchon, t. III, p. 220).

dit clairement et affirme sa conception chrétienne de la paix [8]. C'est l'intervention divine qui rappelle aux princes leur impérieux devoir de paix. A Brétigny, les sages paroles du duc de Lancastre ne suffirent pas à convaincre Édouard III de poser les armes car il « était trop dur à entamer ». Son intention, en avril 1360, raconte Froissart, était de passer l'été à « se rafraîchir » en Bretagne. Après les vendanges, il reviendrait mettre le siège devant Paris, tandis que « ses gens », incrustés dans les forteresses, se chargeraient de « guerroyer et hérier le royaume de France, et si tanner et fouler les bonnes villes et cités, que de leur volonté, elles s'accorderoient à lui ». Il ne voulait pas, en effet, retourner en Angleterre, sans être venu à bout du royaume de France « car li intentions de lui estoit tèle que il voloit demorer rois de France, comment qu'il ne le fust mies, et morir rois de France ». Le sage duc de Lancastre démontrait au roi Édouard l'imprudence de son entêtement. Mais pour le « convertir » il fallut « le grasce dou Saint Esprit » et « un grant miracle », ce terrible orage « qui moult humilia et brisa son corage » [9].

Dans le Livre IV la volonté divine se manifeste sous la forme, invérifiable mais si joliment racontée, de la vision de Robert l'Ermite. Robert le Mennot, dit l'Ermite, était un petit gentilhomme normand, simple écuyer parti chercher l'aventure en Orient [10]. En 1393, arrivé à la cinquantaine, il voulut rentrer en France. Au cours de la traversée, alors que son bateau était pris dans une terrible tempête, il eut une vision et entendit une voix qui lui donnait mission d'aller trouver le roi Charles VI et de le convaincre de faire la paix avec le roi d'Angleterre [11]. Introduit à la cour par le

8. Cf. F. Autrand, « L'esprit de la diplomatie », dans *Histoire de la diplomatie française*, à paraître. A. Vauchez, « La paix dans les mouvements religieux populaires (XIe-XVe s.) », dans *Pace e guerra nel basso medioevo*, Spolète, 2004, p. 313-333.

9. Jean Froissart, SHF, t. VI, p. 3-5.

10. Philippe de Mézières, qui soutint l'action de Robert l'Ermite, le présente dans la *Chevalerie de la Passion*, en ces termes : « Robert l'Ermite du clos de Constentin en Normandie, singulier messaige de Dieu et de monseigneur saint Jaque aux roys de France et d'Angleterre sur le fait de la paix des II roys et sur le fait de l'union de l'eglise et du saint passage d'oultre-mer », dans N. Iorga, *Philippe de Mézières et la croisade au XIVe siècle*, Paris, 1896, p. 469.

11. « Une forme d'image plus claire que n'est cristal s'apparut à Robert l'Ermite, et dit ainsi : " Robert, tu istras et échapperas de ce péril, et tous ceux qui sont avecques toi pour l'amour de toi, car Dieu a ouï tes oraisons et pris en gré ; et veut et mande par moi, toi retourné en France, du plus tôt que tu peux, si te trais

chambellan Guillaume Martel, normand comme lui, selon Froissart, et, à l'évidence par Philippe de Mézières, Robert reçut un bon accueil du roi. Charles VI lui confia plusieurs discrètes missions diplomatiques [12]. Puis, confiant dans l'éloquence de Robert l'Ermite, il l'envoya plaider la paix à la cour de Richard II.

Ce n'est pas seulement à Richard II, déjà décidé à traiter, que l'écuyer normand, transformé en pèlerin tout vêtu de gris, alla porter, en 1395, l'ordre venu du Ciel « d'incliner à la paix », mais aussi au farouche Thomas, duc de Gloucester, qui était « dur et haut contre la paix ». Belle occasion pour le narrateur de laisser pressentir la destinée tragique du prince ennemi de la paix puisque la voix qu'avait entendue Robert « sur la haute mer » de Beyrouth prophétisait que « tous ceux qui contrediront à la paix et aux traités et soutiendront l'opinion de la guerre, le compareront en leur vivant chèrement ».

Belle occasion aussi pour l'éloquent écuyer dont « la moult douce et belle parleure convertissoit tous les cœurs qui l'oyoient parler » [13] de faire entendre le discours de la paix, un discours politique qui analyse avec justesse les origines de la guerre présente et les dangers de l'avenir mais qui est sublimé par la vision chrétienne de la paix, fondée sur la Passion du Christ et sur le pardon. Déjà, à propos de Brétigny, Froissart avait laissé entrevoir le lien unissant la paix et la Croix. Il ne manque pas, en effet, de rapporter que, sitôt le traité juré par les Anglais, le duc de Normandie les conduisit à la Sainte-Chapelle et, après leur avoir montré les reliques de la Passion, leur offrit une épine de la couronne du Christ [14]. A la

devers le roi de France ; et tout premièrement conte lui ton aventure et lui dis qu'il s'incline à paix devers son adversaire le roi d'Angleterre, car la guerre a trop longtemps duré entre eux. Et sur les traités de paix qui s'entameront et se feront entre le roi de France, le roi d'Angleterre et leurs consaux, si te mets hardiment et remontre ces paroles, car tu en seras ouï ; et tous ceux qui contrediront à la paix et aux traités et soutiendront l'opinion de la guerre, le compareront en leur vivant chèrement " » (Jean Froissart, Buchon, t. III, p. 216).

12. Cf. I. Le Bis, *La pratique de la diplomatie sous le règne de Charles VI : ambassades et ambassadeurs français auprès des Anglais (1380-1422)*, thèse de l'École des chartes, 1987.

13. Jean Froissart, Buchon, t. III, p. 217.

14. « Apriès ce, il furent mené en la Sainte Chapelle dou palais et lor furent moustrées les plus belles reliques et li plus digne jeuiel dou monde qui là estoient et sont encores, et meismement la sainte couronne dont Diex fu couronnés à son

fin de sa vie et de son œuvre, il est devenu plus explicite et place résolument le discours de la paix sous le signe de la Croix : « Très cher sire, (dit Robert l'Ermite au duc de Gloucester), notre sauveur Jésus-Christ souffrit mort et passion en croix pour nous tous pécheurs, et pardonna sa mort à ceux qui le crucifièrent. Il convient aussi tout pardonner, qui veut avoir part et venir à la gloire du paradis. Toutes malivolences, haines et rancunes furent pardonnées au jour que la paix fut faite et scellée à Calais par vos prédécesseurs. » [15]

Froissart pourtant ne serait pas Froissart s'il ne jetait pas une ombre sur sa belle et haute image de la paix. Les adversaires de la paix sont certes l'orgueil et la cupidité, racines de tous les maux, mais parfois aussi l'honneur. « L'honneur gardé » est la seule condition que les princes et leurs conseillers mettent à la paix, du moins dans le discours que Froissart place dans leur bouche [16]. Seule la nécessité peut les contraindre à accepter une paix dure à leur honneur [17]. Tel fut le cas du duc de Normandie et de ses frères lorsqu'ils consentirent au traité de Brétigny que Christine de Pizan, bien d'accord avec notre chroniqueur, appelle « la deshonorable paix » [18].

---

saintisme traveil. Et en donna li dus de Normendie à çascun des chevaliers une des plus grandes espines de la ditte couronne, laquèle cose cescuns des chevaliers prisa moult et le tint au plus noble jeuiel que on li peuist donner » (Jean Froissart, SHF, t. VI, p. 20).

15. Jean Froissart, Buchon, t. III, p. 219.

16. Ainsi le duc de Lancastre conseille à Édouard III d'accepter le traité de Brétigny, en 1360 : « Si vous conseille que, entrués que vous en poez issir à vostre honneur, vous en issiès et prendriès les offres que on vous presente, car, monseigneur, nous poons plus perdre sus un jour que nous n'avons conquis dedens vingt ans » (Jean Froissart, SHF, t. VI, p. 5). Quant au duc de Gloucester, s'il n'ose s'opposer ouvertement aux négociations de paix des années 1393 à 1396, « Jà ne serai contraire à paix faire, mais qu'elle soit à l'honneur de notre partie » (Jean Froissart, Buchon, t. III, p. 219).

17. « Li rois d'Engleterre demandoit et requeroit les offres si grandes et si prejudiciables pour tout le royaume de France, que à envis s'i acordoient li seigneur pour leur honneur. Et si couvenoit par pure necessité qu'il fut ensi ou auques priès, se il voloient venir à pais » (Jean Froissart, SHF, t. VI, p. 3).

18. Livre des fais d'armes et de chevalerie, BNF, ms. fr. 603, f° 5. Ailleurs Christine de Pizan appelle le traité « l'efforciée paix », *Le livre des fais et bonnes*

Le traité de Brétigny, la paix de Calais et sa rupture après les appels gascons n'entrent pas dans la construction du Livre I comme le font les négociations de paix des années 1389 à 1400 dans celle du Livre IV. A des événements différents correspond de toute évidence une composition différente. Mais est-ce la seule raison ? La place de la paix dans le premier et le dernier livre des *Chroniques* ne met-elle pas en valeur un changement dans le traitement des faits, l'écriture historique voire la nature de l'ouvrage [19] ?

Lorsque Froissart écrit les longues pages qu'il consacre à Brétigny et à Calais, il sait déjà que la paix, conclue à si grande peine et à si grand coût, n'a pas tenu. Pourtant son récit n'est pas celui d'un échec annoncé. Aucune critique, aucun regret, comme on en trouve dans d'autres chroniques. Il semble, au contraire, que Froissart cherche, subtilement, à conduire son lecteur à soupirer : la paix était faite et bien faite. Et pourtant !...

C'est ainsi qu'il choisit les actes officiels qu'il insère dans son récit. Le premier, qui suit de quelques lignes la décision prise par Édouard III de consentir à la paix, est, tout naturellement, l'une des versions complètes du traité de Brétigny [20]. Mais, pour Calais, le choix qu'il opère dans la masse des actes datés du 24 octobre 1360, ne doit rien au hasard. Ce sont d'abord les « lettres de confédération et alliance entre le roi de France et le roi d'Angleterre » [21], celles qui, en réalité, fondent véritablement la paix, puisqu'au lieu d'être de simples voisins les deux royaumes deviennent « bons, vrais et loyaux amis et alliés » et les deux rois des frères. Le troisième document est l'une des lettres de renonciation qui furent préparées par avance à Calais, mais en lui mettant sous les yeux la « charte des renonciations pures et simples » [22], Froissart renforce dans l'esprit de son lecteur le caractère définitif de la paix [23]. Du reste, lorsque quelques

---

meurs du sage roy Charles V, S. Solente éd., Paris, Société de l'Histoire de France, t. I, 1936, p. 228.

19. Cf. M. Zink, *Froissart et le temps*, Paris, 1998, spécialement chapitre V, « Le temps d'un voyage ».

20. Jean Froissart, SHF, t.VI, p. 5-17.

21. *Ibid.*, p. 27-33.

22. *Ibid.*, p. 34-46.

23. Sur la question des « renonciations », voir R. Delachenal, *Histoire de Charles V*, t. II, Paris, 1909, p. 242-250, et P. Chaplais, « Some Documents Regarding the Fulfilment and Interpretation of the Treaty of Brétigny (1361-1369) », *The Camden Miscellany*, Londres, 3e serie, vol. XIX, 1952.

chapitres plus loin et quelques années plus tard, on arrive aux appels gascons, ce ne sont pas les « renonciations pures et simples » mais les « renonciations *cum clausula* c'est assavoir » que le chroniqueur insère dans son récit [24]. Car, ajoute-t-il, parmi « toutes les chartres de la paix » que Charles V et son Conseil avaient voulu « lire par plusieurs jours et à grant loisir pour miex examiner les poins et les articles qui dedens estoient... pour mielx avenir au fons de leur matère », c'étaient celles « où li rois et son Consauls s'arestèrent le plus, pour tant qu'elle parloit vivement et clèrement de ce dont il voloient oïr parler » [25]. Froissart, lui aussi, quand il fait son tri parmi les « lettres de la paix » de 1360, sait bien ce qu'il veut nous faire entendre. Et c'est ainsi qu'il extrait du lourd dossier de Calais les lettres par lesquelles il ordonnait aux compagnies de mercenaires incrustées en France de quitter le royaume [26].

Sur parchemin, bien écrite, « grossée » et scellée, la paix est parfaite. Pour que le lecteur ne l'ignore pas, Froissart sème son récit de petites phrases exprimant l'accord parfait qui régnait entre les parties : « Là fu la dessus ditte lettre leute et bien examinée, ne onques n'i fu de point ne d'article debatue. » [27] « Si sambla à çascun (la lettre) à estre belle et bonne, bien dittée et ordenée. » [28] « Si sembla à chacun être belle et bonne et grand conjonction d'amour et de paix. » [29]

L'impression d'unanimité est accrue par le fait que Froissart passe sous silence presque tout ce qui touche aux négociations. Les personnages mis en jeu par la paix font leur entrée dans le récit, l'un après l'autre. Habilement placés en tête de chapitre s'ils sont actifs, au milieu d'une phrase si leur rôle est seulement passif, voici Édouard, roi d'Angleterre, voici à Paris, le duc de Normandie et ses deux frères, mais le roi de France n'apparaît qu'à Londres au

24. Les « *litteræ cum clausula* c'est assavoir » furent rédigées à Calais. Elles intègrent les corrections aux articles 11 et 12 du texte de Brétigny — articles concernant les renonciations du roi d'Angleterre à la couronne de France et du roi de France à ses droits sur les terres cédées aux Anglais — corrections exigées par l'impossibilité de réaliser rapidement la remise effective des terres laissées à Édouard III.
25. Jean Froissart, SHF, t.VII, 1878, p. 86.
26. Jean Froissart, SHF, t.VI, p. 47-50.
27. *Ibid.*, p. 18.
28. *Ibid.*, p. 47.
29. *Ibid.*, p. 33.

moment où Édouard III le « fit mettre hors de prison » [30]. Puis ce sont les « chevaliers englès, chapitains de garnisons, qui se tenoient en France » [31] et enfin « li aucun hault baron de France qui esleu et nommé estoient pour estre ostagiiers en Engleterre » et qui arrivent en traînant les pieds [32].

Mais les conseils, les « traiteurs » et « autres grands clercs en droit », eux, restent en coulisse. Autant Froissart est prolixe sur les fêtes et cérémonies, les dîners, les « reviaus et recreations » [33] que les princes prenaient ensemble, les « grands approchements et semblans d'amour entre les parties », les « grands dons et beaux joyaux » échangés [34], autant il est discret sur l'activité des diplomates. Il nous apprend qu'à Brétigny « il n'y eut mie grand parlement », ce qui est avéré par d'autres sources. Il ne peut pas en dire autant de Calais car chacun sait, et les traités le rappellent, qu'il y eut de « grandes altercations » [35], mais il passe légèrement : « Là eut grans parlemens de l'une partie et l'autre dou conseil des deux rois qui par l'ordenance de la paix s'appelloient frère. » [36] « Là furent de rechief leutes, avisées et bien examinées les lettres qui s'appellent chartres de la paix, à savoir se riens y avoit à mettre ne à oster ne nul article à corrigier » [37]. A en croire Froissart les deux rois parlent aimablement ensemble pendant que leurs conseillers débattent la question épineuse des renonciations.

30. *Ibid.*, p. 22.
31. *Ibid.*, p. 24.
32. *Ibid.*, p. 25.
33. Froissart fait discrètement apparaître le contraste entre les rites joyeux de la paix qu'accomplissent les princes et les négociations de leurs conseillers : « Et tous les jours donnoient li doy roy l'un à l'autre à disner, et leurs enfans, si grandement et si estoffement que merveilles seroit à penser. Et estoient en reviaus et en recreations ensamble si ordonneement que grant plaisance y prendaoient toutes manieres de gens au regarder. Et laissoient li doi roy leurs gens et leurs consaulz couvenir dou sourplus... », *ibid.*, p. 26.
34. *Ibid.*, p. 24.
35. Cf. les « lettres avec la clause *c'est assavoir* » qui rappellent les renonciations qui devaient être faites par les deux rois et ajoutent : « Sur les quels choses, apres pluseurs altercations eues sur ce, et par especial pour ce que les dites renonciations ne se font pas de present, avons accordé avec nostre dit frere, par la maniere qui s'ensuit, c'est assavoir... », cité par R. Delachenal, *op. cit.* (n. 23), t. II, p. 245-246.
36. Jean Froissart, SHF, t. VI, p. 26.
37. *Ibid.*

Voilà comment Froissart, après avoir conduit son lecteur à croire la paix parfaite et définitive, peut finir par le « Et pourtant ! » qui fait attendre impatiemment la suite. « Quant toutes ces coses furent si bien devisées et ordonnées que nulz n'i savoit ni pooit par raison riens amender ne corrigier et que on ne cuidoit mies par les grandes alliances et obligations où li doy roy et leur enfant estoient loiiet et avoient juret, que ceste pais se deuist brisier mais si fist, si com vous orès avant ens ou livre » [38]...

Que devient, dans cette habile construction, l'analyse politique ? Froissart n'est nullement dupe. Il évalue justement le rapport des forces et nous dit bien que le maître du jeu était Édouard III : « Et pour tant que li certains arrès de le pais venoit et descendoit dou roy d'Engleterre, ces lettres qui furent là faites dient ensi... » Cela, dira-t-on, n'était pas bien difficile. En revanche il a parfaitement compris que les deux points faibles du traité étaient, sur le plan juridique, les renonciations, et, sur le plan de la réalité, le fléau des compagnies. Mais loin de l'expliquer à ses lecteurs, il se contente, si l'on ose dire, de leur mettre la puce à l'oreille. A Calais, c'est le Conseil du roi de France qui prend très discrètement l'initiative. Une fois jurées les lettres de confédération et d'alliance, voici les conseillers du roi Jean qui « consillièrent une longhe espasse ensamble sus les renonciations que li rois d'Engleterre devoit faire et avoit prommis à faire ». Et c'est le chancelier de France, le futur cardinal de Montaigu, qui demande, de façon obscure, au roi d'Angleterre d'accomplir « de point en point » tous les articles du traité « à le cautèle du temps avenir », si bien qu'une nouvelle lettre mentionnant les renonciations est rédigée [39].

38. *Ibid.*, p. 53-54.

39. « Quand il en eurent parlé ensamble, ils se traisent devers le roy d'Engleterre et son conseil, le roy de France present qui avoit toutdis parlé à lui, tant que ses gens avoient conseilliet. Et là requist li evesques de Tieruane, canceliers de France et promeus à estre cardinaulz, au dit roy d'Engleterre que il volsist acomplir de point en point le dit trettié de le pais et tous les articles, à la cautèle dou temps à venir. Li rois d'Engleterre respondi qu'il en estoit tous desirans, mès que on li desist de quoi et comment.

« Là fu aportée la ditte chartre de le pais et leute generalment. Et apriès ce li consauls dou roy de France requisent que une chartre auques samblable à ceste, faisans mention plainnement des renonciations, fust grossée pour mieus confermer leurs ordenances et apaiier toutes gens as quelz la pais pooit touchier. Li rois

De même, alors que la rencontre de Calais touchait à sa fin, c'est encore le Conseil du roi de France qui demande à Édouard III la lettre qui donnait l'ordre aux capitaines des garnisons « anglaises » de vider les forteresses du royaume et l'on se doute, car Froissart l'a dit un peu plus haut, que certains n'obéiront pas mais se contenteront de changer leur étiquette et de se dire « navarrais » [40].

Froissart n'en dit pas plus. Il s'agit, en effet, pour lui moins d'expliquer l'échec de la paix que de préparer le rebondissement du récit jusqu'aux appels gascons.

Dans le manuscrit d'Amiens, les choses sont encore plus claires [41]. L'accord conclu à Brétigny est présenté de façon bien différente, en mettant l'accent sur l'abandon des « ressort et souveraineté » et en laissant à penser que le roi Jean n'y consentit qu'en apparence. Froissart va même jusqu'à suggérer une ruse : « Enssi et sus ceste fourme fu la pès devisée, acordée et confremmée, mès les cartres ne furent mies si tost escriptez ne grosséez ; et quand elles furent escriptez, li conssaux de Franche y missent ung point, par mannière de langage, que li Englès au lire n'entendirent mies bien ne examinèrent, mais le laissièrent legierement passer ; c'est chou qui leur a depuis empechiet leur querelle, car li rois Jehan, li dus de Normendie, son aisné filz, et li autre frère, quand il jurèrent le pès à tenir et à poursiewir sus l'estat dou ressort, affin que, pour le temps à venir, il y ewissent droit de callenge et qu'il ne s'en desnuassent mies dou tout, dissent enssi : " Seloncq le grosse de la cartre, nous dounnons et reservons toutes les coses dessus dittes etc. " Je ne vous en parleray plus tant qu'à orres, mès quant il en appartenra à parler, j'en parlerai, s'il plaist à Dieu, et à point. » [42]

Cette variante a longtemps fait croire à une préméditation des princes français dans l'affaire des renonciations. Et le savant Roland Delachenal prend la peine de réduire à néant, par une sévère critique, cette interprétation. Il est plus simple de remarquer qu'en

---

d'Engleterre et ses consaulz l'acordèrent legierement et volontiers. » (*ibid.*, p. 33-34).

40. *Ibid.*, p. 47. Le fait que les Anglais n'aient pas le moins du monde débarrassé les forteresses du royaume des compagnies de mercenaires débandés fut l'un des *casus belli* de 1368, sans cesse rappelé par la suite.

41. Sur le manuscrit d'Amiens, voir *Chroniques. Livre I. Le manuscrit d'Amiens. Bibliothèque municipale n° 486*, G. T. Diller éd., Genève, Droz, 4 vol., 1991-1993.

42. Jean Froissart, SHF, t. VI, p. 242-243.

introduisant cette astucieuse restriction mentale à propos du ressort, Froissart annonce habilement les pages de bravoure sur les appels gascons que le lecteur va attendre impatiemment.

Plus que la réflexion politique, la logique de la narration domine le Livre I.

Les choses sont bien différentes dans le Livre IV. Le récit, en effet, rattrape le temps présent. La paix, ce n'est plus la paix manquée il y a quelques décennies. La paix est d'actualité. C'est l'objet des efforts inlassables des hommes de pouvoir. Vont-ils réussir ?

S'il est une chose que personne ne peut ignorer à la lecture du Livre IV des *Chroniques*, c'est que tout au long des années 1389-1400, la France et l'Angleterre n'ont cessé de jouer à cache-cache avec la paix [43]. Voici, au milieu des fêtes de 1389, l'arrivée du messager qui rapporte la « charte de la trêve » récemment conclue, enfin jurée et scellée par Richard II [44]. C'est ensuite une ambassade anglaise qui arrive à Paris, en 1391, à point nommé pour détourner Charles VI d'une aventureuse expédition italienne [45]. Une nouvelle ambassade détourne un moment l'attention du lecteur plongé dans les affaires de Bretagne [46]. Plus loin Froissart conclut rapidement son récit de la succession de Foix-Béarn [47]. Il en aurait encore long à dire, mais l'actualité le presse, car s'ouvrent les conférences de paix d'Amiens (25 mars-6 avril 1392), deux semaines de brillante vie de cour où se reforme l'unité de la noblesse franco-anglaise que sépare plus que la mer cette guerre « qui a trop duré » [48], deux semaines de rêves de croisade dont il ne sort, quelques chapitres plus loin, que le renouvellement des trêves pour un an [49]. Les rencontres de

43. Cf. F. Autrand, *Charles VI. La folie du roi*, Paris, Fayard, 1986.
44. Jean Froissart, Buchon, t. III, p. 10.
45. *Ibid.*, p. 103-104.
46. *Ibid.*, p. 115. C'est l'occasion de la première apparition du duc de Gloucester, une diatribe contre la France et la paix à la bouche : « Jà à la paix tant que je vive je ne m'accorderai. »
47. *Ibid.*, p. 140. « Il m'est avis, et aussi pourroit-il sembler à aucuns, que des besognes de Foix et de Béarn j'ai pour le présent assez parlé et traité ; si m'en voudrai départir et rentrer en autre procès. Car de démener au long la matière, il y faudrait trop de paroles et d'escripture, et je me sais bien de quoi autre chose ensonnier. »
48. *Ibid.*, p. 141-145.
49. *Ibid.*, p. 174.

Leulinghen au printemps 1393 nous valent enfin de longues pages sur les négociations de paix [50] tandis que les trêves de quatre ans permettent à Froissart de partir en voyage en Angleterre à la quête de souvenirs de jeunesse et d'informations nouvelles [51]. Les allées et venues des ambassadeurs anglais et français qui négocient le mariage de Richard II et d'Isabelle de France en 1395 et 1396, donnent prétexte à un long passage sur Robert l'Ermite et son discours sur la paix [52]. Il y a encore les noces et l'entrevue d'Ardres d'octobre 1396 [53]. Au milieu des affaires anglaises qui occupent le dernier quart du Livre IV, Froissart n'oublie pas la paix. Le renouvellement des longues trêves en 1400 fait partie des cinq ou six faits que le chroniqueur mentionne, en guise de conclusion, après le récit des obsèques de Richard II [54].

Ainsi l'histoire de la paix court du début à la fin du Livre IV, croisant et recroisant les autres thèmes, en une composition que Michel Zink définit — à la perfection — par une image de passementerie, lorsqu'il écrit que, dans le dernier chapitre des *Chroniques*, « Froissart réunit et noue les divers fils de ses *Chroniques*, mais qu'il laisse, une fois le nœud fait (le nœud, c'est la fin tragique de Richard II), les extrémités pendantes, qu'il dote son œuvre d'une conclusion, sans pour autant clore le récit » [55]. C'est bien cela la composition du Livre IV, un cordon de lourdes soies chatoyantes, parmi lesquelles l'histoire de la paix pourrait être le fil blanc. Mais à côté du fil blanc court un gros fil noir, la destinée tragique de Thomas, duc de Gloucester, l'ennemi de la paix et l'instrument du destin de Richard II.

Tout au long du Livre IV, chaque discours, chaque démarche en faveur de la paix, fait surgir la sombre figure du duc de Gloucester. C'est assez pour donner à l'affrontement de la guerre et de la paix la dimension tragique qu'il n'avait pas dans le Livre I.

---

50. *Ibid.*, p. 185-191.
51. *Ibid.*, p. 197-213.
52. *Ibid.*, p. 214-221.
53. *Ibid.*, p. 233-235, 247 et 256-257.
54. *Ibid.*, p. 270. Froissart mentionne la confirmation de la trêve de 1396 dont il n'avait pas parlé en son temps : « Si fut ce traité (celui de la paix finale) mis en arrière et repris celui de la trêve, et démené tant par l'accord de toutes parties, que il fut ordonné et juré à tenir vingt-six ans à venir et quatre ans qu'ils avaient juré ; ce furent trente ans, ainsi que la première convenance et obligation se portoit. »
55. M. Zink, *op. cit.* (n. 19), chapitre VI, « La fin et la chute », p. 103.

Autre différence entre le premier et le dernier livre des *Chroniques* : l'analyse politique. Témoin de son temps, de l'échec des négociations de paix, des conséquences néfastes du rapprochement personnel des deux rois, Richard II et Charles VI, Froissart ne se contente pas de faire le reportage des fastes de cour ni du cérémonial observé à Amiens, Leulinghen ou Ardres [56]. Il cherche à savoir et à informer son lecteur. Il cherche à comprendre. Il cherche à expliquer, mais il le fait en narrateur puisque la mission de Robert l'Ermite — qui est avérée par les sources — lui donne le prétexte pour imaginer un dialogue entre l'écuyer normand et le duc de Gloucester et donc pour opposer à un plaidoyer pour la paix un plaidoyer pour la guerre.

Que retenir, pour faire bref, de cette analyse politique ?

En premier lieu, la volonté d'expliquer : « On se peut émerveiller à quoi la deffaute fut que la paix ne se fit. » [57]

Ensuite la prudence avec laquelle le chroniqueur propose son interprétation : « Je, auteur de cette histoire, je n'en sais pas bien déterminer, pour dire ni mettre outre qu'il eut tort ni droit, mais il me fut dit ainsi... » [58] ou encore « Plusieurs gens ne voudroient point croire ce que je vous dirai » [59]...

Enfin l'analyse elle-même : pour Froissart l'échec de la paix est dû à l'opinion anglaise, plus précisément au parti de la guerre dont Gloucester s'est fait le chef. « Il est ainsi que la communauté d'Angleterre s'incline toujours plus à la guerre qu'à la paix. » [60] A

56. Contrairement au Religieux de Saint-Denis qui est soucieux, lui, de fixer le « cérémonial français », autrement dit le protocole. Cf. F. Autrand, « Jean de Berry, un diplomate de carrière », dans *Auswärtige Politik und internationale Beziehungen im Mittelalter (13. bis 16. Jahrhundert)*, D. Berg, M. Kintzinger et P. Monnet éd., Bochum, 2002, p. 263.

57. Jean Froissart, Buchon, t. III, p. 144.

58. *Ibid.*, p. 175.

59. *Ibid.*, p. 143.

60. *Ibid.* : « Il est ainsi que toute la communauté d'Angleterre s'incline toujours et est inclinée plus à la guerre que à la paix ; car du temps du bon roi Édouard de bonne mémoire et son fils le prince de Galles, ils eurent tant de belles et hautes victoires sur les François et tant de grands conquêts et rançons et rachats de villes et de châteaux, que les povres en étoient devenus riches, et ceux qui n'étoient pas gentils hommes de nativité, par aventurer hardiment et vaillamment ès guerres, avoient tant conquêté que, par puissance d'or et d'argent, ils étoient anoblis ; et vouloient les autres qui venoient ensuivir cette vie, quoique depuis le temps du

plusieurs reprises il revient sur cette explication et ne manque pas de signaler qu'aucune décision de paix ne peut être prise sans l'accord du Parlement [61]. Il la précise, en disant qu'elle est le fait des « communs, archers et tels gens » et, « des deux parts des jeunes gentilshommes, chevaliers et écuyers, qui ne savaient où employer et avaient appris à être oiseux et tenir bon état sur le fait de la guerre » [62]. Il en explique l'origine et les raisons, en la rattachant à la nostalgie du « temps du bon roi Édouard » et de ses belles victoires qui tourne à l'obsession du vieillard aigri dans la bouche de Thomas de Gloucester. Il la critique, enfin, en rappelant les défaites des Anglais. Les *Chroniques* ne sont-elles pas là pour rétablir les faits ? Le lecteur est invité à revenir quelques chapitres en arrière pour voir comment « par le fait et emprise de messire Bertrand du Glayquin et de plusieurs autres bons chevaliers de France, si comme il est contenu en notre histoire ci-derrière, les Anglais étaient moult reculés et reboutés » [63]. On ne s'étonne certes pas de voir l'auteur des *Chroniques* faire un bref rappel historique de la guerre qui est l'objet de son œuvre. Remarquons simplement que le point de départ de son retour en arrière, est toujours la paix de Brétigny.

Quant à la position des Français, elle s'explique aussi par la volonté des populations. S'ils refusent de revenir au traité de Brétigny, si restituer au roi d'Angleterre les terres énumérées dans le traité est une chose impossible, c'est parce que leurs habitants sont revenus d'eux-mêmes dans l'obédience du roi de France et ont noué

roi Édouard et de son fils, le prince de Galles, par le fait et emprise de messire Bertrand de Glayquin et de plusieurs autres bons chevaliers de France, si comme il est contenu en notre histoire ci derrière, les Anglois étoient moult reculés et déboutés. Le duc de Gloucestre, mains-né fils du roi Édouard, s'inclinoit assez à l'opinion de la communauté d'Angleterre et d'aucuns princes, chevaliers et écuyers d'Angleterre qui désiroient la guerre pour soutenir leur état. »

61. Cf. le récit de la séance de Conseil tenue par les princes anglais, à leur retour de la conférence d'Amiens en 1392, *ibid.*, p. 145. « Mais le duc de Gloucester, qui toujours a été dur et rebelle à ces traités, proposa sus ; et dit que là ils ne pouvoient faire, dire, proposer ni accepter nulle bonne proposition de paix ; et convenoit que ces traités fussent apportés au palais de Westmoustier à Londres, et le conseil général des trois états d'Angleterre tous là mandés ; et ce qu'ils en feroient et conseilleroient, on en feroit, et non autrement. »

62. *Ibid.*, p. 185.

63. Cf. n. 60.

avec lui des relations contractuelles [64]. Un nouvel ordre politique est né.

Lorsqu'il analyse l'attitude des partisans de la paix, Froissart voit large. Une longue page de géopolitique est consacrée au duc de Lancastre dont une fille est reine d'Espagne et l'autre du Portugal. Or la Castille est alliée à la France et doit se garder de rompre cette alliance car les Français ont « leurs entrées toutes ouvertes » vers l'Espagne que ce soit par l'Aragon « dont Madame Yoland de Bar était reine et bonne française », par le Béarn, à cause de l'alliance entre le nouveau comte de Foix et le roi de France et même par la Navarre [65]. Telles sont les « imaginations et cogitations » qui poussent le duc de Lancastre à vouloir la paix. Même chose pour le duc de Bourgogne qui « était moult imaginatif et voyait loin en ses besognes », assez loin pour penser, « si que il me fut dit par des hommes notables qui de ces besognes devaient savoir la certaineté », pour avoir compris que la Flandre et le Brabant ont partie liée avec les Anglais [66].

64. Aux conférences de Leulinghen, en 1393, où se rencontrèrent les ducs de Lancastre et de Gloucester, oncles de Richard II, et les ducs de Berry et de Bourgogne, oncles de Charles VI, toute la discussion porta sur le retour aux conditions de Brétigny que revendiquaient les Anglais et que refusaient les Français, *ibid.*, p. 187 : « tant que de toutes les terres faire retourner arrière au premier point des procès, au gouvernement et domaine du roi d'Angleterre et de ses successeurs, impossible étoit à faire ; car les villes, les terres, les châteaux, les cités et les seigneuries et hommages des pays, qui nommés sont et furent en la chartre de la paix donnée et accordée l'an mil trois cent soixante et onze (*sic*), à Brétigny devant Chartres, et puis confirmée et scellée à Calais, étoient trop éloignés de ce propos. Car le roi de France, à qui ils s'étoient de volonté et sans contrainte remis et rendus leur avoit donné, juré er scellé si grands libertés et privilèges, et confirmé sur parole de roi, que ce ne se pouvoit ôter, briser ni retourner. »

65. *Ibid.*, p. 175 : « Car ils avoient là leurs entrées toutes ouvertes, tant par le royaume d'Arragon, dont madame Yoland de Bar étoit roine et bonne française, qui gouvernoit pour ce temps tout le royaume d'Arragon et de Catalogne, que par le pays de Béarn et de Vascles, car le vicomte de Castelbon, qui héritier étaoit du comte Gaston de Foix, l'avoit ainsi juré et scellé au roi de France. Si avoient les François plusieurs belles entrées pour aller en Espaigne, sans le danger du roi de Navarre, qui au fort n'eut point volontiers courroucé le roi de France son cousin germain ; car encore se tenoit de-lez le roi messire Pierre de Navarre son frère, et cil brisoit grandement aucuns mautalent, si ils sourdissent entre le roi de France et son frère le roi de Navarre, car il étoit bon françois et loyal. »

66. *Ibid.*, p. 185.

Attentif à la situation politique dans toute sa profondeur historique et son étendue géographique, Froissart l'est aussi aux structures dont dépend la décision de la guerre et de la paix. Les efforts déployés par le duc de Lancastre butent sur l'opposition des « trois états » d'Angleterre qu'il faut obligatoirement consulter. Rien ne peut, en effet, être fait en Angleterre, explique-t-il, sans l'accord du Parlement [67]. Il l'est enfin aux pratiques diplomatiques. Comme il était à Leulinghen, lorsque s'y tinrent les grandes conférences de 1393, il se fit expliquer toute la procédure de la négociation [68].

La paix impossible de 1400 ne se raconte pas comme la paix manquée de 1360. L'histoire du présent n'est pas l'histoire du passé. Tout change du Livre I au Livre IV : l'histoire et l'historien.

Françoise AUTRAND

67. Cf. n. 61.

68. *Ibid.*, p. 185-189. Cf. F. Autrand, « L'écrit et l'oral dans les négociations franco-anglaises », dans *Négocier au Moyen Âge, Actes du colloque international, Barcelone, 14-16 octobre 2004*, à paraître.

FROISSART ÉCRIVAIN, APPROCHES NOUVELLES

FROISSART DANS SA FORGE

« Froissart dans sa forge » : ce titre peut paraître obscur et prétentieux. L'objet de ce colloque, certes ambitieux, est pourtant simple en lui-même. Il s'agit de prendre en considération d'un seul élan l'ensemble de l'activité, de la production, des œuvres de Froissart. Un titre s'imposait : « Froissart, chroniqueur et poète », titre qu'il est même inutile de compléter en « Froissart, chroniqueur, poète et romancier », si, comme il me semble, *Méliador*, roman en vers, est aussi et surtout un roman de poète. Mais ce titre est déjà pris par l'ouvrage classique de Shears. Pas de regrets : il est plat. « Froissart dans sa forge » a le défaut inverse, mais non pas celui de l'arbitraire ou du manque de sens.

Froissart emploie lui-même l'image de la forge dans le Prologue du Livre IV des *Chroniques* :

> « A la requeste... de... mon tres chier seigneur et maistre Guy de Châtillon, comte de Blois,... je, Jean Froissart,... me suis de nouvel resveilliés et entrés dedens ma forge, pour ouvrer et forgier en la haulte et noble matiere de laquelle du tamps passé je me suis ensonniez... » [1]

Cette image est moins fréquente qu'on pourrait le penser. A vrai dire, elle est même rare. Mais on la trouve dans une œuvre très familière à Froissart, qui en démarque ostensiblement le début dans les premiers vers de son *Espinette amoureuse*, une œuvre dont l'influence gouvernait toute la poésie de son temps et la sienne en particulier, le *Roman de la Rose*, où Jean de Meun décrit en ces termes l'activité de Nature :

> « Nature, qui pansoit des choses
> Qui sunt desouz le ciel ancloses,

1. Jean Froissart, *Chroniques*, P. Ainsworth et A. Varvaro éd., Paris, Le Livre de Poche (Lettres gothiques), 2004, p. 343-344.

Dedanz sa forge antree etoit,
Ou toute s'antante metoit
An forgier singulieres pieces
Por continuer les espieces. »[2]

C'est ainsi qu'elle lutte victorieusement contre la mort. Cette dernière a beau emporter successivement tous les individus (les « pièces singulières »), Nature, en en « forgeant » constamment de nouveaux, assure la survie des espèces. C'est ce qu'explique, conformément à la doctrine aristotélicienne alors enseignée, l'admirable développement qui suit, au terme duquel le poète reprend :

« Mes Nature, douce et piteuse,
Quant el voit que Mort l'envieuse,
Antre lui et Corrupcion,
Vienent metre a destrucion
Quan qu'el treuvent, dedanz sa forge
Torjorz martele, tojorz forge,
Tourjorz ses pieces renovele
Par generacion novele. »[3]

L'art, ajoute Jean de Meun, la regarde faire et voudrait rivaliser avec elle, mais en vain : il ne peut faire aussi bien, et surtout il ne peut donner la vie.

C'est bien la faculté de donner la vie par la génération que désigne l'image de la forge, dont les connotations, dans d'autres contextes, peuvent être grivoises. Ainsi, dans *Guillaume d'Angleterre*, la rumeur publique fait valoir que les deux marchands qui ont recueilli et adopté séparément les jumeaux du roi Guillaume ne sauraient être leurs pères biologiques :

« Honie soit tote me gorge
S'il furent onques de le forge
Dant Gonselin ne dant Foukier ! »[4]

Revenons à Froissart. Il ne fait guère de doute qu'en se peignant lui-même au travail dans sa forge, il se compare à Nature telle que la montre Jean de Meun. L'expression « de nouvel

2. F. Lecoy éd., Paris, Champion, CFMA, 1970, v. 15863-15868.
3. *Ibid.*, v. 15975-15982.
4. M. Wilmotte éd., Paris, Champion, CFMA, 1927, v. 1421-1423.

reveilliés » (« je, Jean Froissart,... me suis de nouvel reveilliés et entrés dedens ma forge ») le confirme. Elle évoque le *nouveau temps* — que nous appelons aujourd'hui le printemps — et le réveil de la nature, dans la fécondité duquel Jean de Meun trouve un argument pour montrer sa supériorité sur l'art et dont l'émoi perçu par le poète est, depuis les premiers troubadours, le moteur de son chant.

Telle est l'audace du chroniqueur : comparer son ouvrage à celui de la nature. Comment l'ose-t-il, quand cet ouvrage est le produit, non de la nature, mais de l'art ? Voire, mais quel est l'objet de l'ouvrage et à quoi vise cet art ?

> « Je, Jean Froissart,... me suis de nouvel reveilliés et entrés dedens ma forge, pour ouvrer et forgier en la haulte et noble matiere de laquelle du tamps passé je me suis ensonniez... »

Comme les mots sont curieusement imbriqués ! N'attendrait-on pas plutôt : « pour ouvrer et forger en la haute et noble matiere du tamps passé, de laquelle je me suis ensonniez ? »

Mais non : le temps passé est déplacé. Ce n'est pas celui des événements rapportés par les *Chroniques* et que Froissart s'est donné pour tâche d'« historier » (« les fais et les advenues des guerres de France et d'Angleterre et de tous leurs conjoins et leurs ahers »), c'est celui de sa propre vie, le temps désormais lointain où il a entrepris de « forger en [cette] haute et noble matiere ». Froissart jette dans ce prologue un regard rétrospectif, non sur le passé de l'histoire, mais sur celui de sa vie et de son labeur. Son prologue est un résumé, non des événements rapportés dans les livres précédents, mais de sa propre vie, passée à les collecter. Et il ne rapporte désormais plus qu'à lui-même la poursuite de cette activité. S'il se promet de s'y livrer jusqu'à son dernier souffle (jusqu'en 1404 ?), c'est parce qu'à force de la pratiquer il y excelle et qu'il en retire du plaisir. Telle est sa seule justification :

> « Ainsi ay je rassamblé et eu la haulte et noble histoire et matiere... Et tant comme je viveray, par le grace de Dieu, je la continueray, car comme plus y suis et plus y labeure et plus me plaist ; car ainsi comme le gentil chevalier ou escuier qui ayme les armes en perseverant et continuant il s'y nourrist parfait, ainsi en labourant et ouvrant sur ceste matiere je me habilite et delitte. » [5]

---

5. P. Ainsworth et A. Varvaro éd., *op. cit.*, (n. 1), p. 345.

« Ainsi comme le gentil chevalier ou escuier... » : le combattant, héros des *Chroniques* qui nourrissent leur matière de ses exploits, n'est convoqué ici qu'à titre de comparaison au service de l'image que l'auteur veut donner de lui-même.

Voilà pourquoi Froissart peut se comparer à Nature. Non parce qu'il relate « les fais et les advenues » : il n'y a là que l'imitation imparfaite du réel à laquelle se borne le pouvoir de l'art. Mais parce que l'ultime objet du travail auquel il se livre dans sa forge, c'est lui-même. Il se forge en écrivant comme Nature forge les *pièces* qui assureront la survie des espèces. Devenu peu à peu le personnage principal de ses *Chroniques*, c'est à lui-même qu'il consacre le prologue de son dernier livre.

Doit-on en conclure que lui qui n'a jamais été un historien très digne de foi, le devient de moins en moins sur ses vieux jours parce qu'il s'intéresse trop à lui-même ? C'est presque le contraire. Il continue à conter avec vivacité des événements et des scènes pour lesquels il tire toute son information de sa fantaisie, il continue à manifester de loin en loin un irritant parti pris anti-français (je soupçonne que Bernard Guenée nous en donnera dans un instant un aperçu vengeur), mais à tout prendre ses enquêtes et ses jugements, comme l'a montré George Diller, ont plutôt gagné en sérieux avec les années. C'est qu'on chercherait en vain à opposer dans son œuvre l'histoire à l'invention littéraire, la poésie à la vérité, le récit de soi et celui du monde. A cela rien d'étonnant. Ces oppositions s'appliquent difficilement aux auteurs et aux œuvres du Moyen Âge : on voit mal, par exemple, comment, en s'appuyant sur elles, on pourrait comprendre le mot *gesta*. Mais il y a plus, et qui tient à Froissart lui-même. Le poète Froissart modifie autant la pratique de l'histoire que l'historien Froissart celle de la poésie.

Aussi bien, ce sont les mêmes dispositions et les mêmes qualités qui font à ses yeux l'historien et le poète. Prologue du Livre III des *Chroniques* :

> « Et entrementes que j'avois, Dieu merci ! sens, mémoire et bonne souvenance de toutes les choses passées, engin clair et aigu pour concevoir tous les faits dont je pourrois être informé touchans à ma principale matière, âge, corps et membres pour souffrir peine, me avisai que je ne voulois mie séjourner de non poursievre ma matière. » [6]

6. Cette phrase, absente du ms. suivi par P. Ainsworth et A. Varvaro, est citée ici d'après l'édition de J. A. C. Buchon, Paris, 1867 [2], t. II, p. 369.

Début du *Joli buisson de Jeunesse*, après l'entrée en matière, où l'on croirait entendre la voix de l'historien, « Des aventures me souvient / Dou temps passé » (mais j'ai déjà glosé ailleurs ces deux vers) :

> « ... Or me couvient,
> Entroes que j'ai sens et memore,
> Encre, papier et escriptore,
> Kanivet et penne taillie,
> Et volenté appareillie
> Qui m'amonneste et me remort,
> Que je remonstre avant me mort
> Comment ou Buisson de Jonece
> Fui jadis, et par quel adrece »
> (v. 2-10).

Nature, dit Froissart dans le même poème, l'a fait, créé, élevé, doté des capacités intellectuelles requises, à seule fin qu'il fasse ce à quoi elle l'a destiné :

> « C'est que de faire biaus dittiers
> Qu'on list et qu'on ot volentiers »
> (v. 37-38).

De même, en entrant *de nouvel* dans sa forge pour se remettre à forger l'œuvre qu'il poursuit depuis si longtemps, il accomplit le destin que lui a fixé Nature. En forgeant son œuvre, il se forge lui-même. C'est pourquoi il est vis-à-vis de lui-même dans la position de Nature et en droit de détourner à son usage une métaphore qui lui est réservée. Mais à une condition : celle de mettre en évidence, non ce qu'il écrit, mais ce qu'ont fait de lui toutes ces années passées à écrire l'histoire de son temps, de même que, de l'*Espinette amoureuse* au *Joli buisson de Jeunesse*, il met en évidence ce qu'ont fait de lui toutes ces années passées à rêver et à écrire son histoire intérieure, celle d'une éducation sentimentale qui ne laisse que des regrets avant d'avoir pu s'achever — « Le temps d'apprendre à vivre, il est déjà trop tard ».

Tout cela pour dire qu'on ne peut le comprendre qu'en embrassant d'un seul regard ses *Chroniques* et ses poèmes. D'où l'ambition, peut-être démesurée, de ce colloque.

Michel ZINK

DÉMEMBREMENT ET DÉVORATION : UNE STRUCTURE DE L'IMAGINAIRE POÉTIQUE DE JEAN FROISSART

La présence insistante des mythes chez Jean Froissart, le traitement original qu'il leur fait subir, les réarrangeant, les combinant, sont des faits bien connus et très caractéristiques de son écriture. De quels mythes s'agit-il ? Moins de grands mythes structurants, tels ceux de Narcisse et Pygmalion qui organisent, en se répondant, le *Roman de la Rose*, que d'une multitude de petites allusions sur des schèmes récurrents. Une obsession m'a frappée, celle du démembrement et de la dévoration. On est mis en pièces ou l'on met en pièces dans l'œuvre de Froissart, on dévore ou l'on est dévoré. Si l'on prend par exemple le dit de la *Prison amoureuse* [1], on constate que le poète ajoute cette composante de la dévoration aux mythes qu'il convoque. Bellorophus (variante de Bellérophon), cité avec Narcisse en tant qu'« orgueilleux d'amour », est puni de son orgueil, par un tel châtiment : « Car la balainne le menga, / Qui onques n'avoit mengiet d'omme » (v. 174-175). Netphisphelé, figure en partie de Thisbé, est dévorée par le lion. Ce n'était pas le cas chez Ovide, où le drame se jouait sur un quiproquo. Le serpent Python, enfin, tué par Phoebus, est donné comme ayant englouti Phlimené, (v. 1765-1766), personnage dont on ne sait rien. Cette mention ne se rencontre ni chez Ovide, ni dans l'*Ovide Moralisé*. Si l'on ajoute que, dans ce même texte, le poète cite l'histoire du châtelain de Coucy et de la Dame de Faiel : « on fist mengier / La dame le coer son ami » (v. 226-227), exemple qu'il raconte en dix-neuf vers, pour deux vers consacrés à l'évocation de Tristan et Yseut et un vers à la

1. Jean Froissart, *La Prison amoureuse*, A. Fourrier éd., Paris, Klincksieck, 1974.

châtelaine de Vergy, que le lion, non seulement dévore Nepthisphelé mais qu'il est à son tour dévoré par les autres animaux — double enchâssement en quelque sorte dans cette prison particulière qu'est le corps d'un animal —, si l'on compte la fréquence des termes « manger », « dévorer », « engloutir », on semble bien être face à une obsession du poète. La présence soutenue du mythe d'Actéon dans l'œuvre [2] va dans le même sens, mais de manière retorse, car Froissart ne conduit qu'une seule fois le mythe à son terme, à savoir le démembrement d'Actéon et sa dévoration par ses chiens. En revanche, par deux fois, le mythe est mis en scène de manière appuyée, un personnage demandant de manière explicite au poète de le raconter. Dans le *Joli Buisson de Jonece* [3], il s'agit d'un personnage allégorique, Jeunesse :

> « Dist Joneche : " En sces tu le compte ?
> — Oïl, che di je. — Or le nous compte.
> — Volentiers " »
> (v. 2238-2240).

Dans les *Chroniques* [4], c'est l'écuyer qui vient de faire le récit du somnambulisme de Pierre de Béarn qui demande :

> « — Acteon ? respondi li escuiers, doulz maistres, or m'en comptez le compte, et je vous em pri. — Volentiers, di je »
> (Livre troisième, § 14, p. 194).

Dans le *Joli Buisson de Jonece*, le mythe est retracé jusqu'au bout. Les chiens ne reconnaissent pas leur maître mué en cerf et : « Riens n'i laissent a devorer » (v. 2287). Dans les *Chroniques*, le récit s'arrête à la métamorphose et évacue totalement le démembrement et la dévoration précisant même : « Tantost Atteon fu muez en cerf, [qui] de sa nature aime les chiens » (p. 195). Pourtant Froissart connaît

2. Cette présence insistante a été bien remarquée par Laurence Harf et Michel Zink. L. Harf-Lancner, « La chasse au Blanc Cerf dans le *Méliador* : Froissart et le mythe d'Actéon », dans *Mélanges Charles Foulon*, t. II, *Marche romane* XXX/3-4, 1980, p. 143-152. M. Zink, « Froissart et la nuit du chasseur », *Poétique* 41, 1980, p. 60-77.

3. Jean Froissart, *Le Joli Buisson de Jonece*, A. Fourrier éd., Genève, Droz, 1975.

4. Livres III et IV, P. F. Ainsworth et A. Varvaro éd., Paris, Livre de Poche (Lettres gothiques), 2004.

grâce à Ovide et à l'*Ovide Moralisé* [5] jusqu'au nom des chiens d'Actéon, qu'il mentionne dans un lai du *Paradis d'Amour* [6] : « Je sui enclos en la haie / La ou Melampus abaie / Apriés sen mestre Acteon » (strophe III, v. 1136-1138). Peut-être ne mentionne-t-on pas dans une cour dont le maître est un chasseur la dévoration d'un chasseur par ses chiens. Il semble bien que dans l'esprit de Froissart, Actéon, le chasseur, qui « amoit le deduit des chiens sur toutes riens », Actéon qui, selon le *Joli Buisson de Jonece*, « Les chiens ama et les oisiaus » (v. 2243) [7] soit une figure possible de Gaston Phoebus. L'insistance que met Froissart à souligner le caractère involontaire de la faute d'Actéon, surprendre Diane nue, trouve un parallèle dans la faute de Phoebus qui tue « involontairement » son fils. Ce rapprochement est facilité par le fait que chez Froissart l'histoire d'Actéon se mêle dans son *Epinette amoureuse* [8] à celle de Céphale et Procris, les deux histoires se nouant autour de morts involontaires. Actéon y apparaît en lieu de Céphale : « Dont Acteon ocist sa dame, quant / Elle l'aloit parmi le bois querant » (v. 2809-2810). Céphale tue sans le vouloir Procris, Actéon voit sans l'avoir voulu Diane, Gaston Phoebus tue sans le vouloir son fils.

Quel est le sens de ces évocations appuyées ou masquées de démembrement et de dévoration ? Tout d'abord font-elles véritablement sens et ont-elles une coloration particulière ? L'imaginaire de la dévoration est présent dans la Bible où il dit la mort et la punition infernale. Deux passages peuvent être cités qui évoquent la gueule de l'enfer et l'avalement, le verset d'Isaïe V, 14 : *propterea dilatavit infernus animam suam et aperuit os suum absque ullo termino* (« C'est pourquoi le séjour des morts ouvre sa bouche, élargit sa gueule outre mesure ») et l'histoire de Jonas, texte très souvent

5. *Ovide Moralisé, poème du commencement du* XIVe *siècle, publié d'après tous les manuscrits connus,* C. De Boer éd., Amsterdam, Müller, puis N. V. Noord-Hollandsche Uitgevers-Maatschappij, 1915-1938, 5 vol. Pour Actéon, t. I, troisième livre.

6. Jean Froissart, *Le Paradis d'Amour. L'Orloge amoureus*, P. F. Dembowski éd., Genève, Droz, 1986.

7. On trouve une formulation identique désignant Pynoteüs dans la *Prison amoureuse :* « Pynoteüs, uns damoisiaus, / Ama les chiens et les oisiaus » (v. 1316-1317). Le trait est un élément de louange, désignant la noblesse des personnages, dans ces portraits.

8. Jean Froissart, *L'Espinette amoureuse*, A. Fourrier éd., seconde édition revue, Paris, Klincksieck, 1972.

utilisé dans la liturgie funéraire. L'imaginaire du démembrement, lui, est fréquent dans la mythologie classique : Médée démembre son frère Absyrtos et jette les morceaux dans la mer, Polyphème démembre Acis. Tous ces exemples sont repris par la littérature médiévale qui accentue même le trait. Ainsi Hercule démembre Cacus, selon le *Roman de la Rose* [9], au lieu de l'étouffer. Il n'y aurait alors rien d'étonnant à rencontrer de telles évocations chez Jean Froissart. Mais précisément ce ne sont pas ces mythes « évidents » qu'utilise Froissart et ce qui frappe chez lui est le caractère quasi abstrait de ses évocations. Pas de luxe de détails comme dans la peinture du démembrement d'Actéon dans l'*Ovide Moralisé*, peu de sang à la différence du Polyphème de Guillaume de Machaut. L'imaginaire de Jean Froissart n'est pas un imaginaire de la cruauté, mais de l'horreur, encore que le poète sache bien que la cruauté est toujours à l'horizon de l'amour ou du moins du désir. Il laisse apparaître cet aspect dans quelques images qui disent en termes d'ingestion et de goût l'attachement amoureux. Dans le *Joli Buisson de Jonece*, Achille, amoureux de Polixène, « s'affame » (v. 666) [10] et « se deveure » (v. 693) pour elle. Il se console en se repaissant de son image : « Et son coer en pest et soole » (v. 699). Rôle médiateur de l'art. L'engloutissement, le démembrement chez Jean Froissart sont orientés vers la re-création. Il n'est pas étonnant que la punition du Bellerophus de la *Prison* en fasse une figure de Jonas. Très vite dans ces récits, Froissart passe à la glose, à ce qu'il appelle « l'exposition », et à une transposition des faits mythologiques en analyses psychologiques, puis en réflexion sur la création littéraire. Dans le *Joli Buisson de Jonece*, le poète craint de subir le sort d'Actéon en rejoignant sa dame et son entourage et s'il n'est pas à proprement parler dévoré par Refus, Dangier et Escondit, c'est lui qui métaphoriquement en leur présence se ronge : « Et je me defris et menjue ! » (v. 2600) dit-il. Dévoration métaphorique, incorporation métaphorique.

---

9. Jean de Meun, *Le Roman de la Rose*, F. Lecoy éd., t. III, Paris, Champion, 1970, v. 21591-21592 : « d'Herculés vos peüst mambrer / quant il voust Cacus desmambrer. »

10. On notera l'emploi du mot *affamer* dans le récit de la mort du jeune Gaston, fils de Gaston Phoebus, qui refuse la nourriture. Le serviteur s'adresse ainsi à son maître : « Monseigneur, pour Dieu merci ! prenez garde de sus vostre filz, car il s'affame là en prison où il gist », *Chroniques*, livre III, §13, p. 187, P. F. Ainsworth et A. Varvaro éd., *op. cit.* (n. 4).

Mangé mangeur en écho au voyeur vu qu'est Actéon. Dans la *Prison amoureuse*, le poète, Flos, propose à son mécène une double « exposition » de son songe :

> « Et premiers, j'entens par le lit et la cambre aournee de toute honneur ou vous dormiés, [...] la douce pensee, gaie et amoureuse, qui est dedens vous encorporee » (Lettre IX, p. 151, l. 17-21).

> « Chiers amis, j'entens secondement par Pynoteüs et Netphisphelé desir et plaisance qui sont encorporet en vous » (Lettre IX, p. 154, l. 121-123).

L'incorporation dit alors une intériorisation.

Moins évidente que la dévoration par le lion, une modification est aussi à noter dans l'histoire de Nepthisphelé. Cette dernière, à la différence de Thisbé, ne perd pas son voile mais sa ceinture. Plusieurs interprétations sont possibles : soit le poète adapte l'histoire antique à une mode vestimentaire où le voile, hors d'un contexte religieux, ne fait plus sens, soit il se souvient — et tel est très certainement le cas — de la ceinture perdue par Proserpine au moment de son enlèvement par Pluton [11]. Mais la ceinture perdue est aussi la métaphore des liens dénoués, de cette mort qui s'empare de Nepthisphelé à travers la figure du lion dévorant. Gueule du lion, gueule de l'enfer. Pynoteüs lui-même doit lutter pour ne pas se laisser aspirer par la bouche de l'enfer. Il s'écrie :

> « Engloutir me voet Atropos ;
> Cerberus a ouvert son ventre,
> Pluto commande que j'i entre »
> (v. 1631-1633).

Dans le *Joli Buisson de Jonece*, Proserpine est condamnée à rester en enfer, parce qu'il se trouve qu'elle a mangé « dou fruit d'infer » (v. 3183-3184). La ceinture dénouée de Proserpine signe son engloutissement par l'enfer. Un autre avalement, celui d'un fruit, l'entraîne à y demeurer. Syndrome du mangé mangeur.

Or il est nombre de choses dénouées, brisées, fracassées, englouties dans les dits de Froissart, que le poète s'emploie à rassembler par son écriture, à recomposer, à renouveler. Il en va ainsi des vêtements déchirés lors des jeux d'enfant dans *L'Espinette amoureuse* :

11. Voir *Ovide Moralisé*, C. De Boer éd., t. II, cinquième livre, v. 2023-2025.

> « J'ere batus et je batoie.
> Lors estoie si desreés
> Que souvent mes draps deschirés
> Je m'en retournoie en maison »
> (v. 260-263).

Tel est le cas des vêtements mis en pièces dans des jeux amoureux, parodie de lutte entre le poète et un groupe de dames dans la *Prison amoureuse* :

> « La fuis je boutés et saciés
> Et detirés et embraciés
> Par jambes, par corps et par bras,
> Sans noient espagnier mes draps »
> (v. 1133-1136).

Parodie de lutte entre le poète et Vénus dans le *Joli Buisson de Jonece* :

> « La y eut bonne luiterie
> De moi a lui pour retourner
> Mon mantiel et au droit tourner.
> ...
> Je passe si roit que tout froe »
> (v. 1123-1125 et 1131).

Char fracassé par Phaéton dans la *Prison amoureuse* : « Li axis ront, li kars reverse, / Pheton cheï la teste enverse » (v. 1868-1869). Débandade de l'armée de Rose, le mécène, Wenceslas de Brabant, à la bataille de Baesweiler :

> « Nos ennemis si renforcierent
> Que briefment il nous efforcierent
> Et rompirent de toutes pars.
> La vi tous mes hommes espars »
> (v. 2832-2835).

Mais aussi lettres dépecées lors de ces mêmes luttes amoureuses et du vol de poésie, composition discontinue des pièces lyriques, offertes en morceaux tel le lai « Ou sont li vrai amoureus ? » (v. 2142) de la *Prison* qui se continue, mille vers plus loin, pour ses strophes IV à XII. Le poète lui-même se présente ayant « le corage espars en pluiseurs pensees » (Lettre XII de la *Prison*, p. 172). Jean Froissart qui se livre tout au long de son œuvre à un riche travail sur les noms propres et pour qui l'invention onomastique est un ressort puissant de sa poétique entend-il le verbe « froissier » (briser, fracasser) dans son nom ? Il se donne en tout cas pour but, par son écriture, de remettre ensemble des morceaux épars, de les « remembrer », tout à la fois les rappeler à la mémoire et les rassembler. C'est le vœu explicite du mécène dans la *Prison* : « Je vous pri chierement que toutes lettres, trettiés, balades, virelais que nous avons envoiiet l'un l'autre, vous voelliés rassambler et mettre en .I. volume par maniere de livret, et cheli donner nom par quoy on le congnoisse » (Lettre X, p. 163, l. 11-15). Les parties que le poète se plaît à énumérer : « lettres, epitles, escriptions, traitiés amoureus, balades, virelais, complaintes et toutes manieres de devises » (Lettre XII, p. 170-171, l. 17-19) trouvent un nouveau corps. La matière est renouvelée. Le rajeunissement, la résurrection obsèdent Froissart. Il invente deux mythes de cet ordre dans le *Joli Buisson de Jonece*, celui d'Ydrophus et de Neptiphoras et celui d'Architelés et d'Orphane et c'est une scène de re-création et de résurrection qui est au centre du mythe de Pynoteüs et Nepthisphélé.

Comment rajeunit-on une matière ou un corps ? Dans la mythologie, si l'on est Médée, on démembre, on découpe et l'on cuisine les morceaux obtenus dans un chaudron. C'est le rajeunissement d'Eson le père de Jason. Dans la littérature, si l'on est poète, comme Jean Froissart, on découpe des mythes et des noms, on les « froisse » et on les retisse, les raccommode ou on les ré-accommode, les recuisine. Quels sont les chaudrons de Jean Froissart ? Ses coffres et ses volumes. A l'ouverture en effet du *Joli Buisson de Jonece*, Jean Froissart se pose le problème de l'écriture quand on est vieux et que la matière amoureuse manque. Philosophie suggère une solution. Ouvrir le coffre où le poète a enfermé le portrait de sa dame jeune (v. 478-487). La médiation de l'art met en marche l'écriture. Le poète entre « en un penser fresc et nouviel » (v. 559). On voit se profiler à l'horizon de cette mise en scène le meilleur coffre qu'imagineront les poètes, de Froissart à Charles d'Orléans, Jean Meschinot et Villon : le coffre de la mémoire. Mais ces coffres peuvent contenir non seulement les conditions de la création — portraits ou souvenirs — mais les résultats même de l'écriture, les produits, les pièces lyriques. C'est le geste du recueil caractéristique de l'écriture de la fin du Moyen Âge. Dans la *Prison amoureuse*, Froissart expose les règles de composition d'un recueil, c'est-à-dire du livre même que nous sommes en train de lire :

« Car Rose m'escript, che me samble,
Que je remette tout ensamble
Par ordenance belle et noeve
Les escriptures que g'i troeve. [à savoir dans le coffret remis par le messager]
Or en y a de pluiseurs tires,
Et de rompues et d'entires,
Dont c'est grant painne au rajouster »
(v. 3767-3774).

Quels sont les caractères de cette composition ? Elle doit œuvrer sur des matériaux divers, d'où l'insistance que met Froissart à énumérer ces morceaux « de pluiseurs tires », ces morceaux « rompus », brisés, qu'elle doit savoir assembler. A l'ouverture du *Temple d'Honneur* [12], Jean Froissart oppose, de manière explicite, l'art du récit, du continu, et ce qu'il entend par écriture comme art du discontinu renoué, du différé. Le poète, en agréable compagnie, se rappelle une *nouvelle* qui lui est arrivée — le vocabulaire est caractéristique — et que son « sentement » a mis en réserve :

« Dont grandement j'en remerchi
Mon sentement qui l'a gardé
Et si bellement retardé
Que tenu close et en prison
Jusques atant que j'ai raison
Dou dire et dou remettre avant »
(v. 14-19).

Il entreprend de la raconter, mais est interrompu :

« Pas n'en avoie dit le tiers,
Quant uns empecemens nous vint
Pour quoi cesser le me couvint »
(v. 34-36).

On lui demande alors d'écrire cette nouvelle qui était un songe (v. 45-51). A l'écoute continue qui implique une continuité du récit, le poète oppose la lecture et la composition, que permet l'écriture. Celle-ci joue du nombrable, de l'adjonction, de l'agglomération. Rose écrit au poète dans la *Prison amoureuse* :

12. Dans Jean Froissart, *« Dits » et « débats »*, A. Fourrier éd., Genève, Droz, 1979.

« Ossi, chiers amis, se vous avés riens fet de nouvel, si le voelliés ou dit livret ens enclore, s'en croistera de tant » (Lettre X de Rose, p. 164).

Ou bien encore lui demandant, au nom de sa dame, une « exposition » de la prière de Pynoteüs à Phébus, il lui conseille :

« et la ditte exposition, selonc l'ordenance de l'orison que Pynoteüs fist a Phebus, dieu dou Solel, ens enclore et enexer avoec toutes aultres coses ; s'en sera de tant li livres creüs et la matere augmentee et ma dame assoufie de sen desir » (Lettre XI de Rose, p. 168-169).

Un procédé à l'intérieur même des œuvres montre, en abyme, le fonctionnement de cette écriture : l'anagramme. L'anagramme, en effet, est constitutive des livres lyriques et sa fin est identique : « enclore », ici des noms, là des pièces. Les règles de lecture, d'ouverture des anagrammes, telles que les présentent les poètes du XIVe et du XVe siècles sont toujours les mêmes : il faut savoir couper mots ou syllabes, c'est-à-dire savoir désassembler puis rassembler à nouveau. L'écriture du recueil ne fait rien d'autre et Froissart ne fait pas autre chose avec les mythes qu'il récrit. A la peur de la dispersion qu'il cache tout à la fois et révèle par les mythes qu'il compose ou plutôt re-compose, Jean Froissart oppose la mémoire et l'écriture. « Laiette », « coffre », « escrin », « forgier », « forcier », « estui », « huche », tels sont à ses yeux ses volumes. La thésaurisation répond à la dévoration. Le curé de Lestines, même s'il rejoue, avec son Pynoteüs, Orphée, Prométhée et Pygmalion, ne se pose pas en rival de Dieu. Il ne crée pas. Il recrée.

Jacqueline CERQUIGLINI-TOULET

DÉBAT

UNE AUDITRICE : Je viens de l'Université de Moscou. J'aimerais poser une question concernant ce motif de la dévoration propre à Froissart : comment pourrait-on situer ce dernier par rapport à ce qu'on trouve chez d'autres poètes du Moyen Âge tardif ? Je pense en particulier à la dévoration parodique, celle-là même que l'on trouve illustrée dans l'œuvre de René d'Anjou ou dans celle de Jean Lemaire. Quelle serait donc la nature exacte de ces rapports de dévoration entre Froissart et certains de ces autres poètes ?

Jacqueline CERQUIGLINI-TOULET : Ce qui apparaît comme évident, c'est que ce motif de la dévoration constitue pour des raisons diverses — dont celles que j'ai exposées — un motif présent dans les mythes que reprennent ces poètes ; en outre, l'idée de comparer l'œuvre littéraire au fait de manger, à travers le thème du goût autant que de celui de la saveur, ce sont des motifs que l'on peut trouver. Mais ce qui distingue fondamentalement Froissart du traitement parodique de ce motif, c'est qu'il y a chez lui une vraie peur ; pour lui, ce n'est pas du domaine du rire ou du sourire. J'en citerai pour preuve le fait qu'il n'aille pas jusqu'au bout d'Actéon. Cet Actéon, il nous dit une fois seulement : il est dévoré. En fait, c'est quelque chose qu'il retient car cela lui paraît insupportable, j'ai avancé la raison que c'était peut-être une retenue d'ordre anecdotique, en rapport avec Phoebus : c'est possible, mais ce n'est pas la seule raison. A mon avis, ce qui intéresse véritablement Froissart, c'est d'éviter la dispersion ; il se sert donc du motif de la dévoration, mais avec, à l'horizon, ce qui revêt à ses yeux une importance capitale : la thésaurisation. Froissart est quelqu'un qui thésaurise et qui enchâsse, et c'est pourquoi j'ai rappelé que dans le mythe de Pynoteüs et de Nepthisphelé, Nepthisphelé est mangée deux fois ; il y a là comme un double enchâssement, motif qui revient chez Froissart, particulièrement à propos de l'argent, dans un récit tel que *Le Dit dou Florin*, où le poète affirme avoir mis de l'argent dans une bourse — elle-même mise dans d'autres bourses — mais l'argent s'est envolé. Il y a donc autour de ce double enchâssement quelque chose de sérieux, tout comme c'est le cas chez Guillaume de Machaut. Je réponds sans doute trop longuement à votre question, mais j'ajouterai qu'on pourrait faire une partition entre les poètes pour lesquels ce motif constitue un élément sérieux, inquiétant, ou qu'ils vont traiter à l'aide de réponses telles que la thésaurisation, et ceux qui se situent davantage dans une perspective tout à la fois ludique et parodique.

George DILLER : J'aimerais ajouter à ce qui vient d'être dit un exemple d'une *Chronique*, ce sont les vœux du héraut de Robert d'Artois, repris par d'autres auteurs ; on apprend dans ce passage que ce personnage fit manger à ses invités les morceaux de cet « oiseau lâche » en vue de les inciter à prononcer des paroles de « prouesse » ainsi que des vœux de vengeance à l'encontre du Valois ; c'est là, me semble-t-il, un autre aspect de cette dévoration. Je ne prétends nullement intégrer cet élément à votre exposé ; c'est simplement une remarque qu'on pourrait y ajouter.

Jacqueline CERQUIGLINI-TOULET : Je vous remercie de l'exemple que vous citez. Nous sommes en effet en présence d'un autre traitement de cette dévoration, lorsqu'elle va de pair avec l'idée de destruction. Or, le paradoxe propre à Froissart, c'est que la dévoration doit protéger ; elle doit garder de l'intérieur, et c'est pourquoi le mot « engloutir » est intéressant, de même que la baleine ; vous êtes englouti, mais vous pouvez ressortir, en quelque sorte, tel quel ; du reste, on relève dans la langue de Froissart (dont le nom comporte la brisure et l'éclatement, mais c'est une autre histoire) un élément de vocabulaire frappant, à savoir que quand il recrée, il dit « au tel » : les choses sont dites remises « au tel », « tel que » ; Nepthisphelé est recréée « au telle qu'elle fut » par Pynoteüs ; c'est donc bien différent du passage que vous évoquez, même si l'imaginaire traverse la période et existe également chez d'autres auteurs. On rendrait donc notre modèle plus complexe si on l'envisageait — dans son ensemble — à travers cette littérature des XIVe et XVe siècles.

Michel ZINK : Voilà qui était, comme à votre habitude, magnifique ; et peut-être certains des historiens présents parmi nous ont-ils eu le sentiment de se trouver réellement au cœur du monde de Froissart-poète. En fait, il me semble, à écouter l'exposé de Jacqueline Cerquiglini-Toulet, que l'on dépassait ce monde, tout en retrouvant les *Chroniques*. Nous avons tendance à chercher dans les *Chroniques* — c'est du moins ma tentation — une figure de Froissart qui est celle apparaissant chez Froissart-poète ; ici, on avait chez Froissart-poète un élément de nature à éclairer Froissart-historien, et qui l'éclaire doublement. On a en effet, d'une part, cette sorte de fascination pour l'horreur, qui s'accompagne d'une réticence à aller au bout de l'horreur ; il raconte ces histoires horribles, mais il en est si intimement touché qu'il lui est impossible de poursuivre de tels récits jusqu'à leur fin. Semblablement, lorsqu'on lit les *Chroniques*, on a l'impression d'une succession d'histoires horribles ; cela commence de la manière la plus horrible. Froissart reprenait Jean le Bel, mais il était libre de l'année où il recommençait : il commence avec la fin terrible d'Édouard II, c'est-à-dire avec une histoire d'humiliation et de mort atroce, et cela continue de la même manière. Mais on a en même temps l'impression d'un bout à l'autre d'une sorte d'heureux caractère, de quelqu'un qui cherche à se défendre constamment contre cette espèce de marée sanglante qui balaye le siècle, et à en tirer autre chose, ou à le peindre un peu différemment. L'autre point que je voudrais souligner, c'est autour du mot « démembrer » le jeu sur « ramembrer », « rassembler à la mémoire ». Car la poésie, cette lutte constante contre le démembrement, est de même une victoire sur le démembrement — une victoire mélancolique : la résurrection a-t-elle lieu ? L'histoire est interrompue, mais les fils sont renoués ; elle n'en a pas moins, cependant, été interrompue. On a beau rêver, on vieillit tout de même. Et cet homme, qui redoute cette horreur qui le fascine, redoute le vieillissement, comme ces personnages qui n'ont pas véritablement le sens du tragique bien qu'ils soient mêlés au tragique, ainsi qu'on a pu le dire d'un ancien président de la République. Les *Chroniques* sont donc présentées, de manière aussi explicite que constante, comme l'effort pour « ramembrer », à rassembler les éléments d'une histoire dispersée dont il faut s'employer à chercher les fils et les témoins ; la poésie fournit donc, en définitive, la clé d'une attitude de l'historien.

Jacqueline CERQUIGLINI-TOULET : Je m'accorde parfaitement sur ce point avec vous. J'aurais d'ailleurs pu me référer à d'autres scènes de cette nature, dans les *Chroniques*, par exemple des scènes de cannibalisme. Ce qui est frappant, en effet, c'est cette véritable fascination pour l'horreur ainsi que la résistance dont fait montre Froissart : Froissart ne veut pas aller dans le sens de cette pente, malgré tout c'est à cela qu'il est confronté.

Peter F. AINSWORTH : Il y a d'ailleurs là un mélange de répulsion et d'attirance. Il y a aussi la technique de l'entrelacement dans les *Chroniques*, qui contribue à cet aménagement de ce qui est difficile à énoncer.

Godfried CROENEN : Merci de cette très belle communication. Ce motif du morcellement, du démembrement, de la brisure, que vous avez évoqué au cours de votre exposé, a-t-il selon vous un lien avec le nom de notre poète, de Froissart, attendu que le verbe « froisser » implique justement l'idée de briser, de casser ?

Jacqueline CERQUIGLINI-TOULET : Oui, c'est précisément ce que je viens de suggérer il y a un instant. Froissart a beaucoup réfléchi sur les noms ; il a mis en parallèle le fracassement des mythes (ainsi que leur recomposition) et la fracture des noms, ce qui m'a conduite à ce petit développement sur l'anagramme. Dans tous ses textes lyriques ou ses poèmes, Froissart joue sur son nom, en particulier sur les deux composantes de ce dernier : « froid » et « art », le thème de la tension entre le froid et le chaud. Il fracture son nom aussi bien que le texte ou que le temps, ainsi que Michel Zink l'a admirablement analysé. Dans la mesure où il a travaillé son nom, il ne pouvait qu'entendre ce mot de « froissé », lequel revient dans beaucoup de ces scènes. C'est là, du reste, un trait commun à tous les poètes du Moyen Âge ; ils trouvent leur destin dans leur nom. Ainsi, Froissart comme les autres va développer ce destin inscrit ; Christine de Pizan agit semblablement avec son nom, de même que Machaut, un peu moins ; tous, Villon aussi, jouent de cette manière.

Philippe CONTAMINE : Peut-être cette réflexion sur le nom traverse-t-elle les siècles ; Dieu sait d'ailleurs combien aujourd'hui, au XXe siècle, la psychanalyse nous dit qu'un nom n'est jamais innocent, et qu'il peut révéler, parfois, un destin. Effectivement l'expression « froissé d'âme » est fréquente chez Froissart.

ANCIEN ET MODERNE DANS *L'ORLOGE AMOUREUS* DE FROISSART *

Lorsque Jean Froissart nous donne quelques détails autobiographiques vrais ou supposés vrais, il le fait dans ses poésies plutôt que dans les *Chroniques*. Il n'y a rien d'étonnant dans cette distinction : la poésie lyrique était un genre « personnel », tandis que la prose historique, en principe, ne l'était pas. Dans un de ses derniers *dits*, *dittiés* ou *trettiés* narratifs et lyriques, fortement « autobiographiques », qui est aussi l'un des plus ambitieux, à savoir *Le Joli Buisson de Jonece*, Froissart nous raconte qu'en novembre 1373 il avait eu un songe au cours duquel il s'était entretenu de la création littéraire avec « Dame Philozophie ». C'est lors de cet entretien que Froissart nous offre une liste de ses œuvres poétiques. Chaque item y est accompagné d'une petite note « publicitaire » :

> « Voirs est q'un livret fis jadis
> Qu'on dist l'*Amoureus Paradis*
> Et ossi celi del *Orloge*,
> Ou grant part del art d'Amours loge ;
> Apriés, l'*Espinete amoureuse*,
> Qui n'est pas al oÿr ireuse ;
> Et puis l'*Amoureuse Prison*,
> Qu'en pluiseurs places bien prise on,
> Rondiaus, balades, virelais.
> Grant fuison de dis et de lais... »
> (v. 443-452) [1].

Nous savons que cette liste est chronologiquement authentique [2].

---

* L'essentiel de cet article a été lu au colloque sur « Froissart dans sa forge » tenu au Collège de France les 4-6 novembre 2004. Je remercie M. Michel Zink de son aimable invitation.

1. A. Fourrier éd., Paris, Klincksieck, 1963.

2. C'est Ernest Hoepffner qui a étudié la chronologie des œuvres poétiques de Froissart. Il conclut, sans doute avec raison, que l'ordre des *dits* présentés dans le

Ce qui nous intéresse ici, c'est le second item : le livret de *L'Orloge amoureus* [3]. Froissart montre une préférence pour ce *dit* de 1174 vers. De plus, cette préférence fait écho à la fameuse définition de Guillaume de Lorris, « ce est li *Romanz de la Rose*, / ou l'art d'Amors est tote enclose » [4]. En faisant allusion à ces vers de Guillaume, Froissart flatte non seulement son illustre prédécesseur, mais aussi lui-même. *L'Orloge* résume en effet la vieille doctrine de la courtoisie et, en même temps, de façon conforme à cette doctrine, il adresse des requêtes d'amour à sa « vraie » dame, que, contrairement à Guillaume, il ne nomme pas. *L'Orloge amoureus* s'insère dans la tradition de l'amour courtois en général et, plus spécifiquement, dans celle des arts d'amour. La courtoisie et l'enseignement poétique de la courtoisie constituent donc l'aspect traditionnel de *L'Orloge*, c'est-à-dire son côté « ancien ».

Il n'est pas aisé de distinguer entre les poèmes lyriques et la narration lyrique qui traitent de l'amour courtois d'une part et du didactisme courtois de l'autre. Notre collègue Michael Schwarze, au début de son livre sur le « polylogue » courtois dans l'œuvre de Froissart, insiste sur le fait que « le but prééminent de la littérature du temps était moral et didactique » [5]. Toute son étude confirme cette opinion. De même, on peut considérer tous les *dits* d'amour comme des arts d'amour. Mais ce qui est important, c'est que *L'Orloge* est explicitement un art d'amour, tandis que les autres *dits* de Froissart ne le sont qu'implicitement.

L'Orloge présente des différences formelles par rapport aux autres *dits* de Froissart. Il n'y emploie pas la forme traditionnelle des *dits* d'amour, à savoir les octosyllabes à rimes plates, mais des

---

Buisson est en effet l'ordre chronologique de la composition de ces *dits*. Voir « La chronologie des pastourelles de Froissart », dans *Mélanges offerts à Émile Picot...*, Paris, 1913, II, p. 27-41 (surtout p. 41-42).

3. *Le Paradis d'Amour. L'Orloge amoureus*, P. F. Dembowski éd., Genève, Textes littéraires français, 1986. Toutes les citations sont tirées de cette édition.

4. F. Lecoy éd., Paris, CFMA, 1965, v. 37-38. C'est Claire Nouvet dans son article « La mécanique du différemment lyrique : *L'orloge amoureuse* de Jean Froissart », *Studi Francesi* 30, 1986, p. 259-267, qui étudie les rapports idéologiques entre *L'Orloge*, la courtoisie en général et le *Roman de la Rose* en particulier.

5. M. Schwarze, *Generische Wahrheit. Höfischer Polylog im Werk Jean Froissart.* Stuttgart, Franz Steiner Verlag, 2003, p. 10.

décasyllabes [6]. Contrairement à ses autres *dits* d'une certaine longueur, *L'Orloge* ne contient pas de poèmes lyriques insérés. De plus, tandis que le cadre général des *dits* de Froissart est un songe, qui, comme Guillaume de Lorris nous l'a appris, n'est pas mensonge, notre *dit* commence par une comparaison explicite que fait le poète bien éveillé, et finit non par un réveil et un retour à la « réalité », mais par l'affirmation solennelle que le poète, comme les grands amoureux du passé, aimera sa dame jusqu'à sa mort.

Même si notre *dit* ne traitait pas de la véritable horloge mécanique, il serait considéré comme peu typique du genre. Si les écarts de la forme prédominante sont une manifestation de la « modernisation », ce qui n'est pas toujours le cas, le *dit* de *L'Orloge amoureus* est plus « moderne » que les autres *dits* de Froissart.

Mais ce qui rend *L'Orloge* « moderne », c'est surtout son sujet. Il est introduit *ex abrupto* dans le premier vers du poème : « Je me puis bien comparer a l'orloge. » Ce commencement est unique dans ce genre. Le verbe « comparer » (de même que son synonyme plus courant « comparagier ») n'appartient vraiment pas au vocabulaire courtois. Dans la poésie courtoise, les comparaisons sont, en général, implicites, c'est ce qui est le trait principal de l'allégorie. Il est impensable que Guillaume de Lorris ait pu « comparer » la dame de son cœur à une rose. De plus, les comparaisons implicites s'appliquent aux objets des poèmes lyriques ou de la narration lyrique et non pas au sujet. Le narrateur/amant reste, généralement parlant « réel », c'est-à-dire jeune, « frisque » et beau, mais dans *L'Orloge amoureus*, le poète-narrateur-amant se confond avec une horloge. Le fait que « orloge » était masculin au XIVe siècle a certainement facilité cette identification.

Froissart continue sa comparaison tout en mélangeant l'ancienne langue courtoise et sa comparaison « moderne ». « Car quant Amours, qui en mon coer se loge, / M'i fait penser et mettre y mon estude, / G'i aperçoi une similitude » (v. 2-4). « L'ancien » dans cette phrase, c'est l'Amour qui force le poète de chanter, le « moderne », c'est la *similitude* certainement non-courtoise.

6. Froissart assouplit considérablement la forme du décasyllabe. Voir mon édition, p. 28 et suiv. Le *Dit de la Margherite* (192 vers) et le *Dit dou Bleu Chevalier* (504 vers) sont aussi en décasyllabes, mais contrairement à l'*Orloge*, ils sont strophiques et montrent des vers orphelins de quatre syllabes.

Le commencement du poème continue l'idée des premiers quatre vers. Froissart se félicite de son choix : « Car l'orloge est... / Un instrument tres bel et tres notable » (v. 6-8). Il est aussi utile « Car nuit et jour les heures nous apprent / ... / En absense meïsme dou soleil » (v. 9-11). Froissart le poète qui trouve son *orologe* « plaisant », tandis que le chroniqueur plus terre-à-terre souligne l'utilité de cet instrument qui peut nous dire l'heure sans soleil [7].

Avant d'aller plus loin, il faut souligner un fait indéniable : Froissart traite d'un objet historique réel, d'un véritable instrument chronométrique. Il offre, pour autant que je le sache, la première description assez exacte et détaillée d'une horloge, description qui servira dans l'histoire de l'horlogerie. Ainsi J. Drummond Robertson, dans son étude de l'évolution du mécanisme horlogier [8], souligne l'authenticité du modèle que suivait Froissart. Robertson était certain que Froissart avait décrit l'horloge du Palais royal de Paris commandée par Charles V et construite par le maître allemand Heinrich von Wieck, connu en France comme Henri de Vic. La construction de cette horloge avait commencé en 1364 et avait été terminée en 1370. Les autres historiens acceptent l'hypothèse de Robertson [9]. Elle est basée sur l'histoire de l'horlogerie et plus spécifiquement sur l'un de ses aspects techniques : l'instrument régulateur employé avant l'invention du pendule, c'est-à-dire que le *foliot* tel que le présente Froissart correspond à celui qu'élabora Henri de Vic pour l'horloge du Palais.

Plus proche de nous, notre regretté collègue Paul Zumthor publia *Ung petit traictié por faire horoleiges en plusieurs manieres selon*

7. On voit dans le *Chroniques* que, dans la présentation des faits jusqu'en septembre 1377, Froissart se sert des sept heures canoniales, mais après cette date, il emploie les heures temporaires : deux fois douze. Le système de vingt-quatre heures était préféré surtout en Italie.

8. *The Evolution of Clockwork ; with a Special Section on the Clocks of Japan, Fully Illustrated from the Author's Collection ; together with a comprehensive Bibliography of Horology Covering over Six Hundred Authors,* Londres, Cassell, 1931. Aux p. 54-66, Robertson cite, traduit et analyse certains passages techniques de notre poème.

9. L. C. Balvey, *Évolution de l'horlogerie. Du Cadran solaire à l'horloge atomique.* Paris, Gauthier-Villers, 1968 (voir p. 31) ; C. M. Cipolla, *Clocks and Culture. 1300-1700,* Londres, Collins, 1967 (voir p. 52) ; J. Gimpel, *La Révolution indusrielle au Moyen Âge*, Paris, Le Seuil (voir p. 156) ; A. P. Usher, *A History of Mechanical Invention,* new edition Boston, Beacon Press, 1959 (pour une description de l'horloge de Vic, voir p. 201-220).

l'ymagination du fayseur rédigé en prose *circa* 1380 [10]. Il fit suivre son édition de 150 lignes du *Traité* d'un examen serré du vocabulaire technique de ce dernier comparé systématiquement avec celui de *L'Orloge amoureus*. Puisque le traité en question ne décrit aucune horloge en particulier, mais fournit des indications générales et des calculs sur les dents pour les différentes roues, calculs valables pour toutes les horloges fabriquées à l'époque, Zumthor ne traite pas du modèle de l'horloge de Froissart. Les mises au point qu'il offre nous sont précieuses pour la compréhension de notre texte. Elles démontrent à la fois l'exactitude et la pauvreté de la terminologie technique employée par Froissart.

Nous disposons d'un indice de plus invitant à penser que Froissart s'est servi de l'horloge du Palais comme modèle. En effet, Froissart avait fait copier son œuvre poétique dans deux somptueux manuscrits : mss *A*=Paris, BNF fr. 831 (ancien 7215), achevé le 12 mai 1394 et *B*=Paris, BNF fr. 830 (ancien 7214) achevé en 1393. Dans le volume XV de ses *Chroniques* (J. M. B. C. Kervyn de Lettenhove éd., p. 167), on voit notre vieux chroniqueur offrant un manuscrit au roi d'Angleterre, Richard II. Tout semble indiquer que le ms. *A* aurait été l'exemplaire même du don. Or *A* ne contient pas *L'Orloge amoureus*, car ce serait une grosse indélicatesse que d'offrir une description de la gloire française, parisienne et royale au roi d'Angleterre. Notre poème n'est préservé que dans *B* destiné, paraît-il, à quelque patron français.

Après avoir présenté l'idée maîtresse de *L'Orloge*, Froissart insiste de nouveau sur la justesse de la comparaison de son cœur à une horloge, mais, comme c'est souvent le cas dans la littérature courtoise le « je » poétique devient synonyme d'un « vrai amant » (v. 30) pour retourner à « ma vie. / [qui] A son devoir est justement paree / Quant je l'ai a l'orloge comparee » (v. 34-36). L'introduction conclut en soulignant l'importance de l'Amour « [qui] me semont de mon etat trettier » (v. 39). Froissart obéit, bien sûr, « Car sa semonse est courtoise et honneste » (v. 42), et de façon absolument traditionnelle, il exprime la gratitude à l'amour et à sa dame (ces deux forment, bien sûr, une unité idéologique) qui lui a donné le désir d'examiner le fonctionnement de l'amour, car, dit-il « ...je sui demenés tout ensi. / A la façon proprement de l'orloge, / Dont

10. P. Zumthor, « Un traité français du XIVe siècle », *Zeitschrift für romanische Philologie* 73, 1957, p. 274-284.

Amours fait de mon coer chambre et loge » (v 48-50). Remarquons en passant que « loge » (nom et verbe) sauve Froissart en mal de rime : il accouple ces deux mots quatre fois [11], et une seule fois il invente une rime plus forcée : « orloge » / « o ge » (« j'ose »).

Froissart commence dès maintenant à entrer dans les détails de son horloge-cœur :

> « Premierement je considere ensi,
> Selonc l'estat de l'orloge agensi, [habillement fait]
> Que la maison qui porte et qui soustient
> Les mouvemens qu'a orloge apertient ...
> Proprement represent et segnefie...
> Le coer d'amant qui Fine Amour mestrie »
> (v. 51-60).

Remarquons tout de suite qu'en définissant la cage de la machine, le poète ne parle plus de la comparaison. Cette cage « represente et segnefie ». Ce sont les mots-clefs de ce passage, du reste du poème et, sans doute, de la poésie courtoise. De plus, Froissart joue ici sur la polyvalence du mot « mouvemens ». Au v. 54 « mouvemens » signifie les parties du mécanisme qui produisent un mouvement, mais au v. 64, il s'agit des mouvements du cœur, des émotions. Comme tous les « mouvements » de l'horloge, la « maison » va être expliquée dans ce qu'elle « represente et segnifie ». Ces explications, élaborations et amplifications ponctuées de temps en temps par des adresses à la dame du cœur du poète, constituent ainsi le sens de *L'Orloge amoureus* et de la didactique de l'amour courtois. C'est un aspect attendu et compris de tout lecteur courtois, c'est l'aspect « ancien » de l'œuvre.

L'importance principale de la « maison » de notre horloge est résumée ainsi :

> « ...Amours, qui m'a en son demainne,
> A la façon de l'orloge me mainne,

11. Il se peut que la rime « orlo(i)ge »/« lo(i)ge » soit emprunté au *Roman de la Rose*. Jean de Meung place les « orloiges » (var. « reloges ») parmi les autres instruments de musique que Pygmalion fait jouer pour appeler sa statue à la vie : « et refet soner ses orloiges / par ses sales et loiges », v. 21003-21004, F. Lecoy éd. Les « oroloiges » de Jean semblent être des machines portatives de sonnerie. Pour plus de détails, voir mon « Li Orloge amoureus de Froissart », *L'Esprit créateur* 28, 1978, p. 19-31, surtout p. 20-21.

> Car de mon coer a fait loge et maison,
> Et la dedens logié a grant foison
> De mouvemens et de fais dolereus... »
> (v. 91-95).

Le reste du poème consiste en une description technique de chacun de ces mouvements, suivie d'un commentaire sur la représentation et signification de ces mouvements. Si la description est brève, sobre et certainement « moderne », le commentaire ne l'est pas. Il est certainement traditionnel, donc « ancien ».

Ainsi Froissart présente la « premerainne roe », c'est-à-dire la roue du mouvement comme « la mere et li commencemens / Qui fait mouvoir les autres movemens » (v. 101-102). Nous voyons qu'ici le vocabulaire technique n'est pas à l'abri de ses inventions allégoriques — le « moderne » est modifié par « l'ancien ». La roue mère « Segnefiier tres couvignoblement / Le vrai desir qui le coer d'omme esprent » (v. 105-106) et la cause du mouvement de la première roue est double : le poids-moteur (le plonc) « s'accorde » avec la Beauté et la corde du poids-moteur avec Plaisance. Nous somme ainsi en pleine dialectique courtoise : le désir dépend du physique et de la psychologie. La beauté fait naître la plaisance dans le cœur du poète. Tout cela est bien expliqué et, comme toujours, appliqué à la dame du poète : « Car Plaisance et Beauté me representent / Les biens de vous et dedens mon coer entent / L'ardent desir qui nuit et jour m'esveille » (v. 175-177).

Mais la « mere roe » (désir) tirée par le « plonc » (beauté) attaché à la « corde » (Plaisance)

> « ... iroit sans ordenance
> Et trop hastieuement et sans mesure...
> Pour ce y fu par droite art ordonnee
> Une roe seconde et adjustee,
> Qui le retarde et qui le fait mouvoir
> Par ordenace et par mesure, voir
> Par la vertu dou foliot ausi,
> Qui continüelemnt le moet ensi,
> Un heurt [12] a destre et puis l'autre a senestre

12. Le manuscrit de *L'Orloge amoureus* montre parfois que le copiste comprenait mal le fonctionnement de l'horloge, car il écrit « Une heure a destre » (v. 217). De même, il offre « qui toute pour qui touc[h]e » (v. 941) et « soit destente pour soit la destente » (v. 943). Le manuscrit montre aussi une particularité intéressante. Les

Ne il ne doit ne poet a repos estre ;
Car par li est ceste roe gardee
Et par vraie mesure retardee »
(v. 206-220).

C'est l'appareil régulateur, la « roe seconde » et le « foliot » qui fascinaient Froissart [13]. La « roe seconde » représente pour lui la plus haute vertu courtoise, l' « Attemprance », la « Modération », tandis que le « foliot », la tige régulatrice de cette roue, devient plus spécifiquement « Paors », « Timidité » : « Car Paours est le foliot d'amours, / Qui a l'amant fait attemprer le mours » (v. 235-36). La Modération secondée de la Timidité protègent l'amour contre les

---

quatre passages qui contiennent des descriptions plus spécifiquement techniques sont écrits en rouge. Il s'agit des v. 201-20 (le « foliot »), 347-366 (la roue du « dyal »), 599-614 (la sonnerie) et 927-948 (l'« orlogier »). Ces passages sont imprimés en italiques dans mon édition. Pourtant, la première description où on s'attendrait à voir l'encre rouge, celle de la « mere roe » (v. 99-122), est écrite comme le reste du *dit*, en noir. Puisque l'écriture rouge (rubrique) était associée aux commentaires, il se peut que le copiste ait considéré ces passages comme trop techniques, destinés à être omis par les lecteurs ou auditeurs courtois.

13. Et pas seulement Froissart. Le milieu littéraire de la génération suivante était fasciné par cet aspect de modération et de contrôle. Ainsi, Christine de Pizan fait de l'orloge une déesse Attrempance (voir C. C. Willards, « Christine de Pisan's Clock of Temperance », *L'Esprit créateur* 2, 1962, p. 149-152. Vers 1440, le poète moraliste Martin Le Franc dans son *Champion des dames*, tout en condamnant Jean de Meung, recommande la lecture réitérée de notre poème :

MDXVI « Lis souvent maistre Jehan Froissart
En son livre et en son traictié
De *L'orloge amoureux*, ou l'art
De sage amor est bien traictié :
La verras que cœur bien affaictié
En amours doibt la sienne ardure,
Quoy qu'il desire estre hastié
Attemprer par bone mesure.
MDXVII Certes cueur ou Amours se loge,
Comme il monstre clerement,
Estre doibt ainsy que l'orloge
Compassé en son mouvement.
Que s'il y a desrréement
Comme il avient aucunes fois,
Doulx Souvenir hastivement
Doibt radouber roes et pois. »
(R. Deschaux éd., Paris, CFMA. vol. III, 1999, v. 12121-12128).

ennemis traditionnels : « Male Bouche », « Dangier » et « Jalousie ». Il est donc naturel que Froissart passe plus de cent vers à glorifier « Attempreance » et « Paors ».

Si la vertu de modération est la plus louée, c'est le « dyal » ou la « roe journal », qui à cause de sa complexité, est l'objet de la plus grande allégorisation :

> « Et ce dyal est la roe journal
> Qui, en un jour naturel seulement,
> Se moet et fait un tour precisement,
> Ensi que le soleil fait un seul tour
> Entour la terre en un seul jour »
> (v. 348-352).

La fonction de ce « dyal » est définie par notre poète comme suit :

> « En ce dyal, dont grans est li merites,
> Sont les heures vint et quatre descrites,
> Pour ce porte il vint et quatre brochetes,
> Qui font sonner les petites clochetes,
> Car elles font la destente destendre, [débloquer]
> Qui la roe chantore fait estendre [libérer]
> Et li mouvoir tres ordonneement
> Pour les heures monstrer plus clerement »
> (v. 353-360).

Ce passage n'est pas limpide. En dépit des mots « les heures... descrites » (v. 354) et « monstrer plus clerement » (v. 360), il ne me semble pas que l'horloge dont parle Froissart ait été munie d'un cadran mobile et d'un indicateur immobile. Nous savons que vers 1380 certaines horloges étaient dotées de cadrans, mais certaines étaient exclusivement sonores. C'est ici que l'examen de l'aspect « ancien », à savoir l'aspect courtois, nous aide à comprendre le « moderne », c'est-à-dire la technologie. Les mots « descrites » et « monstrer » sont sans doute employés métaphoriquement, car une horloge qui « montre » irait contre l'idée de l'amour courtois qui ne « montre » pas, mais qui, par contre, chante. C'est pour cela que Froissart dit : « La roe dou dyal si segnefie / Tres proprement en amer Doulç Penser » (v. 368-369). On pense doucement à la dame aimée et on chante sans cesse ses louanges, mais la pensée reste invisible. Plus tard, Froissart éclaircit un peu ce point, quand il parle des « heures, qui ens ou dyal sont, / De sonner tres certainne ordenance ont » (v. 941-942).

Le tour quotidien du mécanisme est possible grâce à un « fuiselet » (un pignon à ailes monté sur l'axe de la roue du « foliot »), qui, selon Froissart, « Est appellés en amours, Pourveance / Qui sans moiien d'aidier l'amant s'avance... » (v. 393-394) [Qui sans cesse s'avance pour aider l'amant].

La richesse allégorique de « dyal » est due à ses vingt-quatre « brochetes » ou « broquetes » (les chevilles qui actionnent les clochettes) portant chacune un nom de vertu, réparties en deux groupes de douze, tout comme les heures de l'horloge parisienne. Le premier groupe contient les vertus de l'homme (v. 431-435) : 1. « Loyauté », 2. « Ferme Patïensce », 3. « Perseverance », 4. « Diligensce », 5. « Honnour », 6. « Courtoisie », 7. « Largesce », 8. « Secrés » [Discrétion], 9. « Beaus Maintiens », 10. « Pröece », 11. « Renon », 12. « Los » [Réputation] ; le second celles de la femme (437-440) : 1. « Doulç Samblant », 2. « Dous Regart », 3. « Jonece », 4. « Humilités », 5. « Bel Acueil », 6. « Lïece », 7. « Delis » [Plaisir], 8. « Seürtés » [Assurance de fidélité], 9. « Amours », 10. « Venus », 11. « Franchise », 12. « Pités ». C'est « Venus » ici (et probablement au v. 468) qui exige un commentaire. Il ne s'agit pas d'une déesse, mais, dans la langue freudienne, de la libido de la femme. Plus tard, au v. 568-572, quand Froissart énumère les vertus de sa dame, il ne mentionne ni « Amours » ni « Venus ». Serait-ce par pudeur ?

Froissart annonce, à peu près au milieu de son dit : « Apres affiert dire quel chose il loge / En tierce partie de l'orloge » (v. 599-600). Cette tierce partie c'est le mécanisme de la sonnerie. Il consiste en la première roue, le contrepoids et la roue de sonnerie, que Froissart nomme plus poétiquement « roe chantore » [14]. Tout le mécanisme est bien décrit :

> « Si porte o li ceste premiere roe
> Un contrepois par quoi elle se roe
> Et qui le fait mouvoir, selonc m'entente,
> Lors que levee est a point la destente.
> Et la seconde est la roe chantore.
> Ceste a une ordenance notore
> Que d'atouchier les clochetes petites

14. L'appellation est unique : « Je ne trouve aucune référence à cette acception technique dans les sources lexicographiques... [c']est apparemment une expression métaphorique », P. Zumthor, *art. cit.* (n. 10), p. 286.

Dont nuit et jour les heures dessus dittes
Sont sonnees... »
(v. 605-613).

La première roue signifie « Discretion », la roue de sonnerie signifie « Doulç Parler » et le contrepoids signifie « Hardemans » [Hardiesse]. Tout cela est amplement expliqué en détail : « Et quant Discretions a ce l'ordonne / Lors Doulç Parler a sa droite heure sonne... » (v. 659-660), « ...Car Hardemans commande / A l'amant qu'il poursieue sa demande » (v. 637-638). La « destente » (une pièce qui tombe dans une entaille de la roue de sonnerie pour l'arrêter) est associée avec « Esperance » (v. 428), car les vingt-quatre chevilles « ...font.../ En coer d'amant Esperance descendre » (v. 475-476).

Suivent les explications du système de sonnerie, puis les comparaisons avec les mouvements du « dyal » de la « premiere roe » et autres parties de l'horloge, jusqu'à ce que le poète-amant deviennne l'horloge (symbolisée ici par la roue du mouvement), l'horloge qui sonne, qui chante sans cesse, parfois avec joie, parfois avec tristesse :

« Car quant Desirs premiers mon coer feri,
Par la vertu de vostre grant beauté,
De puis n'a heure, en yver n'en esté,
Que Doulç Penser, qui porte de broquetes,
N'ait fait sonner en mon coer les clochetes
De divers chans et de diverses notes,
Les uns joieus, les aultres de rihotes. [tristes. lit. de peines]
Ensi ce continüent et esbatent
A ce que nuit et jour le coer me batent »
(v. 914-922).

Mais pour que cet amant-poète-amant-horloge puisse fonctionner régulièrement et correctement, l'appareil mécanique ne suffit pas. Il faut un élément humain, un « orlogier », c'est-à-dire un homme qui veille à ce qu'une horloge fonctionne bien. Et en langue d'amour cet « orlogier », c'est « Souvenir ». Cette dernière allégorisation offre une occasion au poète de réitérer les merveilles mécaniques de l'horloge et en même temps de souligner le fait que la mécanique ne suffit pas — il faut une intervention personnelle en horlogerie comme en amour. Car « orlogier » règle tout l'appareil :

« Les plons relieve et met a leur devoir,
Et si les fait rieuleement mouvoir,
Et les roes amodere et ordonne,
Et de sonner l'ordonance lor donne.
Encores met li orlogiers a point
Le foliot, qui ne cesse point,
Le fuiselet et toutes les brochetes
Et la roe qui touce les clochetes.
Dont les heures, qui ens ou dyal sont
De sonner tres certainne ordenance ont,
Mes que levee a point soit la destente »
(v. 933-943).

Puisque « Souvenir » est humain il peut s'amuser. De temps en temps, il fait sonner les clochettes, juste pour son plaisir. Ici on ne peut sous-estimer l'invention poétique de Froissart. En désignant l'« orlogier » comme « Souvenir », il insiste sur la qualité humaine de son horloge. Nous sommes toujours très loin d'un futur Frankenstein ou d'un robot. Et dans le souvenir, il faut voir une qualité personnelle : le poète-amant-horloge se souvient de chacune des émotions passées qui aident à régler son comportement envers sa bien-aimée. Mais je crois qu'il s'agit aussi d'un aspect plus important, c'est-à-dire de l'aspect social de la mémoire. Il s'agit donc d'un concept social de la fidélité envers la tradition partagée par tous les « courtois » de la doctrine de l'amour. C'est « l'ancien » qui triomphe ici sur le « moderne ».

Cet orlogier-Souvenir, tout humain qu'il est, apporte à notre poème un élément du temps subjectif. Sans lui, aux dires de Michel Zink dans son étude sur *Froissart et le temps*, « *L'Orloge amoureus* serait ainsi paradoxalement le seul poème d'amour de Froissart où le temps ne tient aucune place » [15]. C'est vrai que Froissart ne mentionne jamais ces thèmes de l'angoisse du *tempus fugit* et de *memento mori* qui, à partir du XVIe siècle, seront associés à l'image de l'horloge, mais Zink démontre fort bien que la figure de l'« orlogier » ainsi que la clôture-même du poème font que « ...le temps subjectif, celui de la conscience, celui de la mémoire, celui du souvenir

15. Paris, Presses universitaires de France, 1998, p. 172. Le chapitre, qui traite notre poème s'intitule : « L'horloge amoureuse ou la machine à tuer le temps » (p. 169-179) ; c'est une fine analyse non seulement du problème du temps, mais aussi de certains aspects importants de *L'Orloge*.

gouverne à la fois le désir du poème et le désir amoureux, la parole poétique et l'imagination poétique... » (p. 177).

Car, en effet, pour Froissart, *L'Orloge* n'était pas facile à terminer. Les autres *dits* qui représentent des visions ou des rêves se terminent par le retour à la réalité : la vision cesse, le poète se réveille. Mais ici l'horloge secourue par le capable « orlogier », continue « rieuleement » à sonner, pour ainsi dire, à jamais. Je partage l'opinion de Michael Schwarze selon laquelle l'amour courtois reste fondé sur un conflit entre *desiderium* et *ratio* (entre le poids/désir et le folliot/contrôle), qui reste sans résolution [16]. Le vrai amour, comme le mécanisme horloger, ne s'arrête qu'avec la mort. Tout le poème insiste sur le mouvement « sans moiien », c'est-à-dire, sans cesse de l'horloge/cœur. Pour clore le poème, il fallait faire appel au thème de l'amour jusqu'à la mort. Froissart puise ce thème dans la poésie d'amour de l'Antiquité. Juste avant la fin du poème, Froissart veut que son tombeau porte l'inscription :

> « Et quant vendra de Dieu la saintisme heure
> Que de mon corps il vodra oster de l'ame,
> Je vœil qu'il soit escript dessus la lame
> Que par amours amer, non este amés...
> Avec les amoureus dors et repose »
> (v.1112-1117).

Et c'est ici que Froissart évoque un modèle antique d'un de ces « amoureus » de l'Antiquité Tibulle, Albius Tibullus (v. 50-19 av. J.-C.). Froissart le fait de façon directe : il loue Tibulle comme le modèle des amants, modèle qui a acquis sa vie permanente dans la littérature :

> « Car Tubulus, si comme j'ai lut de li,
> Qui fu, ce recommendent li aucteur,
> Uns vres amans, acquist moult haulte honneur,
> Quant pour amer par amours, vres martirs.
> Frans et loyaus, moru de coer entirs.
> Moult belle en est l'escripture et la bule
> A recoder la vie de Tubule.
> Car Tubulus sa dame tant ama
> Que pour s'amour se pasma »
> (v. 1120-1128).

16. Voir *supra* n. 6. La discussion de *L'Orloge amoureus* se trouve aux p. 72-75.

Au commencement du poème, Froissart compare explicitement son cœur à l'horloge, à la fin il établit, explicitement aussi, la conformité spirituelle avec Tibulle [17] :

> « Selonc l'estat Tibulus et sa vie
> Quant bien pensé ai a ma maladie
> Et a mes mauls, par couvignable fourme
> A la sienne moult justement se fourme »
> (v. 1131-1134).

De plus, Froissart évoque Tibulle de façon indirecte en offrant une citation-variation d'un des vers du poète latin. « Et quant vendra de Dieu la saintisme heure » fait écho au beau vers que Tibulle adresse à sa Delia bien-aimée : *Te spectem, suprema mihi cum venerit hora* (I, 1, 59) [18]. Paradoxalement, cette clôture tirée de l'Antiquité rend le *dit* de Froissart plus « moderne ». Elle annonce déjà les futurs poètes de la Renaissance.

L'Orloge amoureus est sans doute le plus original, sinon le plus réussi, des *dits* de Froissart. Son originalité réside dans cette combinaison harmonieuse de « l'ancien » et du « moderne ». Il n'est pas surprenant que plus tard, un autre poète toujours « ancien » comme Froissart, je veux dire Martin Le Franc, fasse rimer *Froissart* avec *l'art* (voir *supra* n. 13).

Peter F. DEMBOWSKI

DÉBAT

Michael SCHWARZE : Je m'accorde pleinement avec votre perspicace lecture de ce texte ; et puisque nous parlons des Anciens et des Modernes, je me demande si nous n'avons pas affaire, ici, à

17. Pour ce thème de la littérature mortuaire aussi bien que la figure de Tibulle, voir la fin de l'article de Claire Nouvet, *art. cit.* (n. 4).
18. Voir la note aux v.1120-1134 de mon édition.

une sorte de petite querelle opposant précisément les Anciens et les Modernes — et alors quel sens faudrait-il lui donner ? On trouve en effet, d'une part, des éléments qui renvoient à l'Antiquité autant qu'à une œuvre telle que *Le Roman de la Rose* ; mais n'y aurait-il pas à relever ici, d'autre part, la présence d'un adversaire — qui serait Machaut —, Machaut qui, dans *Le Voir Dit*, met en lumière la conception d'un amour dit d'espérance ? Il s'agit de l'image d'un vieil amant représenté avec une toute jeune fille ; n'y aurait-il donc pas, ici, un aspect de *responsio* ?

Peter F. DEMBOWSKI : Je me dépeindrais moi-même, sachez-le, comme un *amoureus* ancien, ancien au sens de vénérable, de la France ! Je me suis donc employé à considérer cette notion — comparable à cet égard à d'autres notions telles qu'on peut les découvrir en France, comme par exemple celle opposant la droite à la gauche — comme un modèle ; elle m'est, de fait, apparue emblématique de cette sorte de tradition française. J'insiste, cependant, sur le point suivant : la notion — ou le terme — d'Anciens et de Modernes est toujours, chez Froissart, à placer entre guillemets. Le terme « ancien » ne renvoie nullement, dans le texte de *L'Orloge*, à ce qui peut être considéré comme étant vieux, comme dans *Le Joli Buisson de Jonece*, où Froissart a trente-cinq ans et pense qu'il ne convient plus d'aimer au-delà de cet âge. Il ne fera plus, dès lors, la louange de sa dame, mais de Notre-Dame. Sur ce point, il ne faut jamais oublier que Froissart était prêtre, et pas un mauvais prêtre. Mais il était étonné par la modernité de cette horloge : nous constatons ici, encore une fois, quel homme énergique, quel esprit vif et curieux il était, lui qui s'intéressait véritablement à tout. Froissart dans *L'Orloge amoureus* est très proche du Froissart de certaines parties des *Chroniques*, à cause de cet intérêt.

Michel ZINK : Un mot, seulement, si vous me le permettez. Indiquons d'abord combien nous devons être reconnaissants à Peter Dembowski, non seulement de cette belle communication, mais également de nous avoir permis de lire *L'Orloge amoureus* à la lumière de l'édition qu'il en a procurée. Ce texte, rappelons-le, n'est guère aisé à éditer ni à interpréter. Pour ma part, je considère que cet angle d'approche de l'ancien et du moderne est particulièrement judicieux, et ce, peut-être, narcissiquement, parce qu'il va dans mon sens ; j'en reviens toujours, en effet, à l'idée que Froissart fut, d'une certaine manière, fasciné par cette sorte de nouveauté que représentait cette horloge mécanique ; il l'a interprétée en faisant d'elle, avec une rare habileté, le support allégorique de son poème. Mais en même temps, il a été comme trop fasciné ; il s'est montré tellement soucieux d'interpréter l'ensemble du mécanisme et de l'identifier aux éléments amoureux, qu'on a l'impression, en le lisant, qu'il perd de vue l'essentiel, c'est-à-dire que l'horloge marque le temps. Il y a bien un moment, certes, où le souvenir revient ; Froissart, cependant, qui est tellement sensible, et de manière déchirante, parfois, au temps qui passe, au temps qui ne reviendra plus, au temps en quelque sorte gâché, de même qu'à l'idée selon laquelle on ne peut véritablement tomber amoureux que trop tôt, donc avant même l'âge d'aimer, puis après, quand c'est l'âge d'aimer, plus rien ne marche, et ensuite, c'est déjà la vieillesse et on ne peut plus aimer, alors qu'il a une horloge sous la main, il reste littéralement bouche bée devant ce prodige de la technologie et cela le prive de toute autre considération. Quelles que soient, au demeurant, les qualités du poème, il me paraît être l'exemple d'un des dangers qui menacent la littérature : il y a un appauvrissement plutôt qu'un enrichissement à se mettre au service de l'extrême modernité technologique.

Peter F. Dembowski : C'est précisément la raison pour laquelle j'ai répondu en ces termes à M. Zink, quand il m'a adressé son aimable invitation à participer à ce colloque : « Cher Michel, je vais parler de *L'Orloge amoureus*, puisque nous avons maintenant une bonne édition : la mienne ! » J'abonde entièrement, par ailleurs, dans votre sens. Le temps, ici, a toute son importance ; Froissart était fasciné par le fait que l'on peut savoir quelle heure il était, y compris la nuit ! N'oublions pas que c'était alors un véritable problème ; il se trouvait toujours, dans les monastères, un moine qui devait réciter trente psaumes. Or, le temps consacré à la récitation de ces psaumes correspondait justement à la durée d'une heure. Ce n'est pas un très bon système ! Froissart, lui, apparaît comme un moderne ; et nous le découvrons fasciné par cette invention. Plus tard il n'y aura rien qui soit associé à la montre. Dans les montres de Dali, qui pendent sous l'arbre, il n'y a aucune hantise du temps : il y a la mort, la fin, la fuite du temps, mais de manière complètement traditionnelle.

Philippe Contamine : Je me permettrai d'intervenir sur ce sujet. La fuite du temps est effectivement un thème plus ancien ; on savait déjà comment scander le temps auparavant. La grande découverte de l'horloge mécanique à échappement, c'est que les heures sont égales, et ce, tout au long de l'année, quelle que soit la saison. C'est là, véritablement, la grande découverte !

Peter F. Dembowski : Oui, et pour ce qui concerne le jour aussi bien que la nuit, d'ailleurs. Il faut savoir que les heures canoniales n'étaient pas égales. Chacun connaît Froissart chroniqueur par cœur ; mais on peut trouver dans son œuvre, aux environs de 1376, je crois, des passages où il commence à utiliser la douzième heure du jour. Avant cela il emploie les heures canoniales. Quant à l'horloge que l'on trouve dans le roman de Jean de Meun, on sait qu'il s'agit d'une horloge portative, et qui représente véritablement le temps imparti au héros du *Roman de la Rose*. Mais c'est une sorte de minuterie, et le héros fait sonner les horloges. Tout ceci a également à voir, je crois, avec le mécanisme propre à un automate.

JEAN FROISSART ET LES SONGES

Je suys le cerf...
Pour le plaisir des roys je suis donné.
(Jacques de Fouilloux, La Vénerie et l'adolescence)

Lorsque le poète médiéval s'endort, ce n'est pas pour se reposer comme le commun des mortels, c'est pour écrire un poème. Tel est déjà le cas du premier troubadour connu : « farai un vers, pos mi sonelh » (« je ferai un poème parce que je sommeille ») ; et quand il s'endort sur son cheval, il « trouve » l'une des créations les plus étranges de la littérature française, le « vers de dreit nien », le poème sur absolument rien. Les nuits des poètes courtois sont remplies de songes, de visions et d'apparitions de leur bien-aimée. Quant à la littérature narrative, on pourrait multiplier de façon impressionnante les exemples où le songe a sa valeur intrinsèque, à commencer par les chansons de geste et pour finir par les romans. Enfin, les poètes tentés par l'allégorisme onirique sont légion, de Raoul de Houdenc, Guillaume de Lorris, Jean de Meun, Rutebeuf, Jean Meschinot, Guillaume de Machaut, Georges Chastellain et bien d'autres, jusqu'à René d'Anjou et aux grands rhétoriqueurs. Cela confirme, s'il en était besoin, une conviction de Gaston Bachelard : la plus grande des réalités poétiques, c'est *la réalité onirique* [1].

Cette passion trouve son origine dans le fait que, pour les poètes, les songes « sont senefiance », même s'ils font invariablement

1. G. Bachelard, *L'Air et les songes. Essai sur l'imagination du mouvement*, Paris, José Corti, 3e édition, 1959, p. 39.

rimer *songe* avec *mensonge* [2]. Au fond, les poètes sont assez indifférents aux controverses théoriques sur le songe et à leurs terminologies équivoques : il est sans doute bien difficile de trouver dans le monde médiéval quelque chose de plus ambigu que le songe. Les assises théoriques de l'art onirique sont pourtant prestigieuses au plus haut degré, qu'elles soient d'origine antique ou patristique. D'ailleurs, les deux doctrines se rejoignent pour faire la distinction entre les songes vains, les simples *fables* produites par des causes naturelles, et les songes qui révèlent une vérité de l'au-delà. Mais comment, dans ce domaine, distinguer le vrai du faux, les portes de corne de celle d'ivoire ? Au concile d'Ancyre (314) les théologiens avaient décrété que le rêve vrai était l'apanage des ecclésiastiques et des rois. Toutefois, il est bien des cas où un songe vrai peut se manifester chez un « juste » de la plus humble extraction. La position la plus simple serait de garder à leur égard une attitude prudente et de condamner l'oniromancie sans appel, comme l'avait fait saint Jérôme ou comme le rappelle le concile de Paris en 829. Pourtant, on admet l'idée de songes qui se sont vérifiés. Ainsi, le discours théorique aboutit à un paradoxe : à une nomenclature savante et un allégorisme compliqué font écho la conviction que les songes sont pernicieux et que toute interprétation doit être refusée.

Jean Froissart est l'un de ces auteurs pour lesquels le songe est souvent à l'origine de l'acte poétique : Morphée, le dieu des songes, lui aurait appris à composer balades, rondeaux et virelais. Certes, il se place dans le sillon d'un prédécesseur illustre, Guillaume de Machaut, dont le *Voir Dit* marque le siècle. Toutefois, la matière onirique semble plus vaste dans l'œuvre de Froissart : on la retrouve dans les pièces lyriques, les poèmes narratifs et le roman comme dans les *Chroniques*. Elle peut fournir un cadre-type à la narration, un décor, des narrateurs et des personnages rêveurs, des développements allégoriques ou symboliques.

Dans l'une de ses ballades, le poète se place, sans aucune réticence, sous le pouvoir tutélaire de la divinité des songes :

> « Car en dormant je me conseille,
> Ce m'est vis, au dieu Morpheüs,
> Qui mes besongnes, qu'on toueille,

2. C'est également le cas de Jean Froissart, voir *Le Paradis d'Amour. L'Orloge amoureus*, P. F. Dembowski éd., Genève, 1986, v. 1710-1711.

Remet assés bellement sus
Car avoir me fait ris et jus
De ma dame et pluisors depors,
Dont en veillant sui moult ensus ;
Je n'ai nul bien, se je ne dors. » [3]

Le *Paradis d'Amour* (c. 1361-1362) compte parmi ses œuvres de jeunesse : grâce au « dieu dormant » (Sommeil), le poète se trouve à la belle saison dans le bois charmant du roi Amour pour écouter le chant des oiseaux et composer une complainte amoureuse. Réconforté par deux belles dames, Espérance et Plaisance, il aperçoit dans une lande tous les grands amoureux de l'histoire, de Pâris à Lancelot et Tristan.

Dans l'*Espinette amoureuse* (c. 1369), le songe est le point de départ de l'œuvre. Par une belle matinée de printemps, le narrateur se rend dans un jardin et, à l'ombre de l'aubépine, se met à rêver. Il a la vision de trois déesses et de Mercure, qui lui raconte le jugement de Pâris et lui demande son avis. Peu après, le narrateur s'éprend réellement d'une jeune fille qui semble le traiter avec indifférence. Plus tard, alors qu'il s'est exilé au loin, celle-ci lui apparaît dans un miroir qu'il avait placé sous son oreiller. Fort de cette vision, il revient au pays, sans toutefois réussir à mieux connaître le sentiment de la jeune fille à son égard [4].

La *Prison amoureuse* (1371-1372) est un échange épistolaire en prose et en vers entre deux amis, qui seraient Froissart lui-même et Wenceslas de Luxembourg, duc de Brabant, respectivement désignés par les pseudonymes de Flos et de Rose. Un traité d'amour du poète déclenche, chez son ami, un songe allégorique exposé sous la forme d'un *dittié* et placé au centre de l'œuvre. A son tour, le songe fera l'objet d'un commentaire du narrateur. Les deux lettres comprenant le songe et le commentaire s'étendent sur plus de la moitié de l'œuvre [5].

Le *Joli Buisson de Jeunesse* se présente comme le récit d'un rêve daté du 30 novembre 1373. Parvenu au milieu de sa vie, le poète a la

3. Ballade XXXIII, v. 9-12, *Œuvres de Froissart*, A. Scheler éd., Bruxelles 1871, t. II, p. 384.

4. Jean Froissart, *L'Espinette amoureuse*, A. Fourrier éd., 2e édition, Paris, Klincksieck, 1972.

5. Jean Froissart, *La Prison amoureuse*, A. Fourrier éd., Paris, Klincksieck, 1974.

vision de Vénus, qui le conduit au buisson de Jeunesse ; il y retrouve la jeune fille qu'il avait aimée dix ans plus tôt. Mais le poète se réveille au moment où sa bien-aimée lui donne de l'espoir ; c'est l'hiver, il fait froid. Sous couvert d'une rêverie romanesque, le poète exprime sa nostalgie de la jeunesse, motif rebattu, certes, mais « nul ne sait comme Froissart communiquer le sentiment d'euphorie illusoire et déchirante qui est celui du rêve » [6].

Le *Temple d'Honneur* enfin est un poème onirique typique. Le poète sommeille pour ne s'éveiller qu'au dernier vers du poème. Il narre un mariage princier : Désir, fils d'Honneur, épouse Plaisance, fille de Courtoisie. Le futur marié doit, au préalable, monter un escalier à sept degrés, occupés par sept hommes et sept femmes représentant autant de vertus, pour accéder au siège d'Honneur [7].

Il va de soi que dans ces poèmes Froissart s'appuie sur un riche héritage antique et médiéval, d'où les correspondances lexicales et stylistiques de ses rêves avec toute une tradition littéraire. Pourtant, chez Froissart, le songe n'est pas toujours un stéréotype. Chez lui, l'artifice poétique du songe n'exclut pas une réelle mélancolie à l'égard du temps qui passe : « mon temps s'enfuit ensi q'uns ombres », dit-il. Plus saisissant encore est peut-être l'intérêt de Froissart pour les songes dans ses *Chroniques*. Ainsi, lors de son dernier retour en Angleterre, le chroniqueur rencontre un jour le noble anglais Guillemme Lisle, qui avait fait un voyage en Irlande en 1394. Ce dernier s'était enfermé une nuit, en compagnie d'un autre chevalier, dans la fameuse grotte de saint Patrick, quatre ans avant l'aventure similaire du chevalier catalan Ramón de Perelhos. Vivement intéressé, le chroniqueur lui pose sans tarder la question « des merveilles et des nouvelles dont on recompte et que on y veoit ». Il est vite désappointé, car l'Anglais n'a pas grand-chose à raconter. A peine descendus dans la grotte, les deux chevaliers s'étaient endormis : « en dormant ils entrèrent en ymaginations très grandes et songes merveilleux, et veoient, ce leur sembloit, en dormant trop plus de choses que ils n'euissent fait en leurs chambres sur leurs lits. Tout ce affermoient-ils bien : " et quant au matin nous feusmes esveilliés, on ouvry l'uys, car ainsi le avions-nous ordonné, et yssismes hors, et ne nous souvint de choses que euissions veu, et tenions

6. M. Zink, *Froissart et le temps*, Paris, PUF, 1998, p. 125.
7. *Le Temple d'Onnour*, *Œuvres de Froissart*, A. Scheler éd., t. II, p. 162-193.

et tenons encoires que ce soit toute fantosme. " »[8] Ces rêves n'auraient été que des chimères provoquées par la chaleur à l'intérieur de la grotte : l'explication physiologique du noble anglais transforme les songes en fantasmes dépourvus de tout intérêt.

Froissart est également l'un des rares auteurs qui s'intéressent aux insomniaques et aux somnambules. D'évidence, ils sont, les uns et les autres, le contraire des rêveurs [9]. Le plus connu est Camel de Camois, un personnage du roman de *Méliador* totalement atypique. Chevalier courtois et vaillant, Camel est sujet à des accès de somnambulisme :

> « ...en dormant il se relevoit
> Et demandoit ses armeüres,
> Espée, et lance et ses parures,
> Puis les blances, dont les vermeilles,
> Et faisoit la tant de merveilles
> Que forment s'en esmervilloient
> Li compagnon qui le veillloient. » [10]

En réalité, Froissart a eu l'occasion de rencontrer plusieurs personnages au sommeil déréglé. Il relate, dans ses *Chroniques*, la dramatique histoire de chasse et de somnambulisme (« fantaisie ») de Pierre de Béarn, le frère bâtard du comte de Foix : « ce sont bien choses à esmerveillier », écrit-il [11]. Gaston Phébus, quant à lui, est plutôt insomniaque : Froissart, dans le *Dit du florin* (1389), rapporte que pendant dix semaines, il devait se lever à minuit, quitter son auberge et se rendre au château pour lire son roman de *Méliador* au « bon conte de Fois » après son souper [12]. Enfin, dans le *Paradys d'Amour* (v. 1-2), c'est le poète lui-même qui souffre d'insomnie à cause de la maladie d'amour :

---

8. *Œuvres de Froissart*, J. M. B. C. Kervyn de Lettenhove éd., *Chroniques*, t. XV (1392-1396), Bruxelles, Victor Devaux, 1871, p. 145.
9. Voir M. Zink, « Froissart et la nuit du chasseur », dans *Les Voix de la conscience. Parole du poète et parole de Dieu dans la littérature médiévale*, Caen, Paradigme, 1992, p. 117-134.
10. Jean Froissart, *Méliador*, A. Longnon éd., Paris, 1895-1899, v. 332-338.
11. *Chroniques*, Livres III et IV, P. F. Ainsworth et A. Varvaro éd., Paris, Le Livre de Poche (Lettres gothiques), 2004, p. 192.
12. *Le Dit dou florin*, *Œuvres de Froissart*, A. Scheler éd., t. II, v. 291-299 et 348-350.

« Je sui de moi en grant marveille
Comment je vifs quant tant je veille. »

Nous trouvons cependant dans les *Chroniques* le récit d'un rêve particulièrement intéressant, qui n'a que très rarement suscité la curiosité des critiques [13]. Il s'agit d'un rêve que le jeune roi Charles VI aurait fait vers l'âge de quatorze ans, en 1392, alors qu'il était dans la ville de Senlis et dont il aurait fait part à son entourage [14]. Dans son rêve, le roi, qui avait reçu un faucon, décide d'aller voir ce dont l'oiseau est capable. En compagnie de son connétable, il se rend aux champs pour l'essayer. A peine après avoir lâché le rapace, il s'aperçoit que le faucon se dirige droit vers son pays d'origine. Pour ne pas le perdre, le roi et son compagnon s'engagent dans une forêt épaisse, puis traversent une vaste lande. Les deux finissent par apercevoir le faucon en train de tuer un grand nombre d'oiseaux, mais ne réussissent pas à le garder à portée de vue. Le roi craint de l'avoir perdu quand apparaît un cerf, qui s'incline devant lui. Il monte sur ce cerf qui prend son vol par-dessus les grandes forêts. Le roi retrouve le faucon toujours en train de chasser et le fait revenir. Le faucon se pose sur son poing. Aussitôt le cerf fait demi-tour pour déposer le roi aux côtés du connétable et disparaître dans la forêt. Les deux chasseurs s'en retournent à la cour.

L'intérêt essentiel de cette histoire tient à l'exceptionnelle absence de la rhétorique onirique habituelle. Nous n'y trouvons aucun résidu explicite d'une tradition poétique, aucune référence allégorique, aucun renvoi à une *auctoritas*. Ce récit ne se présente ni comme une digression poétique ni comme une narration fabulatrice et gratuite : ce rêve paraît avoir été considéré par Froissart comme une *vision*, à savoir la révélation d'un mode supérieur d'existence. Ne serait-ce pas précisément parce que la *vision* est véridique que le rêveur la confie à son entourage ? Enfin, cet épisode se distingue encore par une évidente économie de moyens stylistiques ainsi que par l'absence de toute moralisation, de toute glose, de tout avertissement à l'avenir. Par ailleurs, remarquons que

13. Une exception remarquable : C. Beaune, « Costume et pouvoir en France à la fin du Moyen Âge : les devises royales vers 1400 », *Revue des Sciences humaines* 55, 1981, p. 125-146.

14. Jean Froissart, *Chroniques, Livres I et II*, P. F. Ainsworth et G. T. Diller éd., Paris, Le Livre de Poche (Lettres gothiques), 2001, p. 876-878.

le rêveur n'est plus tout à fait un enfant : majeur selon la loi, il présidait les États généraux, assistait au Conseil, donnait son opinion. Le songe eut lieu lors de la campagne de Flandre, à laquelle le roi participa activement [15].

Constatons tout d'abord une série de faits à caractère réel. A partir du XIIe siècle, la fauconnerie était une pratique courante dans l'entourage des princes : « nul ne puet plus bel deduit querre. » [16] Des troubadours comme Bertrand de Born ou Bonifaci Calvo avait déjà critiqué la passion pour la chasse au faucon d'un Richard Cœur de Lion ou d'un Alphonse X de Castille, qui l'auraient pratiquée au détriment des guerres contre leurs vassaux rebelles. Mais selon le traité de Gace de La Buigne, le faucon est « oysel royal », tout comme la volerie est un « deduit royal » [17]. Le faucon appartient à l'univers de la cour, il est considéré comme un animal intelligent et en même temps comme un véritable attribut de la chevalerie [18]. D'après Frédéric II, auteur d'un traité réputé intitulé *De arte venandi cum avibus*, « ce n'est pas par la force, mais par le seul effet de l'esprit humain qu'ils [les faucons] se laissent prendre et instruire » [19]. Un troubadour comme Rigaut de Berbezilh associe le faucon à l'amour courtois :

> « tot eissamen con lo falcs que deissen
> vas son auzel quant l'a sobremontat,
> deissendia ab dos'omilitat
> Amors en cels c'amavon lialmen. » [20]

15. F. Autrand, *Charles VI. La folie du roi*, Paris, Fayard, 1986, p. 119.

16. *Les Livres du Roy Modus et de la Royne Ratio*, G. Tilander éd., Paris, Société des anciens Textes français, 1932, t. I, v. 226.

17. Gace de La Buigne, *Le roman des deduis*, Å. Blomqvist éd., Karlshamn, Johanssons Boktryckeri, 1951, v. 6534 et 10920.

18. F. Cardini, « Federico II e il *De arte venandi cum avibus* », dans *Politica e cultura nell'Italia di Federico II*, S. Gensini, éd., Pise, 1986, p. 227 ; voir aussi Gace de La Buigne, *op. cit.* (n. 17), v. 6535-6544, qui se fonde sur Isidore de Séville ; le faucon est « chevalereux », v. 9555 et 9725. « Le faucon offre une véritable épure de l'aristocratie avec ses qualités de hardiesse et de beauté », A. Strubel et C. de Saulnier, *La Poétique de la chasse au Moyen Âge. Les livres de chasse au XIVe siècle*, Paris, PUF, 1994, p. 138.

19. Cité dans B. Van Den Abeele, *La fauconnerie au Moyen Âge. Connaissance, affaitage et médecine des oiseaux de chasse d'après les traités latins*, Paris, Éditions Klincksieck, 1994, p. 9.

20. Rigaut de Berbezilh, *Tuit demandon qu'es devengud'Amors*, dans M. de Riquer, *Los trovadores*, Barcelone, Éditorial Planeta, 1975, t. I, p. 298, v. 21-24.

Dans la *Chanson des Nibelungen*, Kriemhild, la jeune princesse burgonde, fait un songe : « elle rêva qu'elle avait élevé un faucon, un bel oiseau fort et farouche » ; sa mère lui explique la signification de l'oiseau : le faucon, « c'est un époux de noble lignage » [21]. Dans le *Parzival* de Wolfram d'Eschenbach, le vaillant Gahmuret, frappé par la beauté de la reine Herzeloyde, « se redressa comme un faucon qui cherche sa proie ». A l'exception de la dame aimée, il n'y a rien de plus précieux pour un chevalier courtois que cet oiseau rapace, comme le raconte une nouvelle de Boccace [22]. L'éducation d'un noble comprenait régulièrement l'initiation au maniement des oiseaux de chasse, en dépit de la condamnation de la fauconnerie par l'Église. Il était coutumier de faire don d'un faucon à son seigneur, en signe d'hommage, ou à ses amis :

> « Grant seigneur, duc et prince et conte
> De les vendre doit avoir honte,
> Maiz les doit souvent acheter
> Et les compaignons remonter
> Et espoir a tel en donrra
> Qui puis bien le remontera.
> Ainsi, s'en veulz prendre et donner,
> Plus courtoiz t'en feras nonmer... » [23]

Dans les cours, les fauconniers bénéficient de privilèges spéciaux. Les traités de fauconnerie en langue vulgaire se multiplient à cette époque précisément. Le traité de Frédéric II de Hohenstaufen est traduit en français à la fin du XIIIe siècle à la demande du seigneur champenois Jean II de Dampierre, neveu du comte de Flandre Guy de Dampierre [24]. Dans notre récit, c'est le vieux comte de Flandres Louis II de Male (1330-1384) qui offre le faucon au jeune roi. Gace de La Buigne nous apprend que le comte de Flandres

> « ... scet d'oiseaulx autant comme homme
> Qui soit entre Bruges et Ronme [25]. »

21. *La Chanson des Nibelungen*, trad. par M. Colleville et E. Tonnelat, Paris, Aubier, 1944, Aventure I, 13-14, p. 92.
22. Boccace, *Le Décaméron*, Paris, Éditions Garnier, 1967, V, IX.
23. Gace de La Buigne, *op. cit.* (n. 17), v. 781-788.
24. G. Holmér, éd., *Traduction en vieux français du* De arte venandi cum avibus *de l'empereur Frédéric II de Hohenstaufen*, Lund, Carl Bloms Boktrykeri A-B, 1960.
25. Gace de La Buigne, *op. cit.* (n. 17), v. 9675-9676.

On connaît par ailleurs l'importance de la chasse à la cour en Flandres. Dès 1299, Guy de Dampierre avait établi dans le détail les droits et les devoirs de son veneur : « les comtes de Flandres avaient une préférence particulière pour la fauconnerie. » [26] Les ducs de Bourgogne également accordaient une grande importance à cette pratique : Philippe le Hardi, à l'époque du rêve de Charles VI, disposait de vingt-cinq oiseaux de chasse [27]. A en croire Gace de La Buigne, Charles V allait à la chasse avec trente faucons [28].

Le vocabulaire qu'utilise Froissart pour raconter cet épisode appartient sans conteste à l'art de la fauconnerie. Le rapace offert au jeune roi est « gentil », c'est donc un faucon pèlerin (*falco peregrinus*) très apprécié, un oiseau à silhouette effilée, moins grand que le gerfaut, mais chasseur puissant et spectaculaire. Le comte déclare au roi qu'il avait été « affaité » au mieux pour voler haut et abattre quantité d'oiseaux. En effet, il montera rapidement très haut dans les airs et fera preuve d'ardeur combative (« apertise »), car il tuera un grand nombre de hérons, oiseaux de forte taille. Le roi propose au connétable de l'accompagner pour « aller aux champs », à savoir chasser à l'oiseau. Un équivalent de cette expression est « aller aux marais » ; les deux chasseurs, en effet, se rendent dans une région marécageuse située aux alentours d'Arras. Nous sommes au début du mois de novembre, une bonne saison pour la chasse. Le connétable « jette l'oiseau », terme technique pour dire qu'il le libère de ses courroies. A peine libéré, l'oiseau se dirige vers la Flandre, c'est-à-dire vers le Nord, car on sait que « li faucon qui sont dit gentil pelerin naissent es regions de septemtrion molt lontaines » [29]. Lorsque le roi « réclamera » le faucon, il le prendra par ses « longes » — attaches de cuir ajustées aux pattes de l'oiseau que l'homme serre dans sa main.

La crainte du roi de perdre le faucon est explicable. Un oiseau rapace, en effet, peut être bien ingrat : « tantost s'en volle en autre

26. M. Vale, *The Princely Court. Medieval Courts and Culture in North-West Europe, 1270-1380*, Oxford, University Press, 2001, p. 183.

27. B. Van Den Abeele, *La fauconnerie dans les lettres françaises du* XIIe *au* XIVe *siècle*, Leuven University Press, 1990, p. 254.

28. Gace de La Buigne, *op. cit.* (n. 17), v. 9478.

29. G. Holmér, *op. cit.* (n. 24), § 5, 13 ; G. Tilander, *Les Livres du roy Modus et de la royne Ratio*, Paris, Société des anciens Textes français, 1932, § 90, l. 39-44.

lieu, / Sanz commander son maistre a Dieu. » [30] Une fois envolé au loin, l'oiseau peut être récupéré par quelqu'un d'autre [31]. La perte de l'oiseau chasseur devient un motif littéraire assez répandu. On le rencontre dans un *Dit de l'Espervier* au XIIIe siècle où le poète anonyme se compare à un fauconnier qui a consacré tous ses soins au dressage d'un bel oiseau qui, une fois lâché au printemps, ne revient plus :

« Aussi com cil qui garde en mue
Son oisel qui ne se remue
De tout l'iver jusqu'a l'esté,
Quant voit que la verdure est drue,
Qu'il veut que son oisel se mue
Et de plume et de volenté,
Quant vient au tens renouvelé,
Quë il n'a mes pieça volé,
Por soulacier le prent et rue.
Et quant il a de l'air tasté,
Poy li chaut du tans qu'a gasté :
Ainsi ai m'amie perdue.

« Je fui au fuer du fauconnier,
Quant il prant un faucon lanier ;
Voulentiers l'aprivoiseroit,
Si li couste mout l'acointier,
Et si le pert moult de legier. » [32]

Dans deux chansons d'amour du Minnesänger Kürenberg, dans des chansons siciliennes du XIIIe siècle tout comme dans les *romances* espagnols des XVe-XVIe siècles, la perte du faucon symbolise également la perte de la femme aimée [33]. Guillaume de Machaut,

30. Gace de La Buigne, *op. cit.* (n. 17), v. 5937-5938.
31. B. Van Den Abeele, « Le faucon sur la main. Un parcours iconographique médiéval », dans *La Chasse au Moyen Âge. Société, traités, symboles*, Textes réunis par A. Paravicini Bagliani et B. Van Den Abeele, Florence, Edizioni del Galluzzo, 2000, p. 107.
32. F. Lecoy, « Le Dit de l'Espervier », *Romania* 69, 1946-1947, p. 528-534, v. 1-17.
33. P. Wapnewski, « Des Kürenbergers Falke über der Toskana », dans *Philologie als Kulturwissenschaft. Studien zur Literatur und Geschichte des Mittelalters. Festschrift für Karl Stackmann zum 65. Geburtstag*, Göttingen, Vandenhoeck & Ruprecht, 1987, p. 60-70 ; A. T. Hatto, « Das Falkenlied des Kürenbergers », dans Id., *Esssays*

passionné de volerie, prétend dans son *Dit de l'alérion* (avant 1349) avoir perdu successivement un épervier, un alérion, un aigle et un gerfaut ; ces oiseaux représentent symboliquement les quatre dames que le poète a aimées. Il s'agit d'oiseaux moins nobles que le faucon, mais le poète lui-même n'appartient pas à la grande noblesse : les oiseaux rapaces de haut-vol étaient réservés au passe-temps des rois, ducs, comtes et chevaliers. En 1474, l'ambassadeur Bendidei n'a rien de plus important à signaler dans son courrier que la perte par Laurent le Magnifique de deux faucons, présent d'Hercule d'Este au maître de Florence [34].

Par ailleurs, la littérature de l'époque compare souvent la vaillance du chevalier à la violence du faucon, car celui-ci met à mort sa capture ; les yeux de l'oiseau sont terribles [35], son tempérament est sanguin, comme celui du guerrier. Bien avant l'institution de la chevalerie, les guerriers celtes surmontaient leur casque d'un cimier en forme d'oiseau rapace, dans le but d'épouvanter l'ennemi, tel le beau casque datant du début du IIIe siècle av. J.-C., découvert en Roumanie et exposé au musée d'Histoire de Bucarest.

Par ailleurs, le haut-vol du faucon est assimilé à un symbolisme ascensionnel ouranien. Aux XIVe-XVe siècles, le fait de tenir cet oiseau de chasse sur son poing était devenu une image stéréotypée du chevalier courtois et bien appris : déjà dans la deuxième décennie du XIVe siècle, dans la fresque d'Assise représentant l'adoubement de saint Martin, Simone Martini peignait un jeune chevalier tenant un faucon. Au milieu du XVe siècle, Pisanello représente son mécène Borso d'Este à cheval, un faucon sur son poing. D'ailleurs, juste avant l'épisode du rêve, Froissart avait présenté le jeune roi tenant un épervier sur son bras [36] : pour les apprivoiser, les chasseurs portaient les oiseaux rapaces dans les circonstances les plus variées — dans la rue, les cortèges, les assemblées courtoises, les rencontres galantes. Cette pratique courante explique le fait que le faucon deviendra une figure allégorique de la noblesse : on sait d'autre part

on Medieval German and Other Poetry, Cambridge University Press, 1980, p. 255-259.

34. Ph. Monnier, *Introduction au Quattrocento*, Paris, Éditions Complexe, 1995, p. 11, n. 1.

35. *The Romance of Daude de Pradas called* Dels auzels cassadors, A. H. Schutz éd., Columbus, The Ohio State University Press, 1945, v. 419-420.

36. Jean Froissart, *Chroniques. Livres I et II*, *op. cit.* (n. 14), p. 875.

que Charles VI avait été nourri dans sa jeunesse de littérature chevaleresque. Dans *Méliador*, le chevalier Agamanor peint un tableau offrant son image chevaleresque sous les traits du Chevalier Rouge, portant un faucon sur son poing, en face de Phénonée, la dame de ses pensées :

> « Moult gente fu li pourtraiture,
> Car sus une main il tenoit
> .I. faucon qui li avenoit
> Gratïeusement a tenir. » [37]

La deuxième partie du songe de roi Charles VI, celle de la rencontre inattendue d'un cerf merveilleux, est cependant la plus intéressante. A première vue, le récit du héros qui chevauche un cerf paraît familier, assez proche d'un épisode de la fin du roman de *Méliador*. Le chevalier errant Saigremor, fils du roi d'Irlande, traverse une forêt sans rencontrer âme qui vive et sans éprouver de toute la journée ni faim ni soif : c'est une des merveilles de la forêt, séjour des fées. Le chevalier finit par s'arrêter et par pendre ses armes à un arbre, tandis que le cheval s'en va paître de l'herbe. Peu après, un cerf sort d'un buisson et passe tout près de Saigremor. Apeuré, le cheval s'enfuit. Le chevalier tente de le rattraper sans y parvenir. Au terme d'une longue poursuite, Saigremor s'assied, épuisé. Le cerf s'arrête à ses côtés et semble l'inviter à monter sur son dos. Saigremor accepte de le faire, car il est trop fatigué et craint de ne pas pouvoir attraper sa monture, mais il ne voit plus les traces de son cheval.

> « Et li cerf sans lui rafrener [refréner]
> S'enfuit et bien scet qu'il doit faire.
> Sans travail enporte et sans haire [tourment]
> Saigremor a son ordenance.
> Venus s'en est, sans detriance, [sans délai]
> Sus .I. lac et par dedens entre.
> Saigremor a de l'aigue au ventre... »
> (v. 28462-28468).

Ensuite Saigremor rencontre Sébille, sa bien-aimée, qui lui chante un rondeau. Le chevalier répond par un virelai. Sébille s'en va et, d'émotion, le chevalier se réveille. Il se rend compte qu'il a vu sa bien-aimée en songe. Il ignore où le cerf l'a déposé : ce dernier a

37. *Méliador*, v. 20793-20796.

disparu tout comme le cheval. Saigremor n'a plus ses armes. Pour lui, tout cela ressemble fort à « dÿablerie et fantomme » (v. 28773). Mais à l'instant même, trois dames vêtues de blanc surgissent à ses côtés et lui demandent comment il est entré dans leur jardin. En réalité, ce sont elles qui l'avaient enlevé. Ces femmes sont des nymphes, des demoiselles de Diane. Nous ignorons le sens de cette aventure car, outre le manque dans le manuscrit de cent trente-cinq vers, le roman est inachevé.

L'épisode de Saigremor n'est pourtant qu'un motif littéraire bien répandu dans la littérature de l'époque. Dans le folklore européen, le cerf est un messager dont la mission est d'attirer le héros dans l'Autre Monde [38]. Chez les Grecs de l'Antiquité, Héraklès suit un cerf et se retrouve tout à coup devant Artémis. Dans l'imaginaire littéraire du Moyen Âge occidental, le chasseur poursuit un cerf, mais il finit par perdre sa trace pour se retrouver auprès d'une fée. Les exemples sont bien nombreux tant dans la littérature française que dans la littérature allemande ou dans les ballades scandinaves. Chez Marie de France, dans le lai de *Guigemar* comme dans les romans de *Dolopathos* et de *Partonopeu de Blois*, la biche blanche poursuivie par le chasseur est une messagère de la fée. Dans une introduction poétique ajoutée ultérieurement à la chanson de geste du *Chevalier au cygne*, le chevalier Lothaire va à la chasse et poursuit seul un beau cerf jusqu'au soir. Après avoir passé la nuit dans la forêt, il décide de retrouver ses compagnons. Il croit revenir sur ses pas, mais autour de lui tout est désert. A l'heure de midi, il s'assied, fatigué, à l'ombre d'un chêne, à côté d'une source, et s'endort. Une jeune fille de grande beauté arrive alors : c'est une fée, qui habite une caverne dans la montagne. Lothaire l'épouse et elle donnera naissance à sept enfants, les ancêtres de Godefroi de Bouillon [39]. Dans un roman arthurien du XIIIe siècle, l'empereur Floriant va à la chasse dans les environs de Palerme. Lancé à la poursuite d'un cerf de très grande taille, il se trouve vite séparé de ses compagnons. Il arrive au sommet d'une montagne où se dresse un château. Le cerf y pénètre et l'Empereur est cette fois sûr de le capturer. Mais entrant

38. K. von Spiess, *Marksteine der Volkskunst*, 2. Teil, Berlin, Herbert Stubenrauch Verlagsbuchhandlung, 1942, p. 73-93. V. aussi A. Aarne, *Die magische Flucht. Eine Märchenstudie*, Helsinki, Academia Scientiarum Fennica, 1930.

39. *La Naissance du Chevalier au cygne (Elioxe)*, E. J. Mickel éd., The University of Alabama Press, 1977, v. 79-133.

dans la salle du palais, Floriant ne voit que Morgane assise sur un lit. Elle lui apprend que c'est elle qui avait envoyé le cerf et que si Floriant quitte le château, il mourra sur-le-champ. Or, le château de Montgibel est enchanté : aucun homme qui l'habite ne peut mourir. Même Arthur viendra y séjourner [40]. De même dans *Méliador*, l'action commence par la description d'une chasse au cerf : c'est en traçant l'animal que le chevalier Camel arrive au château de Montgriès et découvre l'existence de la belle Hermondine.

Dans le songe de Charles VI, la situation apparemment sans issue que connaissent les deux chasseurs trouve une solution grâce au cerf, animal noble au même titre que le faucon. L'apparition de ce second animal ne se réduit pas à un simple rebondissement de l'action. Par rapport à l'oiseau, le cerf introduit une nouvelle dimension, car il provoque une rupture de niveau évidente : grâce à lui, le rêveur dépasse la condition humaine. D'un simple motif littéraire, la perte d'un faucon, on passe à un grand thème mythique, le vol de l'homme. Nous sommes là, pour reprendre l'expression de Gaston Bachelard, en présence d'un « rêve fondamental » [41]. Dans notre épisode, cet animal est en quelque sorte la réplique du faucon, s'il est vrai que, dans le bestiaire divin, comme le constate Michel Pastoureau, un animal vient rarement seul : « il ne prend sa pleine valeur symbolique que pour autant qu'il est inclus dans un système qui l'oppose ou qui l'associe à un autre animal » [42]. Dans l'iconographie de la chasse, par exemple, le cerf est souvent représenté en compagnie d'un oiseau rapace, aigle ou faucon. Tout comme le faucon, le cerf est considéré comme un animal solaire, que ce soit dans les mythes indiens, dans le folklore européen ou encore dans tel poème islandais datant du XIIIe siècle, où le cerf est décrit les pieds sur terre et les bois touchant le ciel [43]. Dans l'iconographie gréco-romaine, on le sait, des cerfs sont attelés au char d'Artémis.

Il est impossible de comprendre la signification de ce rêve particulier de vol sans prendre en compte le complexe de croyances

40. *Floriant et Florete*, A. Combes et R. Trachsler éd., Paris, Champion, 2003, p. 8181-8278.
41. G. Bachelard, *op. cit.* (n. 1), p. 28.
42. M. Pastoureau, « Bestiaire du Christ, bestiaire du diable. Attribut animal et mise en scène du divin dans l'image médiévale », dans Id., *Couleurs, images, symboles. Études d'histoire et d'anthropologie*, Paris, Le Léopard d'Or, s. d., p. 97.
43. M. Eliade, *De Zalmoxis à Gengis-Khan*, Paris, Payot, 1970, p. 147.

d'une vénérable antiquité concernant le cerf. Une première observation s'impose : ici, la narration du rêve est tout à fait étrangère au schéma littéraire du vol magique, tel que celui-ci est présenté dans la littérature gnostique et hermétique à partir des premiers siècles ap. J.-C. [44]. En revanche, la mythologie comparée permettra peut-être de comprendre la richesse de l'épisode raconté par Froissart. Dans toutes les traditions archaïques, le cerf est le gibier le plus noble. Les populations du Nord de l'Europe et de l'Asie lui vouaient un véritable culte comme à un animal particulièrement sacré. Des récits analogues à la légende de saint Eustache se retrouvent en Inde, associés aux diverses vies de Bouddha dès le IIIe siècle av. J.-C. : le roi chasseur rencontre le cerf-dieu qui entend rallier le roi aux commandements bouddhiques en échange de la béatitude céleste après la mort. Chez les Scythes, les Sarmates, les Ossètes, les Perses, les Hittites, le cerf fut un animal de culte. L'intérêt pour le cerf est même beaucoup plus archaïque : dès l'époque paléolithique, il est l'animal le plus chargé de symboles [45]. Signalons à titre d'exemples les bois de cerf comme enseignes militaires appliqués sur des épées votives chez les guerriers sardes et corses de la haute Antiquité ou encore l'habitude, chez les membres des sociétés guerrières germaniques, de revêtir rituellement des peaux de bête, essentiellement de cerf et d'ours [46]. Des dieux peuvent se métamorphoser en cerf dans la mythologie celtique ; comme Cernunnos est une divinité ornée de bois de cerf, l'intérieur des tombes contient ses attributs [47]. Un bassin cultuel, trouvé dans le Jütland et conservé au musée national de Copenhague, montre une divinité ou un guerrier aux bois de cerf, probablement originaire de la Gaule du Nord, tenant un cerf de sa main droite, un serpent de sa main gauche.

En Europe, même après l'implantation du christianisme, les populations continuent à faire des processions où se pratique le port de masques de cerf [48]. Dans toute l'Eurasie, de nombreuses légendes

44. I. P. Couliano, *Expériences de l'extase. Extase, ascension et récit visionnaire de l'hellénisme au Moyen Âge*, Paris, Payot, 1984, p. 93-101.

45. J. de Vries, *La Religion des Celtes*, Paris, Payot, 1977, p. 183.

46. O. Höfler, *Kultische Geheimbünde der Germanen*, Francfort, 1934, t. I, p. 63-64.

47. J. de Vries, *op. cit.* (n. 45), p. 112-115.

48. Id., *ibid.*, p. 181-184. Césaire d'Arles proteste contre les hommes pourtant sains d'esprit qui se déguisent en cerfs, voir R. Arbesmann, « The " cervuli " and " anniculae " in Caesarius of Arles », *Traditio* 35, 1979, p. 89-119.

relatent une chasse au cerf qui finit par la conquête d'un territoire et la fondation d'une patrie pour le chasseur et ses descendants. Enfin, l'une des fonctions bien connues du cervidé est de servir de guide dans un territoire inconnu ou difficile d'accès. Ainsi, c'est une biche qui montre à Clovis un gué pour pouvoir traverser la Vienne et attaquer l'armée du roi goth Alaric. Le motif sera repris à propos de Charlemagne dans la *Chanson des Saisnes* ou dans la *Chevalerie Ogier*. L'une des chansons de geste les plus populaires tout au long du Moyen Âge, *Fierabras*, raconte comment un cerf blanc montre à un chevalier en danger de mort l'endroit où il peut traverser la rivière. On connaît encore le récit du cerf miraculeux qui, dans l'*Histoire d'Olivier de Castille et Artus d'Algarbe*, sauve deux chevaliers dont l'embarcation s'était brisée en pleine mer.

Dans le songe du roi Charles VI, le cerf apparaît aussi de façon miraculeuse comme un maître de l'espace sauvage. Il est de grande taille et, dans certains manuscrits, ses bois comptent douze branches et sont donc le symbole de sa force exceptionnelle [49]. Comme ses bois repoussent à chaque printemps, le cerf est, dans l'imaginaire médiéval, un emblème de la Résurrection. Il passe pour vivre plus longtemps que l'homme, sinon éternellement. Dès la fin du Ier siècle ap. J.-C., l'imaginaire religieux fait du cerf un animal crucifère et même christologique. On se souvient de l'épisode de la *Quête du Saint Graal* dans lequel Galaad, Bohort, Perceval et la sœur de celui-ci voient devant eux, dans la Gaste Forêt, un cerf blanc accompagné de quatre lions. Plus tard, ces animaux merveilleux entrent dans un ermitage où l'ermite dit la messe en présence des trois chevaliers et de la jeune fille. Au cours du service divin, le cerf se transforme en homme et les lions prennent la forme symbolique des quatre évangélistes [50]. Il n'est pas sans intérêt de savoir que le jeune roi Charles VI avait emprunté le roman de la *Queste del saint Graal* à la Bibliothèque royale en janvier 1382 [51]. Il n'est pas exclu que la vision du jeune roi soit le produit d'images des lectures romanesques qui l'absorbaient malgré les exhortations d'un Philippe de Mézières : « il est expedient... pour ton govuernement, que tu (te) doyes garder de toy trop delicter es escriptures qui sont

49. *Chroniques*, J. M. B. C. Kervyn de Lettenhove éd., t. X, Bruxelles, 1870, p. 69.
50. *La Queste del Saint Graal*, A. Pauphilet éd., Paris, Champion, 1923, p. 234-236.
51. C. Beaune, *art. cit.* (n. 13), p. 137 ; F. Autrand, *op. cit.* (n. 15), p. 220.

apocrifes, et par espicial des livres et des romans qui sont rempliz de bourdes et qui attrayent le lysant souvent a impossibilite, a folie, vanite et pechié, comme les livres des bourdes de Lancelot et semblables... »[52] Au XIVe siècle toujours, la légende de saint Hubert, l'ancien évêque de Liège, est très connue dans ces régions du Nord : le saint est à la fois le patron des chasseurs et le protecteur des animaux[53].

Depuis des temps immémoriaux la chasse au cerf était, en Orient, une *regia dignitas*[54]. Dans l'Europe médiévale, elle est une « chasse royale »[55], un rituel majeur de l'aristocratie[56], « la plus noble chasse que l'en puisse chascier »[57] pour Gaston Phébus. Le cerf, comme le faucon, est étroitement associé à la chevalerie. Perlesvaus, par exemple, porte un bouclier vermeil à un cerf blanc[58].

La chasse au cerf est encore l'occasion d'une curieuse aventure qui serait arrivée au jeune roi Charles VI dans la forêt de Compiègne, si l'on en croit Michel Pintouin dans la *Chronique du Religieux de Saint-Denys* :

> « Un jour que pour charmer son ennui il était allé à la chasse, au milieu d'une troupe de cerfs, il en aperçut un plus beau que les autres, et qui, chose étonnante à dire et à voir, portait au cou un collier de cuivre doré, avec une inscription en caractères fort anciens. Par son ordre, on le prit, sans se servir des chiens, mais seulement avec les filets de chasse. Plusieurs de ceux qui lurent l'inscription rapportèrent qu'elle contenait ces mots latins : *Caesar hoc mihi donavit*. Ils assurèrent au roi que cet animal était resté dans ce bois depuis le temps de Jules César ou de quelque autre empereur ; le roi, charmé, rendit au cerf sa liberté. On n'avait jamais rien vu ni rien su de pareil ; le roi fut tellement enchanté de cette rencontre, que dans la suite il fit graver sur la

52. Philippe de Mézières, *Le Songe du Vieil Pelerin*, G. W. Coopland éd., Cambridge, University Press, 1969, t. II, p. 220-221.
53. P. Galloni, « Sant'Uberto : caccia e santità. Consolidamento del potere carolingio e cristianizzazione delle campagne », dans *op. cit.* (n. 31), p. 33-53.
54. Sur la légende de saint Eustache en Orient, voir T. Velmans, *L'Art médiéval de l'Orient chrétien*, Paris, Picard, 2002.
55. Gace de La Buigne, *op. cit.* (n. 17), v. 7900.
56. A. Guerreau, « Les structures de base de la chasse médiévale », dans *op. cit.* (n. 31), p. 25-32.
57. Gaston Phébus, *Livre de chasse*, G. Tilander éd., Karlshamn, Johanssons Boktryckeri, 1971, p. 62.
58. *Le Haut Livre du Graal (Perlesvaus)*, W. A. Nitze et T. A. Jenkins éd., Chicago, The University of Chicago Press, 1932, p. 44, l. 510.

vaisselle royale d'or et d'argent et sur tous les meubles d'apparat un cerf volant portant une couronne pour collier. » [59]

La croyance en la longévité du cerf est partagée par Gaston Phébus : « un cerf vit plus longuement que beste qui soit, quar il puet bien vivre cent anz, et tant plus est vieill, et tant est plus biau. » [60] On se souvient que depuis l'Antiquité on lui attribuait une longévité exceptionnelle : Actéon est métamorphosé en « un cerf promis à de longues années ». Ovide, dans *Cyparissus*, décrit un grand cerf consacré aux nymphes, portant un collier d'or sur lequel de très vieilles lettres avertissent tout chasseur que Jules César lui-même avait donné l'ordre de ne pas le capturer [61]. Pline l'Ancien rattache cette légende à Alexandre : « la longévité des cerfs est un fait reconnu ; on en a repris après cent ans, qui portaient encore des colliers d'or qu'Alexandre le Grand leur avait fait mettre, et qui étaient enfouis dans les plis de la peau, tant les animaux avaient engraissé. » [62] D'origine orientale, la légende est encore plus archaïque. Le roi indien Brahmadatta se promenait un jour dans le parc de son palais lorsqu'il aperçut un cervidé merveilleux ; le roi s'abstient de le tuer et le roi des dieux lui promet une longue vie et l'apothéose après la mort : l'animal était en réalité un Asura, un être à la fois divin et démoniaque [63].

Le motif du cerf ou d'une biche portant un précieux collier était connu également à l'époque de Charles VI. Le *Diptyque Wilton*, conçu vers 1395 pour Richard II d'Angleterre, le futur gendre du roi de France, représente un cerf héraldique portant une couronne sur la tête et un collier [64]. Chez Pétrarque — que Froissart a pu rencontrer chez le comte de Savoie en 1368, lors du mariage de

59. *Chronique du Religieux de Saint-Denys*, édition et traduction de M. L. Bellaguet, [1842], Paris, Éditions du Comité des Travaux historiques et scientifiques, 1994, t. I-II, Livre I, chaptitre XI, p. 71.

60. Gaston Phébus, *op. cit.* (n. 57), p. 64.

61. *Le Familiari*, V. Rossi éd., Florence, G. C. Sansoni, 1937, t. III, lb. XVIII, 8, p. 288.

62. Pline l'Ancien, *Histoire naturelle*, Livre VIII, éd. et trad. A. Ernout, Paris, Les Belles Lettres, p. 64, l. 119-23.

63. M. Eliade, *op. cit.* (n. 43), p. 149.

64. R. Recht et A. Châtelet, *Le Monde gothique. Automne et Renouveau, 1380-1500*, Paris, Gallimard, 1988, p. 195, image 157.

Lionel, fils d'Édouard III, avec la fille de Galeazzo Visconti de Milan —, Laure apparaît au poète amoureux sous la forme d'une superbe biche étendue dans l'herbe, à l'ombre d'un laurier. L'animal porte un collier avec une inscription :

> « Nessun mi tocchi — al bel collo d'intorno
> scritto avea di diamanti et di topazi — :
> libera farmi al mio Cesare parve. » [65]

Deux siècles plus tard, le livre des *Imprese illustri* de Girolamo Ruscelli (Venise, 1566) expose la devise de Lucrèce de Gonzague représentant une biche au collier incrusté de diamants et de topazes ; le commentaire rappelle à cette occasion la légende des cerfs antiques qui portaient l'inscription : *Noli me tangere, quia Caesaris sum* [66].

La différence essentielle entre le cerf de César et le cerf du songe de Charles VI tel qu'il est rapporté par Froissart réside dans le vol. Il est vrai qu'un document daté du 17 septembre 1382 mentionne pour la première fois l'emblème du cerf couronné, mais il ne mentionne pas ses ailes. La devise du cerf ailé ou volant est plus probablement la conséquence du songe du roi et non pas de l'épisode de la forêt de Compiègne, raconté par la *Chronique de Saint-Denis* : on sait que Michel Pintouin « dit non pas ce qui a été, mais ce qui aurait dû être » [67]. Il n'est pas exclu non plus que Froissart se soit trompé sur les dates, comme cela lui arrive assez souvent. Quoi qu'il en soit, il paraît hâtif de déduire de la non coïncidence des dates et lieux mentionnés par les deux chroniques, que le songe de Charles VI est plutôt le fait du poète, dont l'imagination se serait donné libre cours.

En revanche, il faut peut-être s'arrêter au fait que, dans le rêve raconté par Froissart, seul le roi a le privilège du vol. On sait que l'idéologie royale implique, sous une forme ou une autre, l'ascension du souverain au ciel. En Chine, en Inde, des empereurs volaient « comme un oiseau ». Alexandre se fait porter par des

65. Francesco Petrarca, *Canzoniere*, M. Santagata éd., Arnoldo Mondadori Editore, Milan, 2e édition, 1997, p. 824.
66. R. Paultre, *Les Images du livre. Emblèmes et devises*, Paris, Hermann Éditeurs des Sciences et des Arts, 1991, p. 25-26.
67. B. Guenée, *Un roi et son historien*, Paris, Institut de France, Mémoires de l'Académie des Inscriptions et Belles-Lettres, t. XVIII, 1999, p. 63.

oiseaux. Le roi des Goths ne se déplace que dans un attelage tiré par des cerfs [68].

En réalité, le vol magique connaît une diffusion universelle sous des formes diverses : « il est indifférent que le contenu épique de tels mythes et légendes dépende directement d'une expérience extatique réelle (transe de type chamanique) ou qu'il soit une création onirique ou un produit de l'imagination à l'état pur. » [69] Le vol traduit la participation à des choses secrètes, la transcendance et la liberté de l'homme. Dans l'épisode raconté par Froissart, aucune inquiétude du rêveur, aucune angoisse, aucun état de prostration. L'expérience est rassurante, bien qu'extraordinaire, car il s'agit bien de l'abolition de la pesanteur et donc d'une mutation ontologique : « c'est parce qu'ils ne partagent plus la condition humaine, et dans la mesure où ils sont " libres " que les Souverains sont réputés pouvoir voler dans les airs. » [70] Selon Froissart, c'est à la suite de cette aventure onirique que le roi aurait décidé de prendre pour devise le cerf volant ailé, couronné au col d'or. Le cerf comme médiateur entre le ciel et la terre semble confirmer l'idée que la symbolique héraldique s'appuie sur un « vieux fond de symbolique universelle » [71].

La devise du cerf volant réussit à s'imposer. Dans le *Songe du vieil pelerin*, rédigé entre 1386 et 1389, Philippe de Mézières désigne le jeune roi Charles VI sous deux noms : le Blanc Faucon — à savoir un « jeune pelerin » — « au bec et piez dorez » et le Cerf Volant couronné ; Charles V, le père du roi, est désigné par les mots « le vieil tressaige faucon ». Le but déclaré de ce livre, dédicacé au Gracieux Forestier, fauconnier du Blanc Faucon, est celui d'apprendre au Blanc Faucon à bien et sagement voler et au Jeune Cerf à se garder des chiens, allégories de l'avarice, de la vanité et de l'orgueil. Le jeune duc Louis de Guyenne (1397-1415) qui, à la mort de son frère Charles devient l'aîné des fils du roi Charles VI, adopte lui aussi

68. Voir *Handwörterbuch des deutschen Aberglaubens*, Berlin-Leipzig, Walter de Gruyter, 1931, t. IV, *s. v.* « Hirsch », p. 86-110.

69. M. Eliade, *Mythes, rêves et mystères*, Paris, Gallimard, 1957, p. 130 ; voir aussi W. K. Mahony, *s. v.* « Flight », dans *The Encyclopedia of Religion*, M. Eliade éd., New York-Londres, MacMillan Publishing Company-Collier Macmillan Publishers, 1987, t. V, p. 349-353.

70. M. Eliade, *op. cit.* (n. 69), p. 137.

71. M. Pastoureau, *Les Armoiries*, Turnhout, Éditions Brepols, 1976, p. 75.

la devise du cerf volant. On retrouvera le cerf ailé au collier sur un jeton de Pierre II de Bourbon (1439-1503). Dans une enluminure, datant des années 1460-1465, pour la version française du traité *De casibus virorum illustrium* de Boccace faite par Laurent de Premierfait, Jean Fouquet a représenté le *Lit de justice de Vendôme* concernant le procès de Jean, duc d'Alençon, en 1458 : sur les murs de couleur rouge, blanche, verte, on peut voir deux fois deux grands cerfs volants ailés, portant la couronne royale et l'écu aux fleurs de lis. Le cerf ailé se retrouve dans certaines tapisseries du XVe siècle. Avec la mode du cimier, qui atteint son apogée en France entre 1320 et 1460, on trouvera parfois des cerfs volants : à l'occasion du Pas de Saumur organisé par René d'Anjou, le chevalier Jean de Varennes porte comme cimier parlant un cerf volant [72]. Beaucoup plus tard, dans *La Devise des armes des chevaliers de la table ronde*, publié par Benoist Rigaud en 1590, l'image 182 présente un cerf ailé, devise qui aurait appartenu à un chevalier inconnu « à cause de la longue succession du temps qu'il estoit en vie, ou parauanture pour autant que les liures qui ont esté escrits ont esté perdus, toutefois il fut lvn de la table ronde » [73].

Il y a dans le rêve de Charles VI une logique symbolique dont nous ne pouvons faire abstraction. Froissart ne nous raconte pas une vision fantasmagorique due à un excès d'imagination ou à la future « frénésie » du roi, mais un songe chargé d'un symbolisme archaïque. Comme dans bien d'autres récits, le motif de la chasse remplit la fonction de médiation entre notre monde et un univers spirituel. Le récit, solidement structuré, s'appuie sur un arrière-plan mythique encore bien vivant dans la mémoire collective : dans le songe médiéval, la matière onirique ne dédaigne pas de se rattacher à un imaginaire collectif et archaïque. Le flux d'images témoigne de la richesse intérieure du rêveur et de son désir de vivre un archétype cohérent : le jeune roi reproduit un rituel. Il connaît une situation-

72. C. de Mérindol, *Le Roi René et la seconde Maison d'Anjou. Art, emblématique, histoire*, Paris, Le léopard d'or, 1987, p. 75, fig. 19a. Sur la fonction du cimier, voir Michel Pastoureau, « Désigner ou dissimuler ? Le rôle du cimier dans l'imaginaire médiéval », dans *Masques et déguisements dans la littérature médiévale*, Études recueillies par M.-L. Ollier, Montréal, Presses de l'Université de Montréal, Paris, Vrin, 1988, p. 127-140.

73. *La Devise des armes des chevaliers de la table ronde, lesquels estoyent du tres-renommé & vertueux Artus, Roy de la grand Bretaigne*, A Lion, Par Benoist Rigaud, 1590 (Ivry, Phénix Édition, 2000), image 182.

limite, qui est celle de l'ascension dans les airs. Le roi vole non pas pour échapper à un poursuivant, mais pour récupérer le faucon, qui est un attribut à la fois chevaleresque et royal. Le vol marque le rêveur de la dignité royale : le cerf volant est à la fois le génie tutélaire du roi et son double spirituel. Mais en même temps — faut-il le rappeler ? — « toute expression du sacré apparaît bipolaire : elle implique sa propre négation » [74]. Le désir de vivre un archétype ne se manifeste pas autrement que sous l'absolue gratuité du songe qui, qu'on le veuille ou non, rime inévitablement avec *mensonge*.

Michel STANESCO

74. G. Gusdorf, *Mythe et métaphysique*, Paris, Flammarion, 1953, p. 43.

FROISSART HISTORIEN OU ROMANCIER ?

L'ANTHROPOLOGIE MÉDIÉVALE EN TRANSITION. A PROPOS DU *MÉLIADOR* DE FROISSART

Sous sa forme classique, le roman arthurien est conçu autour d'une suite d'aventures que le chevalier errant doit surmonter [1]. L'objectif de ces épreuves est de le faire mûrir dans le sens éthique du terme. En règle générale, l'aventure implique une confrontation avec le monde sauvage et contingent, qui se produit loin de la cour arthurienne, dans un *autre monde*, doté d'éléments relevant du « merveilleux » [2]. Lorsque, au bout de sa *queste*, le héros revient à la cour, il se trouve transformé : non seulement il a fait preuve de sa « prouesse » épique, mais ce qui est bien plus important et décisif pour son épanouissement final, c'est le fait, qu'après avoir traversé

1. Cf., à ce propos, l'étude de M.-L. Chênerie, *Le Chevalier errant dans les romans arthuriens en vers des XIIe et XIIIe siècles*, Genève, 1986.
2. Selon le médiéviste allemand Walter Haug, le noyau sémantique du *leitmotif* des aventures consiste dans la confrontation du chevalier avec un monde contingent et dépourvu de sens : il s'agirait, en fait, de l'« Opposition zwischen einer sinndurchwirkten Welt und einer Welt, deren Sinn fraglich, offen, nicht auf einen Nenner zu bringen ist » (cf. l'excellente mise au point de W. H., « Für eine Ästhetik des Widerspruchs. Neue Überlegungen zur Poetologie des höfischen Romans », dans *Mittelalterliche Literatur und Kunst im Spannungsfeld von Hof und Kloster*, N. F. Palmer et H.-J. Schiewer éd., Tübingen, 1999, p. 209-228, cit.p. 213). Ce type de confrontation avec le non-sens se produit d'habitude aux points de rupture qui marquent le passage dans un monde merveilleux. Or c'est précisément dans ce merveilleux que se concrétise « la dialectique entre l'idéalité arthurienne de la Cour et un contre-monde, face auquel l'idéalité doit se réaliser sans cesse » (cf. du même auteur « Die komische Wende des Wunderbaren : arthurische Grotesken », dans *Das Wunderbare in der arthurischen Literatur. Probleme und Perspektiven*, F. Wolfzettel éd., Tübingen, 2003, p. 159-174, cit. p. 164).

un certain nombre de crises existentielles, il est devenu un personnage responsable dans son contexte social. Chrétien, dans son *Erec* ou dans *Yvain*, nous livre les exemples devenus fameux de ce cursus typiquement chevaleresque [3]. Le dénouement idéal des histoires est donc l'initiation réussie du héros à l'ordre de la *curialitas*, notion qui désigne, avec un terme contemporain, la « *Weltanschauung* » courtoise-chevaleresque dont l'entourage social de notre auteur était fortement imprégné [4].

L'idéal de maturité morale et spirituelle auquel aspire le héros du roman arthurien consiste, au fond, à discipliner par la raison la fureur de la force physique propre à la jeunesse. L'aboutissement de la *queste* est donc de canaliser la nature animale du héros. Par rapport au motif central de l'amour courtois, ceci signifie qu'au cours de sa formation, le héros apprend à dompter son *amor sui* débridé pour arriver à une attitude de *caritas* responsable. Ainsi il peut vivre « en paix » tant dans la vie matrimoniale que dans la communauté des chevaliers. Le roman arthurien classique raconte en effet la vie d'un jeune chevalier puissant et ambitieux qui acquiert sens moral et responsabilité. Nous avons affaire à des romans de formation.

Or ce cadre narratif présente une étroite relation avec la théorie des âges de la vie que l'on peut considérer comme fonda-

3. L'histoire du *roman arthurien* est caractérisée, pour une bonne part, par une étonnante constance de l'arsenal des motifs et de leur agencement. Voir à ce sujet, N. J. Lacy, « The Typology of Arthurian Romance », dans *The Legacy of Chrétien de Troyes*, t. I, N. J. L. Kelly, D. Kelly et K. Busby éd., Amsterdam, 1987, p. 33-56. Quant au rôle déterminant de l'auteur de l'*Erec* et de l'*Yvain*, Lacy (p. 33) affirme « that much of what Arthurian romance was to become was contained in Chrétien de Troyes, moreover, much that other writers did not take from Chrétien may well have developed in reaction to him ».

4. Il s'agit d'un concept normatif qui réglait en grande partie la vie pratique et idéelle dans presque toutes les cours princières de l'Europe occidentale depuis le haut Moyen Âge. Il nous semble légitime de voir dans la *curialitas* la grille fondamentale de la production de Froissart dans la mesure où la stabilisation de cet *ordo* peut être considérée comme la tâche directrice de tous ses écrits. Pour une étude approfondie de la notion, voir les actes d'un colloque, édités par l'historien Josef Fleckenstein : Curialitas. *Studien zu Grundfragen der höfisch-ritterlichen Kultur*, Göttingen, 1990 ; cf. surtout la mise au point par l'éditeur, p. 452-487.

mentale pour l'anthropologie du Moyen Âge [5]. Cette théorie est basée sur la sémiotique platonicienne, selon laquelle certains nombres à haute teneur symbolique représentent la nature cosmique et qui affirme que certains groupes numériques seraient essentiels pour conduire sa vie sur le « droit chemin ». Le schéma largement dominant jusqu'à la fin du XIIIe siècle fut celui des quatre âges de l'homme. En se fondant sur d'anciennes sources d'ordre médical et astronomique — partant, elles, de la distinction des quatre saisons, des quatre éléments, des quatre humeurs de l'homme ou des quatre vents [6] —, on opérait communément au haut Moyen Âge une distinction entre *pueritia* (*adolescentia*), *iuventus*, *senectus* et *decrepitas* (ou *senium*) (fig. 1).

Selon les théologiens-philosophes du Moyen Âge, le groupe numérique des quatre âges permettait à l'homme de vivre en accord avec la volonté divine. La vulgarisation, dans la culture française, de ce concept est attestée dans *Les quatre âges de l'Homme*, traité écrit par le laïc lettré Philippe de Navarre vers 1270 [7]. L'expression la plus remarquable de cette pensée, nous la trouvons, sans doute, dans le *Convivio* de Dante Alighieri — véritable *summa* qui, dans la perspective d'une théologie morale, explique minutieusement que tout bon chrétien (« la nobile anima ») doit traverser quatre étapes au bout desquelles il mérite son entrée dans l'au-delà [8].

Ce qui, pour nous, est important dans cette pensée, c'est que, suivant la théorie des *aetates hominum*, les étapes de la vie biologique étaient reliées à une suite d'autant d'étapes d'ordre spirituel et moral

5. Le terme « anthropologie » désigne, dans cet article, « une idée de l'homme en tant que cette idée engage une éthique », définition approuvée par le TLF. — Cf. pour ce qui suit les travaux cruciaux de J. A. Burrow, *The Ages of Man. A Study in Medieval Writing and Thought*, Oxford, 1986, et de E. Sears, *The Ages of Man.* Medieval *Interpretations of the Life Cycle*, Princeton, 1986. L'étude de Burrow a, pour nous, l'avantage d'étendre l'analyse au domaine de la littérature narrative du Moyen Âge (cf. chap. 3 et 4), celle de Sears comprend un choix de représentations iconographiques hors pair.

6. Cf. pour la genèse antique de ces concepts E. Sears, *op. cit.* (n. 6), p. 9-37, et J. A. Burrow, *op. cit.* (n. 6), p. 22-36.

7. Édité par M. de Fréville, Paris, 1888. Dans ce traité d'ordre chevaleresque et moral, la répartition des âges de la vie suit l'ordre « enfance », « jovens », « moiien aage » et « viellesce ».

8. *Banquet* IV, 24-28, dans Dante, *Œuvres complètes*, nouvelle édition par C. Bec, Paris, Le Livre de Poche, La Pochothèque, 1996, p. 364-379.

dans l'évolution de l'individu. A la mutation du corps correspondait une mutation de l'âme. Ce qui revient à dire que l'on associait des vertus aux activités correspondant à un âge de la vie spécifique. Ainsi la figure 2, illustrant le Psaume 89 et datant probablement du début du XIVe siècle, représente la vie humaine en sept étapes qui renvoient chacune à des activités bien concrètes. Par rapport au conflit fondamental existant entre la bonne raison et la tentation du péché, on arrivait de la sorte à une solution ontogénique : elle inscrivait la problématique de l'*anima duplex* dans une suite typologique d'étapes de la vie dont la fin était forcément positive.

Dans le roman arthurien, on retrouve la théorie des âges de la vie sous une forme réduite. Les récits se concentrent exclusivement sur le passage qui, toujours suivant notre schéma à sept âges (fig. 2), se fait de la troisième à la cinquième image. Le plus souvent, ce passage est illustré moyennant la confrontation des jeunes chevaliers errants aux « anciens » chevaliers, expérimentés [9]. Ceux-là représentent le principe de la *vie active* et l'assujettissement de la nature que traitent les images 1 à 3. Les « anciens », par contre, profitent déjà d'une *vita otiosa* ou *contemplativa* — conceptions qui prêchent l'harmonie avec la nature intérieure et extérieure de l'homme (voir images 4 à 7). Les histoires chevaleresques se limitent donc à thématiser ce seul segment central et déterminant pour l'initiation à l'ordre chevaleresque et courtois.

Notre poète connaissait parfaitement la grille de compréhension à travers laquelle nous allons considérer son *Méliador* ; en effet, dans *Le Joli Buisson de Jonece* [10], le moi poétique se sert de cette « philozophie » (v. 1559) afin d'interpréter le cours de sa propre vie. « Philozophie » selon laquelle la vie s'organise en sept « degré[s] » (v. 1691) qui correspondent aux « .VII. planettes » (v. 1597) qui, elles, dominent le « firmament » (v. 1564) [11]. Ici, Froissart illustre de manière assez précise le schéma des sept âges dont la première

9. J. A. Burrow, *op. cit.* (n. 6), p. 173, évoque brièvement les « contrasts between youth and maturity, considered as successive seasons in the life-cycle portrayed in romance », sans insister pourtant sur ce phénomène.

10. *Le Joli Buisson de Jonece*, A. Fourrier éd., Genève, 1975 ; pour ce qui suit v. 1564-1704. Par la suite, je cite cette édition dans le texte en indiquant les vers respectifs entre guillemets.

11. Ce parallèle entre l'ordre cosmique et l'ordre des âges de la vie se résume, dans ce long dit, dans l'allégorie directrice du « buisson » cosmique qui contiendrait « jusqu'à .VII. branches » (v. 1588). Cette « figure » (v. 1586) implique la

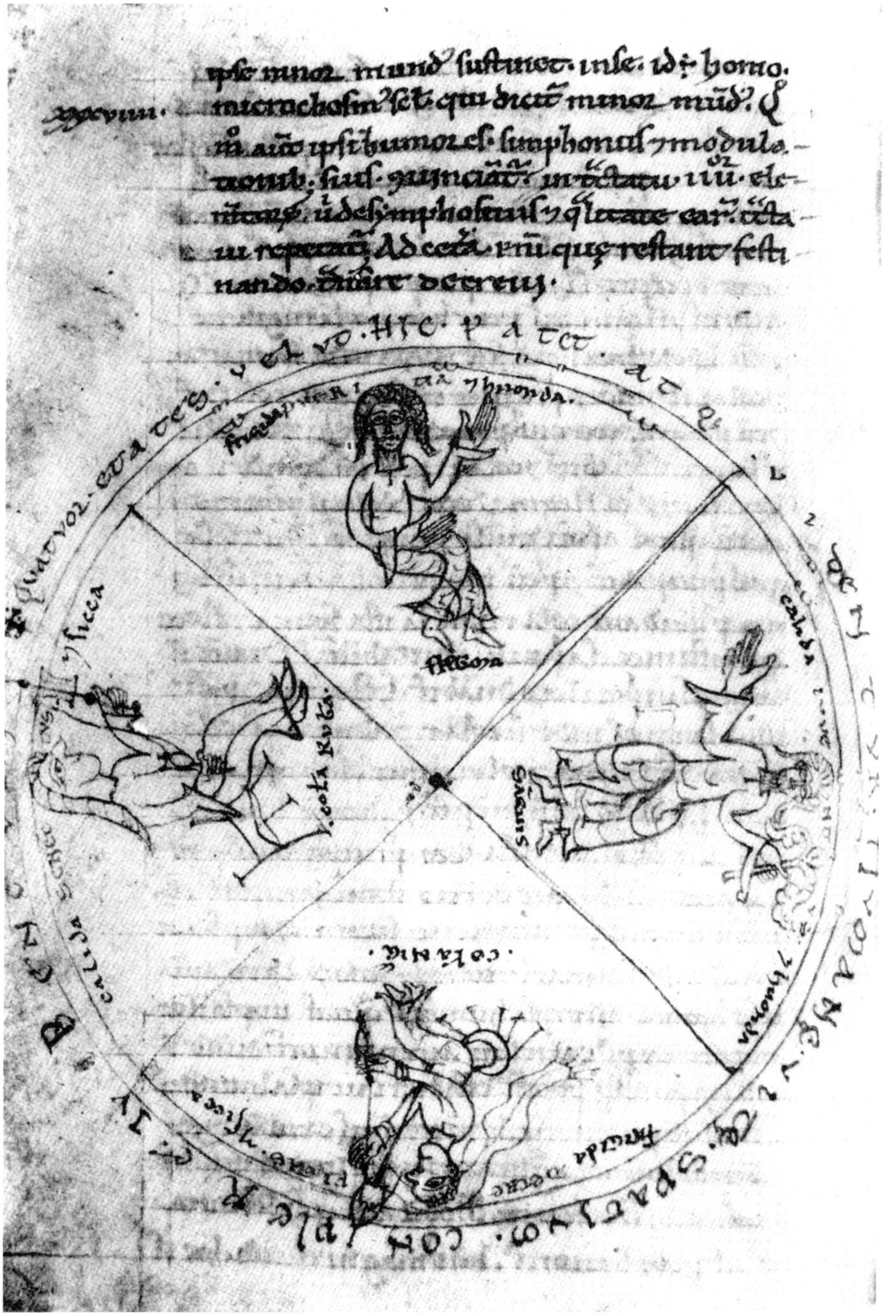

FIG. 1 — Les âges de l'homme et les quatre humeurs (vers 1100).
Univerité de Cambridge, Gonville and Caius College.

FIG. 2 — Les sept âges de l'homme, illustration du Psaume 89 (XIVe s.), ms. lat. 8846, fol. 1615. Paris, Bibliothèque nationale de France.

source écrite parvenue jusqu'à nous est le *Tétrabiblos* ptolémaïque [12]. Ce traité astrologique avait déjà mis en parallèle « les qualities accidentelles de chaque âge » avec celles « qui sont naturellement propres au planète comparé avec lui » [13]. Il en résultait le règne

« moralité » (v. 1585) suivante : « Et ces branches cleres et nettes Figuroit il [li astrologiien, v. 1590] as .VII. planettes ; A cascune un nom arestoit : La Lune la premiere estoit, La seconde Mercurius, Et la tierce appelloit Venus ; Le Soleil nommoit le quatrisme Et Mars prendoit pour le chiunquisme ; Le .VIme, qui bien le nombre, Jupiter le mettoit en nombre ; Le septisme, selonc son us, Appellee estoit Saturnus » (v. 1596-1607).

12. Voir à ce sujet, F. Boll, *Die Lebensalter. Ein Beitrag zur antiken Ethologie und zur Geschichte der Zahlen*, Leipzig-Berlin 1913, p. 112-137, ainsi que E. Sears, *op. cit.* (n. 6), chap. II : « Sevens in the Life Cycle », p. 38-53. Le schéma de Claude Ptolémée fait partie de son *Tetrabiblos*, utilisé ici dans la traduction anglaise : Ptolemy, *Tetrabiblos*. Edited and translated by F. E. Robbins 1980, book IV, chap. 10 : « Of the Divisions of Time », p. 437-447. Selon J. A. Burrow, *op. cit.* (n. 6), p. 40, l'application poétique du schéma ptoléméen dans le *Joli Buisson de Jonece* constituerait « a notable vernacular exception » vis-à-vis d'une tradition éminemment érudite.

13. Ptolémée, *Tetrabiblos*, *op. cit.* (n. 12), p. 441.

successif de la Lune, de Mercure, de Vénus, du Soleil, de Mars, de Jupiter et de Saturne, dont les qualités dominaient, dans ce même ordre, les âges suivants : de la naissance à 4 ans, de 5 à 14 ans, de 15 à 22 ans, de 23 à 41 ans, de 42 à 56 ans, de 57 à 68 et de 68 ans jusqu'à la mort. En Occident, avec la redécouverte au XIIe siècle de l'astrologie de l'Antiquité, s'était répandue cette idée des sept âges de l'homme. Celle-ci devint vite un élément central de la théorie qui concevait l'homme comme un microcosme, lui-même reflet du macrocosme divin (cf. fig. 3) [14].

Dans le *Buisson*, cette théorie occupe une fonction quasiment poétologique dans la mesure où elle fait correspondre la fin du règne du Soleil et le début de celui de Mars à l'entrée du moi poétique dans une « ordenance nouvelle » (v. 459) [15]. Cette dernière signifie moins l'au-delà — bien que le moi poétique l'évoque sans cesse [16] — que le nouveau rôle de « registreur » (v. 412) du monde courtois que le moi va assumer désormais [17]. C'est sous une forme poétique que Froissart fait ici ses adieux à la poésie d'amour

14. Pour une discussion approfondie du concept de l'analogie entre le cosmos et l'homme, cf. A. Meyer, « Wesen und Geschichte der Theorie vom Mikrokosmus und Makrokosmos », *Berner Studien zur Philosophie und ihrer Geschichte* 25, 1900, p. 1-122. L'élaboration ultérieure du théorème à la Renaissance, à partir de la philosophie néo-platonicienne de Marsile Ficin, est traitée par E. Cassirer, *Individuum und Kosmos in der Philosophie der Renaissance*, Darmstadt, 1927-1974², p. 115 et suiv.

15. Comme Dante au début de sa *Comédie Divine* (Enfer I, v. 1-3) le « je » de notre dit est métaphoriquement perdu au milieu d'« una selva oscura » qui marque un moment de crise décisive dans sa carrière. Voir, quant à cette topique, le long prologue du *Joli Buisson de Jonece* (v. 1-872) mettant en scène un moi poétique qui discute avec « Philozophie » l'impossibilité d'accomplir la « science » (v. 85) que « Nature » (v. 54) lui donna — « C'est que de faire biaus dittiers » (v. 37). J'ai analysé ce passage dans *Generische Wahrheit. Höfischer Polylog im Werk Jean Froissarts*, Stuttgart, 2003, p. 123-130.

16. En fait, le dit se termine sur le *Lay de Nostre Dame* (v. 5198-5442) qui sanctionne le passage poétologique par les motifs de la *conversio* et de l'adhésion à la « divine ordenance » (v. 5406). Une analyse détaillée du lai a été donnée par A. Planche, « Du *Joli Buisson de jeunesse* au *Buisson ardent* : le Lai de Notre-Dame dans le Dit de Froissart », *Senefiance* 10, 1981, p. 395-413.

17. Voir aussi les v. 4671-4679 et 5001-5009 qui mettent explicitement en scène le passage du « je » du rôle d'amant à celui d'un personnage qui « registre » la vie courtoise de son entourage. Voir, pour une interprétation suivie de cette thématique, mon *Generische Wahrheit. op. cit.* (n. 15), p. 96-98 et 123-137.

allégorique, au centre de laquelle se logeait le moi comme poète-amant [18]. Par la suite, il se transformera en chroniqueur, narrant la vie sociale de l'époque aux générations à venir. C'est ainsi que dans le *Joli Buisson de Jonece* le *cursus aetatis* se transforme en *cursus poetae*.

Le fait que Froissart ait écrit un roman chevaleresque deux cents ans après Chrétien de Troyes ne doit pas nous étonner, puisque le genre était toujours en vogue à l'époque [19]. Pourtant, le *Méliador* n'a plus grand-chose à voir avec le genre « classique » : les travaux de Peter F. Dembowski [20], Friedrich Wolfzettel [21] et Michel Zink [22]

18. Cf., à ce sujet, l'analyse pertinente de M. A. Freeman, « Froissart's *Le Joli Buisson de Jonece* : A Farewell to Poetry », dans *Machaut's World : Science and Art in the Fourteenth Century*, : M. P. Cosman et B. Chandler éd., New York, 1978, p. 235-247.

19. Quant au sort du genre littéraire, voir l'article informatif de Jane Taylor : « The Fourteenth Century : Context, Text and Intertext », dans *The Legacy of Chrétien de Troyes*, N. J. Lacy, D. Kelly et K. Busby éd., t. I, Amsterdam, 1987, p. 267-332.

20. Cette étude magistrale constitue le pas décisif vers une valorisation historiquement adéquate et systématique du roman : *Jean Froissart and his* Meliador. *Context, Craft and Sense*, Lexington 1983. C'est avec des arguments très convaincants que Dembowski conçoit le *Méliador* comme l'expression la plus pure d'un « chivalric revival » au XIVe siècle — une « renaissance » dont le trait pertinent fut, par rapport à la tradition chevaleresque, son caractère ludique. Cf., quant à ce point décisif, p. 120-128.

21. Friedrich Wolfzettel a le mérite d'avoir mis en relief le rôle primordial que tient dans le *Méliador* l'idée d'établir un ordre à la fois rigide et harmonieux dans le monde arthurien : « Die " Modernität " des Meliador von Froissart : Plädoyer für eine historische Neubewertung des letzten Versromans des Artuszyklus », dans *Liebe und Aventure im Artusroman des Mittelalters*, P. Schulz-Belli et M. Dallapiazza éd., Göppingen, 1990, p. 151-166.

22. Michel Zink est le premier à avoir placé notre roman dans la perspective d'une conscience littéraire moderne : « Roman ancien ou poème moderne », dans Id., *Froissart et le temps*, Paris, 1998, p. 111-130. Selon son analyse, notre roman arthurien — une « coquille vide de sens » (p. 112) par rapport à la tradition du genre — serait plutôt un « roman des situations sentimentales » (p. 126) qui « est du côté de la poésie personnelle de Froissart ; du côté des émotions du moi » (p. 129). Dans cette perspective, le *Méliador* marque « un début » dans l'histoire littéraire « d'une sensibilité poétique neuve et de l'association entre cette sensibilité et le vers » (p. 130). Dans ses vers, la « notion de poésie telle que la connaîtra l'époque moderne commence à prendre corps » (p. 129). — Pour une revue détaillée des jugements de la critique sur le roman froissardien,

FIG. 3 — Schéma illustrant la correspondance entre le microcosme et le macrocosme dans Isidore de Séville, *De natura rerum*, Augsbourg, 1472.

ont démontré l'extrême réduction de la sémantique existentielle et conflictuelle du genre. Dans le désir de créer un mythe chevaleresque harmonieux, Froissart soumet l'action à un principe d'ordre rigide. C'est pourquoi l'on considère en général ce roman comme le chant du cygne du roman arthurien en France [23].

voir P. F. Dembowski, *op. cit.* (n. 20), p. 20-24, et M. Schwarze, *op. cit.* (n. 15), p. 148-152.

23. Cf. B. Schmolke-Hasselmann, *Der arthurische Versroman von Chrétien de Troyes bis Froissart*. Zur Geschichte einer Gattung (Beiträge zur Zeitschrift für Romanische Philologie, 177), Tübingen, 1980.

A lui seul, le fait que les protagonistes, et surtout le chevalier au soleil, Méliador lui-même, entrent dans l'histoire en tant que héros accomplis confirme cette thèse ; leurs exploits servent à célébrer leur perfection et celle de l'ordre courtois. Mais dès lors que, individuellement, ils agissent comme l'incarnation idéale de l'éthique chevaleresque, le sens de leurs aventures est réduit à l'état de simples épreuves physiques [24]. Certes, ces épreuves sont destinées — comme il se doit — aux héros élus, comme dans les modèles classiques du genre, mais leur fonction n'est plus de déclencher des crises entraînant des péripéties. L'impression qui reste est celle d'une prolifération sérielle de combats. Au fond, ce cumul de luttes physiques expose précisément le nœud de la problématique chevaleresque, la force physique pouvant passer pour le présupposé fondamental que l'éthique chevaleresque tente de maîtriser [25] — en imposant notamment des formes de combat strictement réglementées. C'est cette exhibition involontaire de la force physique qui marque peut-être le plus pertinemment la précarité de l'ordre courtois-curial et de son genre littéraire traditionnel [26].

Alors, se pose la question de savoir ce qu'est devenue la théorie des âges dans le cadre de la « coquille vide de sens » dont Michel Zink a parlé à propos du *Méliador*. A première vue, elle semble toujours valable, dans la mesure où elle concourt à organiser le récit : ainsi, par exemple, les chevaliers mariés renoncent à participer à la *queste* proclamée à la cour d'Arthur en faveur des « jones / Qui ont corps frices et ydones » (v. 3068 sq.) Et la glorieuse fin de l'intrigue

24. Quant à la simplification radicale de la problématique arthurienne comme manifestation du « poetic revival » bien conscient, voir P. F. Dembowski, *op. cit.* (n. 20), p. 96-100.

25. Nous avons affaire ici au revers de cette médaille du « chivalric revival » que Dembowski dévoile comme pénétration ludique de l'art et de la vie ; voir *op. cit.* (n. 20), p. 126-128.

26. Dans *Generische Wahrheit*, j'ai essayé de démontrer, pour le Quatrième Livre des *Chroniques*, comment Froissart réussit de moins en moins à préserver l'éthique courtoise dont la stabilisation est son but proclamé. Or, dans les moments de rupture du discours courtois-chevaleresque se manifeste une nouvelle norme, celle de la réussite sociale. Je considère cette nouvelle qualité dominante des *Chroniques* tardives comme une éthique de la puissance (« Machtethos »), dans la mesure où nous sommes confrontés à la même exposition involontaire du présupposé fondamental de la *curialitas* que dans le *Méliador*. Cf. surtout p. 282-304 et 311-314.

consiste en une fête matrimoniale gigantesque qui attribue à chaque chevalier une dame adéquate, correspondant exactement à son degré de *prouesse* (cf. v. 30087-30515) [27]. En réalité, de tels moments ne marquent cependant en aucune façon le début ou l'accomplissement d'une crise initiatique. Ils ne sont que les échelons d'une quête dont le but est exclusivement pragmatique : elle est, en effet, avant tout un « soutieus tours » (v. 1695) imaginé par Florée et destiné à protéger sa toute jeune et innocente cousine Hermondine des pulsions agressives d'un chevalier noctambule (cf. v. 8110 sqq.).

C'est ici que je voudrais attirer l'attention du lecteur sur les 9000 premiers vers du *Méliador*, œuvre qui nous est parvenue inachevée. Ces vers décrivent le seul vrai conflit du roman. Il s'agit de la menace que représente le méchant Camelz de Camois pour le monde arthurien ; au bout de seulement un tiers du roman le héros accomplit la délivrance décisive [28]. Dans ce long passage, le personnage de celui qui provoque le monde courtois pour finalement en être éliminé est particulièrement intéressant : car il fait jaillir soudainement une intériorisation simultanée de l'antagonisme anthropologique que le genre avait pour habitude de résoudre de manière ontogénique. Or cette intériorisation, me semble-t-il, annonce discrètement le tournant vers une nouvelle conception de l'homme.

Camelz agit donc comme cet élément, méchant et sauvage, qui, selon les conventions du genre, provoque le monde chevaleresque bien ordonné. A l'origine, c'est un « chevalier » (v. 319 et *passim*) particulièrement « preus » (*ibid.*) et agissant selon les normes de la cour, lequel — un jour — tombe amoureux. C'est la première fois et l'objet de sa convoitise est la toute jeune princesse Hermondine. Cet amour livre le chevalier à ses pulsions. Aveuglé par un désir qui ignore toute « attemprance » (v. 734) courtoise, Camelz se met à agir « rudement » (v. 738). Sous un prétexte cousu de fil blanc, il déclare une « guerre mortele » (v. 1211) à ceux qui l'empêchent de voir la jeune fille. Aux yeux du monde arthurien, il passe ainsi du « preus chevalier » (v. 321) à un dangereux

27. L'importance de cette analogie entre la prouesse des chevaliers et le bonheur matrimonial pour l'« ordenance » du roman a été mise en relief par P. F. Dembowski, *op. cit.* (n. 20), p. 70-73.

28. Cette lecture est confirmée explicitement par le texte lui-même : lors de l'apothéose de Méliador (v. 28899 sqq.), on nous dit que sa prouesse hors pair, unanimement louée, est due à « la mort monsigneur Camel » (v. 28924).

« outrageus » (v. 963) aux énergies vitales déviées. Un personnage pareil n'a évidemment pas sa place dans la communauté des chevaliers. Afin de légitimer encore plus rigoureusement son exclusion, le texte évoque le motif de la maladie coupable : car Camelz souffre de somnambulisme — une « maille / De reproce » (v. 460 sq.) et un « visce » (v. 6317, 6358 et *passim*) — qui, au Moyen Âge, était censé être une forme pathologique de la mélancolie. Or la *tristitia* liée à l'*humor melancholicus* était associée souvent, depuis le premier christianisme, à l'*acedia*, péché capital, qui, lui, se manifestait par mêmes symptômes extérieurs que la mélancolie [29]. Par conséquent, les traités spécialisés de l'époque s'évertuaient à mettre les jeunes femmes en garde contre les hommes mélancoliques [30]. Dans notre roman, c'est précisément ce que fait Florée quand elle prévient sa cousine contre le « visce » de Camel :

> « Il n'ose en une cambre seulz
> Jesir, tant soit hardis ne preus,
> Et encor souvent il avient
> Que trop laidement se maintient
> De nuit et trop diversement ;
> Car en dormant certainnement
> Se lieve, et s'arme, et si s'en fuit,
> Et mainne en sa cambre tel bruit
> Que tout cil, qui entour lui sont,
> De ses oevres grant hideur ont,
> Tant ressongnent sa contenance.

29. Voir, à ce sujet, l'étude fondamentale de R. Klibansky, E. Panowsky et F. Saxl, *Saturne et la mélancolie. Études historiques et philosophiques : nature, religion, médecine et art*, traduits de l'anglais et d'autres langues par F. Durand-Bogaert et L. Évrard, Paris, 1964-1989 ; ici surtout chap. II : « La mélancolie dans la médecine, la science et la philosophie du Moyen Âge », p. 123-201. Pour la réception des fondements théoriques dans la littérature française aux XIVe et XVe siècles, voir H. Heger, *Die Melancholie bei den französischen Lyrikern des Spätmittelalters*, Bonn, 1967, surtout p. 23-69.

30. Cf. par exemple le dialogue « encyclopédique » *Placides et Timéo* ou *Li secrés as philosophes* (éd. critique avec introd. et notes par Cl. Thomasset, Genève, 1980) qui fut rédigé avant 1304. Ici (§ 432, p. 211), parlant de la mélancolie, le philosophe Timeo fait savoir à son élève : « J'ay esprouvé et congnu fol par nature, quant je vis en li les signes de melencolie, des quels signes les sages dames se doivent prendre garde, quant elles se marient ou quant elles veullent faire ami, car de fol et de melencolieux se mal non n'en peut venir. »

N'esçou pas assés ordenance,
Cousine, c'on doit reprocier ?
Vous vodrés vous, en ce dangier,
Avoecques lui seul a seul mettre ? »
(*Méliador*, v. 6331-6345) [31].

Pour bien comprendre ce passage, il faut savoir que « l'inquiétude corporelle » comptait, comme nous le voyons chez Thomas, parmi les signes généralement reconnus de l'*acedia* [32]. Le « soutieus tours », c'est-à-dire la quête imaginée par Florée, aura donc pour but d'éliminer le malade fou furieux qu'est Camelz [33]. Et les aventures des chevaliers ne vont pas transcender ce but.

Si nous considérons le personnage de Camelz — comme nous l'avons fait jusqu'à présent — sous l'aspect des normes courtoises et chevaleresques, nos attentes semblent être confirmées : comme c'est souvent le cas dans le roman de la fin de l'époque arthurienne, dans *Méliador* aussi, le bien et le mal s'affrontent en une opposition dualiste. Et comme ailleurs aussi les deux positions sont exagérées de manière hyperbolique [34]. Mais une lecture attentive montre que, du

31. Ces symptômes équivalent de très près à ceux de la « fantasie » dont est victime Pierre de Béarn dans le troisième livre des *Chroniques* (Jean Froissart, *Chroniques. Livre III* [du Voyage en Béarn à la campagne de Gascogne] et *Livre IV* [années 1389-1400]. Texte présenté, établi et commenté par P. F. Ainsworth et A. Varvaro, Paris, 2004, p. 189-195, cit. p. 192), épisode fameux auquel Michel Zink a consacré une analyse perspicace : « Froissart et la nuit du chasseur », *Poétique* 11, 1980, p. 60-77. L'hypothèse, avancée par M. Zink (p. 62), selon laquelle le passage dans le *Méliador* serait une interpolation tardive, suivant le traitement de la maladie de Pierre dans les *Chroniques* est tout à fait convaincante. P. F. Ainsworth (*Jean Froissart and the Fabric of History. Truth, Myth and Fiction in the Chroniques*, Oxford, 1990, p. 162-166) a traité le potentiel littéraire de cet épisode, prenant en considération surtout sa signification pour l'œuvre entière de Froissart.

32. Dans la « 35. question » de la *Summa theologica* titrée *De acedia* (II, 2, art. 1-4), Thomas mentionne l'*inquietudo corporis* comme l'une des cinq façons dont peut se manifester la *vagatio mentis circa illicita*, elle-même une des *filiae acedia*.

33. Florée, en face de Méliador, confirme ouvertement ce stratagème : « Siques, sire, sus ceste entente / Ceste queste qui est presente / Ou travellent maint chevalier / Est faite, mentir ne vous quier, / Ou nom de Camel de Camois » (v. 8110-8114).

34. D'après Walter Haug, *art. cit.* (n. 2), p. 164 sq., dans le roman arthurien tardif, le mouvement dialectique entre le bien et le mal cède la place, en fait, de plus en plus à leur polarisation : « Die Tendenz geht dahin, die anti-arthurische Welt

point de vue des normes, Camelz n'est pas seulement une représentation du sauvage : le personnage est explicitement positif dans la mesure où il maîtrise les manières courtoises et surtout possède le courage et la bravoure qui, jusqu'à sa mort, font de lui un chevalier — presque — sans reproche.

Ce jugement contradictoire sur le comportement public de Camelz se manifeste à un autre niveau. Car le même personnage est aussi présenté selon une seconde perspective lui conférant une psychologie [35]. Celle-ci se manifeste d'abord dans les complaintes d'amour que Camelz chante selon la tradition de la *fin'amors*. Dès le début, l'amant solitaire ressent un désir absolu, dont il est la victime impuissante. Ainsi, en anticipant son sort, il se compare à Pâris, mort pour son amour absolu d'Hélène. Frappé par « la darde / D'amours, c'onques senti n'avoit » (v. 226 sq.), Camelz prononce un serment héroïque :

> « [...]
> Or vous jure jou, foy et ame,
> Que de vous je ferai ma dame
> Ou je demorrai en le painne,
> Si com Paris fist pour Helainne,
> Et, se mors sui pour vostre amour,
> Il me venra a haute honnour »
> (*Méliador*, v. 239-244).

Le lecteur de Froissart est habitué à ce ton élégiaque qui règne dans beaucoup de ses *dits*. Nous avons affaire à une contamination des genres littéraires dont Michel Zink a dit ce qu'il fallait dire [36].

---

immer böser, monströser, diabolischer und den arthurischen Helden immer übermenschlich-heroischer zu machen », p. 165.

35. P. F. Demboswki a remarqué justement que Camelz était dans le roman le seul personnage à susciter « complex moral problems », *op. cit.* (n. 20), p. 66. Il me semble pourtant que Froissart ne réduit pas toute la complexité de ce personnage au statut d'une « foible of Presumptuousness » (*ibid.*). Au contraire, en élaborant implicitement les diverses facettes de ce « cas problématique », il fait de Camelz le vrai protagoniste, dans la mesure où il est l'unique personnage du texte qui serve, comme dans les modèles classiques du genre, à la discussion de valeurs morales et éthiques.

36. Outre son analyse du *Méliador*, M. Zink traite de cet aspect crucial de l'œuvre froissardienne dans le chapitre de son *Froissart et le temps*, *op. cit.* (n. 22), intitulé « Les Chroniques et le modèle romanesque » (p. 49-61). Il en résume l'idée

Ce qui est alors étonnant, c'est que la focalisation interne de Camelz soit confirmée par l'autorité narratrice à un moment important du récit. Il s'agit de la nécrologie que le narrateur consacre au chevalier mort (v. 9102-9212). Dans ce passage, il honore celui qui par « trop povre estrine » (v. 9108) suit un jour un cerf qui, lui, s'avère être le vrai responsable de son amour. Or c'est cet amour inconditionnel qui « le fist mourir ; aultre riens non » (v. 9117). « Le mort rechut pour bien amer » (v. 9123) — telle est la quintessence de l'apologie de Camelz ! Vu sous cet angle, Camelz se rattache à la galerie des héros ovidiens, dont l'autorité littéraire fait de lui un martyr de l'amour :

> « Le mort rechut pour bien amer.
> Leander en morut en mer
> Si fist Narcissus pour Equo,
> Tristrans, Priamus et Porro ;
> Et li rois Mennon, on me tonde
> S'il n'en fu mués en aronde.
> [...]
> On en trouveroit .III. milliers
> Qui en sont mort ; il n'est pas doute.
> Tele est Amours qu'elle ne doubte
> Cop d'espée ne cop de lance »
> (*Méliador*, v. 9123-9128 et 9132-9135).

Dans tout ce commentaire, il n'est fait aucunement allusion à ce vice qu'était censé être le somnambulisme du chevalier. Au contraire, on a l'impression que le narrateur tient à mettre explicitement en cause la valeur de cet argument en évoquant le mot-clé « visce » à la fin de sa nécrologie — cette fois, cependant, en lui attribuant un tout autre sens :

> « Je ne savoie c'un seul visce :
> Orguilleus fu sans nul malice,
> Et n'adagnoit ne ne doubtoit
> Homme qui devant lui venoit.
> Bien cuidoit estre li plus preus
> Dou monde et li plus ewireus »
> (*Méliador*, v. 9207-9212).

---

principale en concluant : « [...] pas plus que les *Chroniques*, *Meliador* n'est enfermé dans le genre auquel il semble appartenir » (p. 61).

Le vice dont il est question ici concerne l'orgueil exacerbé au moyen duquel l'amant désespéré qu'est Camelz cherche à compenser l'inutilité de son désir. Cet orgueil s'exprime, avant tout, en un langage rude et offensif qui constitue selon le narateur la vraie faute de Camelz [37]. Mais ce défaut, n'est-il pas la conséquence funeste (« sans nul malice ») d'une passion en soi bonne et innocente ? Du point de vue du narrateur omniscient, Camelz se trouve ainsi en quelque sorte excusé parce qu'aveuglé par l'amour et, par conséquent, coupable sans être responsable [38].

Il s'agit apparemment d'un paradoxe entre la norme publique et la psychologie du personnage. Cet arrangement textuel paraît cohérent lorsqu'on comprend les deux appréciations dont Calmelz fait l'objet, comme les deux faces d'une même médaille — deux faces qui, au fond, se valent. Ceci veut dire que les opinions contradictoires à son sujet dénotent moins un discours chaotique ou une opposition de différents concepts normatifs [39] que le résultat de différentes perspectives. Ce qui, du point de vue de la communauté courtoise, est une offense déroutante et inadmissible, peut être, du point de vue de l'individu, une pulsion naturelle et, par conséquent, innocente. Vus sous cet angle, les jugements divergents portés sur Camelz préfigurent *in nuce* l'idée d'une antinomie dialectique entre la nature raisonnable et la nature animale de l'homme — conception que les temps à venir vont élaborer de façon systématique.

37. Quant au langage du personnage, qui témoigne d'une présomption marquée, il suffit de relire le combat final entre lui et Méliador (v. 8909-9105) : à l'inverse du taciturne Méliador, Camelz attaque l'autre verbalement au lieu de le combattre. Et quand il sent venir sa victoire, il raille son adversaire en le tutoyant. Au langage vaniteux de Camelz répond, de l'autre côté, une parfaite courtoisie verbale, liée à un « engien » (v. 8971) supérieur. Ce n'est donc pas par hasard que le narrateur conclut son récit du combat mortel pour Camelz en affirmant : « Il vault que mors, il chiet la jus, / Il s'estent, *onques ne parla* » (v. 9102 sq. ; c'est nous qui soulignons).

38. C'est dans ce sens que notre roman qualifie, en fait, l'inclination de Camelz comme « boine amour » (v. 731) et le montre « fort merancolieus » (v. 711), quand il songe au fait qu'il ne pourra pas réaliser cet amour.

39. Cf., à cet égard, mon *Generische Wahrheit*, *op. cit.* (n. 15), p. 164 sq., où je parle d'une « diskursive Schieflage », elle-même expression d'un usage incertain des genres littéraires (« Gattungsunsicherheit »).

Au premier abord, cette interprétation peut sembler trop modernisante dans la mesure où elle introduit l'idée d'un perspectivisme qui serait décisif pour la valorisation de l'amour d'un personnage. L'idée gagne pourtant en plausibilité si l'on considère que la pensée de l'époque connaissait parfaitement la distinction entre amour innocent et amour responsable, distinction qui rend compte de l'amoureux qu'est Camelz chez Froissart. Le concept nous est fourni par Dante Alighieri qui différencie entre l'« amore naturale » qui « è sempre sanza errore » e l'« amore d'animo » qui « puote errar per malo obietto / o per troppo o per poco di vigore ». [40] Or l'amour naturel désigne chez Dante toute sorte d'inclination (spontanée) qui porte l'homme à agir, en premier lieu, effectivement, l'amour de Dieu qui est « l'amore delle creature verso il loro primo Motore ». Ayant comme ressort l'instinct, cet amour ne peut jamais errer et n'implique pas la responsabilité de celui qui agit. L'amour *ex animo*, celui d'élection, par contre, part de l'intelligence et de la volonté de l'homme et peut, par conséquent, tomber dans l'erreur. Une bonne illustration en est précisément l'*accidia* (*sic* !), ce manque d'amour (envers Dieu) que Dante traitera au *canto* suivant du Purgatoire.

Selon cette grille d'interprétation, le travail de Froissart aurait consisté à intégrer l'idée dantesque du double amour à la notion d'amour courtois et à réunir, dans un même personnage, les principes de responsabilité et d'irresponsabilité. Car si l'amant Camelz est fidèle à son sentiment amoureux et donc à sa nature instinctive, le chevalier Camelz agit de manière irresponsable envers la communauté chevaleresque, voire sa nature rationnelle. Le premier à admettre l'idée fondamentale d'une silmultanéité irréductible de ces deux facultés de l'homme fut peut-être Pétrarque. C'est surtout dans son *Secretum* et ensuite dans le *Canzoniere* que le contemporain célèbre de Froissart met en scène un « moi » tiraillé en vain entre

40. *Divina Commedia*, Purgatorio XVII, v. 91-96. Le texte français traduit ainsi le propos de Virgile : « Ni créateur, mon fils, ni créature [...] ne furent sans amour / ou naturel ou choisi [...] / Le naturel est toujours sans erreur, / mais l'autre peut errer par faux objet / ou par vigueur excessive ou trop mince » (*Œuvres complètes*, p. 811). Pour l'éclaircissement des deux notions, voir le commentaire que N. Sapegno a donné à son édition : Dante Alighieri, *La Divina Commedia*, N. Sapegno éd., vol II : *Purgatorio*, p. 190 sq., ainsi que G. Güntert, « Canto XVII » et « Canto XVIII », dans *Lectura Dantis Turicensis : Purgatorio*, G. Güntert et M. Picone éd., Florence, 2001, p. 261-285.

l'aspiration à la gloire et à l'amour d'un côté et le repos contemplatif de l'autre. En fin de compte, il est forcé d'accepter de ne pouvoir renoncer ni à l'un, ni à l'autre [41].

Revenons à notre roman : la théorie des âges avait inscrit l'opposition des deux facultés humaines dans une suite syntagmatique. Dans le *Méliador*, par contre — et cela me semble décisif —, l'on devine une intériorisation du conflit, laquelle voit la valorisation des deux facultés comme dépendant d'un point de vue, au lieu de suivre un *a priori* moral. Lorsqu'on suit cette argumentation, pour notre roman, la grille d'une suite ontogénétique d'étapes de la vie semble être superflue. Et l'on y trouve, en effet, un indice caché : il concerne le motif du somnambulisme qui fait de Camelz le chevalier anormal, opposé à l'ordre régnant. Car en même temps, ce motif mine subrepticement la théorie des âges. Cela s'explique de la manière suivante : le discours médical de l'époque comptait le somnambulisme parmi les symptômes de la mélancolie. Et l'humeur mélancolique se trouvait, selon la science des humeurs de l'astrologie, en étroite liaison avec Saturne (fig. 4) [42] — planète « de mauvaise fortune » [43] qui, et pas seulement selon le *Buisson*, détermine le parcours de l'homme vers sa mort :

> « Puis vient Saturnus li obscure,
> Qui de nul bien faire n'a cure
> Ne qui ne scet servir a gré,

41. Il serait souhaitable d'approfondir ces réflexions ponctuelles concernant la dimension anthropologique des concepts d'amour et de responsabilité dans le cadre de la discussion plus ample sur le *liberum arbitrium*. Dans ce contexte, je me contente de renvoyer à deux études qui vont dans ce sens en traitant de la littérature italienne au Trecento : E. Loos, « Die Hauptsünde der acedia in Dantes *Commedia* un in Petrarcas *Secretum*. Zum Problem der italienischen Renaissance », dans *Petrarca 1304-1374. Beiträge zu Werk und Wirkung*, F. Schalk éd., Francfort-sur-le-Main, 1975, p. 156-183. La dimension anthropologique de l'« antinomie dialectique » chez Pétrarque ainsi que sa poétisation dans le *Canzoniere* sera discutée dans un livre de W. Wehle, *Im Zeichen des Menschen. Literarische Anthropologie bei Dante, Boccaccio und Petrarca* (à paraître).

42. Cf., à ce sujet, Ch.-V. Langlois, *La connaissance de la nature et du monde au Moyen Âge d'après quelques écrits français à l'usage des laïcs*, Paris, 1911, p. 301-305, ainsi que H. Heger, *op. cit.* (n. 29), p. 46 sq. Dans la représentation de Saturne de l'Église des Ermites à Padoue (fig. 4), la mélancolie est indiquée par la pose du vieil homme qui appuie sa tête.

43. Ch.-V. Langlois, *op. cit.* (n. 42), p. 301.

Et regne ou septisme degré.
Tant qu'a nous, c'est la plus lontainne.
Elle est plus froide que fontainne.
Moult sont doubtable et dur si meur.
L'omme fet vivre en grant cremeur
Et jusques en le fin le mainne,
Et tout ce que nature humainne
Forge et oevre sans nul repos,
Elle delivre a Atropos,
[...] »
(*Le Joli Buisson de Jonece*, v. 1688-1699).

FIG. 4 — Saturne et les sept âges de l'Homme (XIVe s.).
Padoue, Église des Ermites.

Par conséquent, du moment que le *Méliador* met en scène un chevalier somnambule qui, en même temps, est assez jeune pour rencontrer son premier amour, il montre quelque chose d'impossible selon la théorie ontogénétique. Il superpose le règne de Saturne à celui de Vénus dans une même phase de la vie — Vénus :

« [...] qui le [l'enfant, M.S.] reprent
Et qui .X. ans apriés [Mercure, M.S.] en songne :
D'ignorance le leve et monde

Et li fait congnoistre le monde
Et sentir que c'est de delis,
Tant de viandes com de lis,
Et le fait gai, joli et cointe
Et de tous esbanois l'acointe.
[...] »
(*Le Joli Buisson de Jonece*, v. 1637-1645) [44].

Vu de manière systématique, cela veut dire que le personnage de Camelz sert à déplacer l'ordre syntagmatique des âges sur un axe paradigmatique. Effectivement, cette observation permet un parallèle avec l'intériorisation à l'aide de laquelle Froissart met en scène, subrepticement, la coexistence égale de la raison et du désir.

Résumons : d'après ce que l'on vient de dire, le *Méliador* est plus qu'un chant du cygne du roman épique arthurien. Car l'on n'y trouve pas seulement une réduction des éléments significatifs du genre, mais aussi — déjà — les premiers pas hésitants, qui nous font quitter la théorie des âges pour nous amener vers une anthropologie moderne. Ce changement est annoncé par l'intégration du désir passionné et de la raison chevaleresque dans un même personnage. Ainsi, le motif central de la *mutatio animi* que les héros du roman subissaient dans leur combat contre le sauvage est mis fondamentalement en question. Dorénavant, tout un chacun devra formuler ses propres buts afin de concilier ses deux facultés de caractère opposé. Voici des problèmes que les générations à venir auront à résoudre !

Le *Méliador* est au fond un lointain précurseur d'une subjectivité hautement moderne. Vu sous l'angle d'une anthropologie littéraire, le roman, ainsi que toute l'œuvre de Froissart, met en scène une simultanéité de discours apparemment incompatibles. Froissart échoue à plusieurs reprises lorsqu'il essaie de prolonger l'éthique courtoise et chevaleresque dans les genres traditionnels. Mais c'est précisément cet échec qui constitue le côté productif de son œuvre. Car, sous la surface, ses textes évoquent de façon a-systématique des idées que les générations futures vont élaborer au niveau conceptuel

44. Selon le schéma du *Joli Buisson de Jonece*, le règne de Vénus se place donc en troisième position après ceux de la Lune et de Mercure. Or cet ordre correspond exactement à notre fig. 2 où l'âge de Vénus est symbolisé par un jeune chevalier à cheval, portant un faucon. Il est donc doté de deux animaux qui représentent par excellence non seulement la chasse aristocratique, mais en même temps les « esbas » courtois de l'époque (cf. *Le Joli Buisson de Jonece*, v. 1644 sq.).

et esthétique [45]. L'œuvre de Froissart est par conséquent marquée par cette simultanéité du non-simultané qui caractérise surtout les époques de transitions profondes ce qui en fait un objet privilégié de nos recherches.

Michael SCHWARZE

DÉBAT

Peter F. DEMBOWSKI : Il y a un autre élément qui offre une sorte de vision de l'avenir dans le *Méliador*. Le monde chevaleresque et courtois est entouré par la barbarie ; or, les barbares qui apparaissent dans le *Méliador* doivent certainement être considérés comme des Irlandais — qu'on me pardonne de dire les choses ainsi, d'autant que je compte moi-même, parmi mes amis, des Irlandais ! Je crois qu'il faut attribuer ce fait à un point de vue anglais, pour ainsi dire ; car au-delà de la civilisation chevaleresque, on trouve ces pauvres Irlandais en barbares. A cet égard, il est bon de se reporter à ce passage du roman où les fils du roi d'Irlande s'évadent pour entrer dans notre monde. Voilà qui annonce, me semble-t-il, la manière dont on présentera le monde au XVIIIe siècle, en distinguant ceux qu'on considère comme civilisés de ceux qui ne le sont pas ; un tel sujet, du reste, gagnerait manifestement à être étudié en profondeur. Ce qui est par ailleurs étrange, à propos de ce roman — que j'ai moi-même lu, à deux reprises, à raison de mille vers par jour, ce qui correspond à trente jours de lecture —, c'est le caractère extraordinaire des épreuves subies par le héros. On le tue au début du récit, au vers 4000 ; on résout donc pour ainsi dire le problème, et ce, afin d'entrer dans le roman à proprement parler.

45. Quant au *Méliador*, j'ai tenté de confirmer cette hypothèse dans un article qui traite le caractère inachevé et ouvert à toute sorte d'interprétations : « Vom Artushof nach Arkadien : das *merveilleux* in Jean Froissarts *Meliador* », dans *Das Wunderbare in der arthurischen Literatur. Probleme und Perspektiven*, F. Wolfzettel éd., Tübingen, 2003, p. 113-125.

Michael SCHWARZE : En effet, c'est de cela qu'il s'agit. J'aurais d'ailleurs pu choisir de traiter un autre épisode de la fin du *Méliador*, qui aurait précisément pu illustrer ce que vous venez de mentionner c'est-à-dire « l'aventure » de Sagremor, un jeune homme irlandais. On pourrait affirmer que ce Sagremor vit une aventure quelque peu ironique — bien que la chose me paraisse assez douteuse —, une aventure dans laquelle il est mené par un cerf dans un autre monde, lequel se trouve être celui de l'Arcadie, pays idyllique qui va devenir, en partant de l'Italie, à la mode à partir du XVIe siècle.

Jérôme KOCIK : J'ai, comme tout le monde ici, écouté votre très intéressant exposé avec beaucoup d'intérêt, et je me demandais, à la lumière de ce que énonciez, si le *Méliador,* au regard de l'état de somnambulisme que vous avez évoqué, ne constituerait pas une sorte d'apothéose du roman arthurien, particulièrement dans la mesure où celui-ci exalte la sublimation du sentiment amoureux ; et ce, à travers le personnage de Lancelot qui, dans *Le Chevalier de la Charrette* de Chrétien de Troyes aussi bien que dans l'immense *Lancelot* en prose, se distingue, outre, sa vaillance hors du commun, par un état de rêverie amoureuse permanent ? On en trouve, je crois, un remarquable exemple, à travers ce *Lancelot* en prose, lorsque le preux chevalier, lors du tournoi de Galore — opposant Galehaut, le Sire des Îles Lointaines, au roi Arthur dont il convoite le royaume —, Lancelot, donc, avant même de se lancer au cœur de la mêlée où il fera, comme à l'accoutumée, merveille, contemple, dans un moment d'extase éperdue, la beauté de la reine Guenièvre, sa bien-aimée, sans avoir le moins du monde conscience de ce qui se passe autour de lui... Ne peut-on donc parler d'apothéose ou de sublimation du roman arthurien ?

Michael SCHWARZE : S'il me fallait vous répondre en allemand, je le ferais assurément par un terme signifiant à la fois oui et non, *Njein* ! Je n'ose pas, en vérité, me prononcer sur cette question et sur ce point. Il y a bien, certes, un aspect tel que vous l'avez mentionné, mais ce que vous signalez ne concerne, dans le cas du *Méliador*, qu'un tiers du roman : vont suivre vingt mille vers qui relativiseront, pour ainsi dire, le destin de Méliador. Ce roman nous est d'ailleurs parvenu inachevé, et je ne suis pas le moins du monde convaincu que sa fin ait jamais été rédigée. Je doute donc qu'on puisse à proprement parler d'apothéose, pour ce qui concerne le *Méliador* tout entier. Je n'en crois pas moins déceler ici une certaine contradiction, mais peut-être cette question incitera-t-elle mes collègues à y répondre avec davantage de perspicacité...

Michel ZINK : Je ferais justement, sur ce point précis, une analyse absolument comparable à la vôtre. Votre exposé était d'ailleurs, à tous égards, remarquable. Une chose, ici, me paraît éminemment nouvelle, une chose que nul, je crois, n'avait décelée, dans cette œuvre : c'est cet *adunaton* du jeune somnambule. Bien des choses peuvent alors faire l'objet d'une explication à la lumière de cet élément nouveau. La raison pour laquelle le héros du roman est dès le début du récit pour ainsi dire déconsidéré par son somnambulisme, me paraît étrange ; pourquoi est-il présenté comme un « méchant », ce qu'il n'est pas ? Il a, après tout, toutes les raisons de se vexer et de manifester son mécontentement ! C'est un personnage, certes, qui inspire de la sympathie, mais on ne comprend pas bien pourquoi ce même personnage, par ailleurs ambigu, et auquel le lecteur avait commencé de s'attacher, fait brusquement figure de repoussoir... Vous avez, je crois, brillamment soulevé ce point ; et l'on comprend semblablement, du côté de l'autre somnambule, pourquoi le somnambulisme de Pierre de Béarn a quelque chose de mortifère ; ce n'est pas seulement parce qu'il s'agite dans son sommeil ou bien parce qu'il brandit tout à coup des armes dans tous les sens. Sa femme, après tout, n'a qu'à faire chambre à part, mais non, elle sera obligée de se réfugier bien plus loin qu'à l'extérieur de la chambre nuptiale. C'est bien plutôt, et c'est là, je pense, qu'il faut chercher la véritable raison de ce somnambulisme, en raison d'une menace qui va beaucoup plus loin. Ce que vous avez dit, du reste, a été pour moi une révélation.

Philippe CONTAMINE : Je crois, d'ailleurs, qu'il n'existe qu'un seul manuscrit du *Méliador.*

Michael SCHWARZE : Il n'y a, en effet, qu'un seul manuscrit. On compte également quelque trois cents ou quatre cents vers, ce qu'on appelle quelquefois le proto-*Méliador*, mais ceci ne constitue, pour ainsi dire, presque rien...

Peter F. DEMBOWSKI : Le manuscrit est resté trois ans à la Bibliothèque nationale, et il fut découvert ultérieurement, de même que c'est au XVIIe siècle qu'on donna à une autre œuvre de cette époque le titre de *Roman du Roi Artus* ; quelqu'un, manifestement, a donc tout à coup découvert l'œuvre de Froissart. Je suis, quant à moi, très friand de ces anecdotes relatives aux circonstances de la découverte d'un manuscrit. Je crois, par ailleurs — mais je l'affirme, il est vrai, sans me trouver en mesure de le prouver — que le manuscrit n'avait pas été achevé ; il connut sans doute un destin comparable à celui du *Perceval*, je veux dire du « *Conte du Graal* » de Chrétien de Troyes. Cette question, cette quête, aussi, demeure un mystère, de même qu'on ne peut se résoudre à achever un roman de ce type en évoquant un mariage universel, cent cinquante-huit demoiselles avec cent cinquante-huit chevaliers... Cela ne marche pas, Froissart, assurément, ne savait de quelle manière achever son roman...

Philippe CONTAMINE : Il y a là un blocage...

Michael SCHWARZE : J'abonde entièrement dans votre sens. Que reste-il, au demeurant, lorsqu'on en revient au motif de l'aventure ? Que reste-t-il, véritablement ? Il n'y a plus de progrès d'ordre éthique ou moral ; on se borne à mettre en avant une sorte d'exposition du physique. Comment, au reste, achever une œuvre à partir d'une telle idée ?

Philippe CONTAMINE : Que peut-on penser, d'ailleurs, de la réception d'une pareille œuvre ?

Godfried CROENEN : J'ajouterai peut-être, ici, quelque chose au sujet de ce manuscrit ; personne, visiblement, n'a cherché à s'y intéresser en profondeur. Ce qui me frappe, c'est que l'écriture, de même que la mise en page de ce manuscrit, est tout à fait semblable aux deux manuscrits de ses poésies ; je crois que le manuscrit pourrait être celui même de Froissart, peut-être celui de Wenceslas de Brabant, en tout cas un manuscrit qui date de l'époque de Froissart, contrairement à ceux dont notre collègue Peter F. Dembowski nous a parlé, qui datent du XVe siècle.

Michael SCHWARZE : Il convient, je crois, d'envisager cette question du point de vue des spécialistes...

Peter F. DEMBOWSKI : Le manuscrit est simple, ce n'est pas le genre de manuscrit qu'on donne à un grand personnage...

Peter F. AINSWORTH : Nous savons également que Froissart avait exprimé le souhait de laisser un manuscrit du *Méliador* chez Gaston Phébus. Il y a cet objet de l'histoire qui subsiste. Je désirerais, pour ma part, vous poser la question suivante : croyez-vous que cet épisode concernant le héros du *Méliador* puisse comporter un élément qui revêtirait un caractère postiche ? Je songe, en effet, à la difficulté qu'il y a à se demander quel élément a pu succéder à quel autre élément ; en d'autres termes, qu'est-ce qui a bien pu donner naissance à cet épisode, étant donné qu'on trouve déjà, au Troisième Livre des *Chroniques*, la présence de Pierre de Béarn ? Comment concevez-vous donc le rapport qui se trouve établi entre les deux somnambules ?

Michael SCHWARZE : C'est à vous, qui êtes d'éminents spécialistes de cet auteur, qu'il appartient de répondre ! Je sais ce qu'il en est des diverses explications qui ont pu être données quant à cette question, mais je n'ose véritablement me hasarder à suggérer une position précise.

Peter F. AINSWORTH : Vous avez cependant fort bien expliqué ce qu'il en est de la raison d'être poétique du somnambule dans le *Méliador*, de même que vous avez fait la démonstration admirable de sa raison d'être esthétique...

Michael SCHWARZE : Je vous remercie ! Mais pour en revenir à la précédente question, il serait peut-être possible d'en discuter ultérieurement. Quant à la question de la réception, il n'y a sur ce point, à ma connaissance, aucune évidence.

Philippe CONTAMINE : De ce point de vue de la réception, nous ne connaissons que Gaston Phébus, à qui Froissart a lu son *Méliador*.

ASPECTS LITTÉRAIRES DU LIVRE IV DES *CHRONIQUES* DE FROISSART. L'ESPACE DU NON-DIT

La publication, pour l'instant encore partielle, d'une nouvelle édition du Livre IV des *Chroniques* de Jean Froissart peut fournir l'occasion d'une nouvelle étude sur Froissart chroniqueur au moment de sa pleine maturité. Il s'agit en effet de la dernière œuvre du chroniqueur de Valenciennes, ouvrage laissé inachevé et probablement non complètement revu, en raison du décès de son auteur.

Je ne pense pas que ce réexamen puisse mener à revendiquer pour l'œuvre de Froissart les mérites propres à une source historique. De ce point de vue, sa figure reste ensevelie sous les résultats de la recherche positiviste et sous le jugement totalement négatif qui fut émis sur lui, entre autres, par Auguste Molinier :

> « [Froissart historien] est peu sûr, léger, sujet à des erreurs et à des confusions regrettables, sa chronologie est souvent fautive, il se trompe sur les noms propres, et il rapporte aveuglément ce qu'on lui a raconté, sans même avoir l'idée de soupçonner la véracité de ses informateurs [...] Il est partial et tout dévoué à ses protecteurs ou amis, à ceux qu'il fréquente pour le moment et qui le renseignent. Enfin il n'a vu que le côté extérieur des choses [...] En un mot, c'est un homme du monde aimable, un esprit curieux, un peu léger, mais ce n'est ni un penseur, ni un politique, ni même une âme passionnée. » [1]

Ces propos étaient et demeurent justifiés : l'on peut produire un si grand nombre d'observations ponctuelles pour les soutenir qu'ils ne

1. A. Molinier, *Les sources de l'histoire de France*, t. IV, Paris, Picard, 1904, p. 12-13. Il faut cependant ajouter que l'historien passe tout de suite après à des louanges portant sur les qualités d'exposition de Froissart.

peuvent être sujets à controverse. La méthode de travail du chroniqueur reste, même dans cette dernière œuvre, essentiellement identique à elle-même et aboutit donc à des résultats analogues. Il est vrai que la crédibilité d'un chroniqueur dépend pour une large part de ses sources et nous ne savons pratiquement rien des sources, écrites ou orales, utilisées par Froissart. Reste que si nous tentions de défendre son texte sur ce plan, nous nous engagerions à coup sûr dans une cause perdue d'avance.

Mais cela ne veut pas dire pour autant qu'une étude sur Froissart chroniqueur doive se réduire à la lecture de jolies pages narratives dénuée de toute épaisseur historique. Cette étude doit en effet partir de la reconstruction des présupposés historiographiques de leur auteur, reconstitution qu'il n'est pas aisé de mener, car bien peu d'historiens ont été aussi silencieux que Froissart sur leurs idées à propos de l'historiographie. Cette opinion pourrait sembler trouver un démenti dans ses amples préfaces, qui ont fait l'objet de lectures attentives et méritoires. Et nous ne pouvons exclure que, dans l'évolution des théories historiographiques de Froissart (s'il est permis d'employer une formule aussi téméraire), on ait à reconnaître une dynamique, ou que les conceptions de son travail n'aient subi des modifications dans la dernière décennie de sa vie par rapport à la période antérieure. Si tel était le cas, il faudrait tenir compte du seul Prologue à la rédaction de Rome du Livre I, car il date de cette période, tandis que le Livre IV n'a pas de prologue : sa page initiale n'est qu'un hommage à ses mécènes. Et le prologue de la rédaction de Rome est la reprise des prologues plus anciens.

J'ai défendu, il y a quelques semaines, au colloque de Lille et de Valenciennes, l'hypothèse selon laquelle l'espace du non-dit dans les *Chroniques* serait beaucoup plus ample que ce que l'on veut bien soupçonner, et que ce non-dit vient justement recouvrir des problèmes de fond. Une analyse du chapitre 5 du Livre IV m'en a offert l'opportunité : il s'agit du récit de l'expédition en 1390 de Pierre de Courtenay, seigneur anglais venu en France pour lancer un défi à Guy de La Trémouille et aux chevaliers français, enfin au sire de Clary, qui fut chargé de le raccompagner sain et sauf jusqu'à Calais. L'épisode est banal, mais c'est justement pour cela que nous devons nous demander, non seulement pourquoi Froissart choisit de le raconter, mais pourquoi il insère ce récit à ce moment précis de son œuvre, alors que les faits s'étaient déroulés plusieurs années auparavant. Il ne fait aucun doute qu'il ne s'agit pas d'un hasard si les faits sont rapportés juste avant le récit de la requête présentée au roi par Boucicault et ses deux compagnons, Regnault de Roye et le sire de Saint-Py, qui souhaitaient organiser des joutes à Saint-Inglevert. Ces jeux furent immédiatement perçus comme un danger pour la trêve en vigueur entre la France et l'Angleterre — le lieu choisi ne pouvant que conduire à la confrontation des chevaleries française et anglaise, puisque Saint-Inglevert se situait à deux pas de la frontière anglaise de Calais —, mais le roi Charles VI donna son accord. Il s'agissait donc d'une sorte de reprise, sept ans plus tard, de la question, demeurée sans réponse, de la suprématie des deux chevaleries ; en effet, la question de la hiérarchie à établir entre les deux chevaleries constituait la source d'un conflit resté ouvert après l'affaire de Courtenay — lequel comptera d'ailleurs parmi les tout premiers à « faire armes » à Saint-Inglevert.

Il me semble que la minutie avec laquelle se trouve relaté l'épisode de 1383, qui aboutit à la punition du sire de Clary, n'a de sens que dans la mesure où, derrière l'intrigue, apparaît en filigrane la contradiction existante entre la loi du roi et celle de la chevalerie. Si la seconde oblige tous les chevaliers, quel que soit leur attachement féodal ou national, la loi du roi, quant à elle, s'impose à tous les sujets de la couronne de France, qu'ils soient ou non chevaliers. Le sire de Clary, en tant que chevalier, devait certes demander raison sur le champ à Courtenay pour l'offense infligée par lui à toute la chevalerie française qu'il avait accusée de n'avoir pas le courage de l'affronter. Mais comme sujet du roi, il se devait d'obéir aux ordres reçus : reconduire le noble anglais, sain et sauf, à Calais.

Laquelle des deux obligations devait prévaloir ? Le conseil royal n'eut pas d'hésitation et condamna sévèrement Clary pour avoir infligé de graves blessures à Courtenay. En fait, Clary avait eu quelques hésitations, si bien qu'il avait recouru à un subterfuge : il avait reconduit effectivement Courtenay jusqu'en territoire anglais, puis l'avait défié la frontière passée ; il était donc profondément convaincu que la loi de la chevalerie avait la prééminence. Cette conviction était sans doute partagée par Courtenay, Boucicault et les autres. Mais l'orientation de la politique étrangère d'un grand royaume comme celui de la France ne pouvait plus être prise en otage en raison de normes supranationales. Le conseil royal devait évaluer les faits (le vieux défi comme le nouveau décret) à l'aune de leurs conséquences, donc non en fonction des idéaux de la chevalerie mais des intérêts du royaume.

En somme, à travers ces quelques pages, Froissart a affronté, mais de manière muette, un tournant problématique marquant une nouvelle époque dans l'histoire du droit international. En apparence, son récit est comme à son habitude un discours narratif, fluide, mais superficiel. Un examen plus attentif révèle cependant une trame robuste et une problématique : on dénote sous le récit la présence d'une sensibilité subtile qui n'émerge pas jusqu'à la parole ; il faut alors prendre en considération des argumentations pour ou contre qui soit sont complètement tacites, soit restent peu explicites.

Je pense qu'il ne s'agit pas ici d'un cas isolé. Il ne serait pas difficile de présenter d'autres exemples de ce qui apparaît tout à la fois comme une technique narrative et une modalité de pensée. Le non-dit, ou — si l'on préfère — le sous-entendu, l'implicite, possède sans aucun doute une signification sur le plan historiographique, car il laisse apparemment ouverts les problèmes idéologiques majeurs de cette époque. A première vue, il n'est pas possible d'être certain que le chroniqueur se pose le problème de savoir si l'ordre du roi prévaut ou non sur la norme chevaleresque ; l'on ne réussit pas non plus à déchiffrer explicitement ce qu'en pense Froissart, tant il semble même qu'il ne se rende pas compte du problème, tout comme il ne paraît pas noter l'opposition entre la lettre et l'esprit d'un ordre, distinction qui pourtant joue un rôle primordial dans l'histoire relatée. Pour évoquer un autre exemple, on peut aussi, à la lecture, avoir l'impression que Froissart ne se pose même pas de questions sur les problèmes complexes de la légitimité et les problématiques idéologiques qui apparaissent au moment de la mort de Richard II, alors qu'ils constituent la trame du drame de William Shakespeare sur ce même sujet. En réalité, il n'en est pas ainsi ; car la problématique de Shakespeare est déjà présente, certes sous des formes et selon des solutions narratives différentes, dans les pages du chroniqueur hennuyer.

L'hypothèse selon laquelle le non-dit bénéficierait d'un large espace dans la structure idéologique des *Chroniques* nous amène aussi à nous demander s'il n'existerait pas également des correspondances sur le plan formel, si le non-dit ne serait pas devenu une modalité constitutive du récit de Froissart. On en trouve assez aisément confirmation.

Nous savons tous combien le genre narratif, historiographique ou non, se caractérise autour de 1400, par une très forte tendance à expliquer, avec des techniques didactiques, chaque raisonnement, aboutissant souvent à un auto-commentaire moralisateur. On sait aussi que Froissart n'est, comme chroniqueur, que peu enclin à ces usages : son récit se caractérise en effet plutôt par la répétition formelle, comme on le relève justement, pour ne citer qu'un unique exemple, dans l'épisode de Courtenay et de Clary ; mais pour le reste, le récit s'écoule de façon articulée et majestueuse, sans donner ni dans la moralisation ni dans la rhétorique complexe. Nombreux sont les passages au Livre IV où le chroniqueur préfère au contraire, et surtout en fin de récit, couper rapidement et nettement.

Relisons, par exemple au chapitre 7, le terrible récit de l'emprisonnement et du supplice de Jean Bétisac que Froissart situe de manière erronée à Béziers. Une des causes du voyage de Charles VI en Languedoc était justement la montée des protestations contre les sévères prélèvements fiscaux mis en œuvre par le duc de Berry qui jusqu'alors avait la charge de cette province. Notons que ce n'est pas un hasard si, à cette occasion, le roi n'avait voulu être accompagné que d'un seul de ses oncles, le duc de Bourbon, qui n'était aucunement lié au Languedoc.

D'après le récit de Froissart, des délégations de tous les alentours s'étaient rendues auprès du roi à Béziers « pour luy remoustrer et getter complaintes oltre en sa presence sur ung officier du duc de Berry, lequel on appelloit Bethisach, qui tout avoit apovry le païs et les contrees d'environ où il avoit peut mettre les mains » [2]. Bétisac s'était joint au cortège royal depuis Avignon. Mais personne ne l'avait mis en garde. Bien au contraire nombreux « lui promettoient de l'onneur assez, dont il n'ot riens, ainsy que je vous recorderay assez prouchainement » [3]. A Béziers une commission spéciale mène son enquête sur son compte et constate qu'il est accusé de « pluiseurs cas horibles » (p. 400). L'homme est alors convoqué et on lui demande raison du grand nombre de recours présentés par ses gens. Bétisac répond de façon adéquate pour une partie de ce qui lui est reproché, mais pour le reste dit ne rien en savoir et renvoie aux sénéchaux de Beaucaire et de Carcassonne, ainsi qu'au chancelier de Berry. La commission le jette toutefois en prison et met sous séquestre, à son domicile, tous les documents utiles. Les sommes

2. Je cite d'après mon édition publiée dans la collection « Lettres gothiques », Paris, Le Livre de Poche, 2004, p. 398-399.
3. *Op. cit.* (n. 2), p. 399.

incriminées sont fort élevées, mais Bétisac explique qu'elles ont abouti dans les mains du duc, avec pour preuve les reçus correspondants. Les enquêteurs se doivent alors de conclure que l'accusé n'est aucunement coupable : la faute relève entièrement du duc de Berry. On peut seulement reprocher à Bétisac de n'avoir pas tenté de convaincre le duc d'agir différemment étant donné l'état d'indigence du peuple et de ne pas l'avoir dénoncé au roi. On l'interroge de nouveau pour savoir où sont passés les 300 000 francs qui ont transité entre ses mains ; Bétisac répond :

> « Messeigneurs, je ne le puis bonnement sçavoir. Il en a mis grant foison en ouvraiges et reparations de chastiaulx et d'ostelz et en accas de terre au conte de Boulongne et au conte d'Estampes et en pierrie, ainsi que vous sçavez que telz choses il achette legierement, et s'en a estoffé son estat tres grant que il a tousjours tenu ; et s'en a donné à Thiebault et à Morinot et ses varlés autour de luy, tant que ilz sont tous riches. »

Notre homme n'a pas de mal à admettre qu'il a tout de même reçu 100 000 francs comme récompense personnelle, mais la somme était un don du duc. La commission se limite à une leçon de morale sur la richesse mal acquise, puis le remet en prison en attendant la décision du roi.

Lorsque la nouvelle de son emprisonnement se diffuse, les accusations contre lui s'amoncellent. Le conseil royal ne sait plus que faire : l'homme s'est justifié et le duc a envoyé deux des siens pour en demander la libération, mais le peuple le hait et attend une condamnation. On recourt à un subterfuge. On se rend de nuit auprès du prisonnier pour l'informer que tout laisse à prévoir que le jour suivant le roi le condamnera à mort. Bétisac prend peur, une issue lui est alors proposée : qu'il demande de bon matin à être entendu et qu'il se déclare « herite » ; l'évêque de Béziers demandera alors à ce qu'il soit transféré devant un tribunal ecclésiastique et l'enverra à Avignon ; le duc de Berry demandera au pape de le libérer et sera entendu. Bétisac reprend courage et remercie pour le précieux conseil.

Le matin suivant, le prisonnier demande à être entendu et avoue : « de long tamps j'ay erré contre la foy et ne puis croire que il soit riens de la Trinité ne que le Filz de Dieu se daignast tant abaissier que il venist des chieulx descendre en corps humain de femme et croy et dy que quant nous morons, que il n'est riens de ame » (p. 406). Les enquêteurs se montrent surpris et indignés, menacent du bûcher ; Bétisac confirme sa confession. Les aveux sont référés au roi qui décide alors la condamnation à mort comme « herite et larron ». La nouvelle se diffuse en ville et le peuple s'en réjouit.

Le drame avance à grands pas vers sa conclusion. Bétisac est conduit au palais épiscopal et le bailli de Béziers le remet, en tant que clerc, à l'évêque « pour bougre et pour heriticque ». Bétisac avoue par trois fois sa culpabilité. C'est ici que le chroniqueur insère sa morale :

> « Or regardez se il estoit bien dechups et enchantez, car se il euist tousjours tenu sa premiere parolle et ce pour quoy il estoit prins et arestez, il n'euist eü mal et l'euist on delivré, car le duc de Berry avouoit tous ses fais, tant que des assizes, aydes et extorsions, lesquelles il avoit à son commandement mises et assizes en la Languedoch, mais on peut supposer que fortune luy joua de son tour et, quant il cuida estre le plus à ssegur sus sa roe, elle le tourna jus en la boe ainsy qu'elle en a fait telz cent mille depuis que le monde fu premierement edifiés et estorez » (p. 409).

Bétisac est conduit en toute hâte sur la place où le bûcher était déjà prêt. On ne lui donne pas même le temps de comprendre ce qui lui arrive. On le lie à un pieu et on le brûle au milieu de l'enthousiasme bruyant de la place. Les dernières phrases du chroniqueur sont alors :

> « Il crioit et disoit :" Duc de Berry, duc de Berry, on me fait morir sans raison, on me fait tort. " Sy tost comme il fu loyez à l'estache, on appoya autour grant foison de bourrees et de fagos secqs ; on y bouta le feu et tantost les fagos s'alumerent. Ainsi fu Bethisach pendus et ars et le pouoit le roy de France veoir de sa chambre, se il vouloit. A celle povre fin vint Bethisach. »

Résumons en quelques mots les caractéristiques narratives de l'épisode : le début du récit est lent et analytique, puis il subit une accélération, un bref commentaire est inséré qui insiste sur la Fortune plutôt que sur l'hypocrisie et la cruauté des commissaires, enfin le récit se précipite vers sa conclusion [4].

4. Sur le thème de l'hypocrisie en termes de non-dit, il suffit de rappeler le dialogue entre Aymerigot Marchés et son cousin Tournemine déclarant s'indigner de sa cruauté alors même qu'il avait l'intention de le remettre au duc de Berry en échange de l'abandon des accusations portées à son encontre (cf. p. 509-510).

Deux points sont à noter : ce n'est qu'avec les dernières phrases de son récit que Froissart nous apprend que Bétisac était clerc ; personne ne répond à son invocation finale.

Or le silence sur la qualité de clerc de l'accusé est tout sauf négligeable, car nous savons combien étaient différents au Moyen Âge les statuts juridiques du clerc et du laïc. Il ne s'agit naturellement pas d'un hasard : l'une des caractéristiques les plus évidentes du récit de Froissart est justement le renvoi de l'information, ce que, en nous inspirant de la terminologie de la linguistique, l'on pourrait appeler une dislocation à droite de l'information. Il convient de relever que par ce procédé rhétorique, Froissart ne vise jamais à créer un effet de surprise, puisque, d'une part, cet effet narratif était étranger à l'art de son temps, et, d'autre part, parce que quiconque relate des évènements récents ne peut compter sur une supposée ignorance du public. Il n'y a d'ailleurs dans ce récit aucune surprise. En effet, dès l'entrée en scène de Bétisac, la tragédie est annoncée : « le tenoient de gengles et de lobes et lui promettoient de l'onneur assez, dont il n'ot riens, ainsy que je vous recorderay assez prouchainement » (p. 399). Mais on obtient un effet analogue, à une échelle différente, en renvoyant à plus tard une information pertinente — ici celle sur le statut du personnage. Le public (lecteur ou auditeur) est ainsi amené à reconsidérer tout ce qui lui a été rapporté sous un angle différent : la dislocation à droite de l'information produit un retour à gauche de l'attention. Les exemples de ce procédé sont innombrables. Pour nous limiter au chapitre 5 des *Chroniques* dont nous avons déjà parlé, on observe que le récit du conflit entre Courtenay et Clary est répété plusieurs fois (« en direct », puis alors qu'il en est référé à Paris, enfin lors du témoignage de Clary), mais ce n'est qu'à la fin de ce dernier que Froissart précise que Courtenay et la comtesse de Saint-Pol avaient conversé ensemble en anglais ; de même ce n'est que lorsque Courtenay est mis à terre que l'on apprend que les deux chevaliers combattaient avec des armes de guerre et non de paix, comme cela était de coutume lors des duels.

Revenons-en au cri de Bétisac. Nous savons que Froissart apprécie les discours directs, ce qui n'est en rien exceptionnel dans l'historiographie de son époque. Nous savons qu'il est particulièrement habile à élaborer de rapides séquences de répliques. Mais le trait que nous venons de repérer a été moins relevé : une fin fort appropriée pour un récit accéléré, s'achevant sur le non-dit, et si l'on peut s'exprimer ainsi, sur le non-répondu.

J'aimerais proposer un autre exemple de ce type de procédé littéraire ; on le trouve au chapitre 57 (p. 672-675), dans lequel est narré comment le roi Richard II se libéra de son oncle le duc de Gloucester, qui tentait alors par tous les moyens de s'opposer à sa politique d'accord avec la France. Le récit de Froissart fait de cette tragédie le point de départ de la déposition et de la mort de Richard. Ici encore le chroniqueur ne vise pas à la surprise : il annonce dès le départ que le roi a décidé de « destruire » son oncle et a tout organisé avec le comte maréchal Thomas Mowbray, en omettant toutefois de révéler ce qu'ils ont préparé. Le roi arrive sur le tard à Pleshy, la résidence du duc dans l'Essex, alors que ce dernier a déjà dîné. Il est accueilli par le duc, sa femme et ses fils ; il entre dans la salle, puis dans la chambre où il mange rapidement. Richard prie son oncle de faire préparer cinq ou six chevaux et lui demande de l'accompagner à Londres durant la nuit, de sorte qu'il puisse le lendemain matin recevoir les Londoniens en présence de ses trois oncles, lui-même ainsi que les ducs de Lancaster et de York ; quant aux membres de la suite de Gloucester, ils pourront se rendre à Londres commodément le matin suivant.

Le roi finit son repas, prend congé de la duchesse et de ses fils, monte à cheval et le duc le suit, avec seulement sept accompagnateurs, trois écuyers et quatre valets. Le cortège chevauche avec entrain, évitant les villages. La conclusion est ici aussi foudroyante :

> « Et se devisoit le roy sus les champs à son oncle et son oncle à luy, et vindrent tant à chevauchant que ilz approucherent Stateforde et la riviere de la Tamise. Là sus ung certain pas estoit en embusche le Conte Mariscal. Quant le roy deubt cheoir sur celle embusche, il se departy de son oncle et chevaulca plus fort que il n'avoit fait par avant et mist son oncle derriere. Et tout prestement ves cy le conte marescal qui, à tout une quantité d'ommes et de chevaulx, qui sailly au devant au duc de Glocestre et le prist et dist : " Je metz la main à vous de par le roy. " Le duc fu tous espoentez et veÿ bien qu'il estoit trahis, et commencha à criier à haulte voix aprés le roy. Je ne sçay se le roy l'oÿ ou non, mais point ne retourna et chevaulcha tousjours moult fort devant luy, et ses gens le sievoient » (p. 674-675).

L'appel de Gloucester reste donc sans réponse. Immédiatement conduit à Calais, le duc y sera assassiné peu de temps après. Froissart ne commente aucunement cette dernière scène d'hypocrisie et de flagrante trahison. Il ne condamne pas Richard, ni ne l'absout, mais achève son récit par ces quelques mots, qui seront aussi ceux de ma conclusion :

> « Nous nous soufferons ung petit à parler de ceste matiere. »

Alberto VARVARO

FROISSART AU PANTHÉON ?

Le 5 août 1392, près du Mans, Charles VI est frappé par sa première crise de folie. En 1839, Jules Michelet rédige le livre VII de son *Histoire de France*, qui sera publié en 1840. Il fait le récit de cette journée dramatique et si lourde de conséquences. Il le fait, nous dit-il, « en suivant pas à pas le Religieux de Saint-Denis ». Car, explique-t-il, « ce grave historien mérite ici d'autant plus d'attention qu'il était lui-même à l'armée et témoin oculaire des événements » [1]. Michelet ne dispose d'ailleurs, soit dit en passant, ni de l'édition et de la traduction de Bellaguet, parues quelques mois plus tard, ni du manuscrit original. Il s'en explique dans une note : « M. Bellaguet ayant encore le manuscrit original entre les mains et n'ayant pas encore publié cette partie, je me sers de l'excellente copie de Baluze. » [2] Michelet déclare donc suivre pas à pas le Religieux de Saint-Denis. Il apparaît pourtant bien vite que son récit est tout nourri des *Chroniques* de Froissart, qu'il lit dans l'édition que Buchon en a donnée en 1835 [3]. Le grand historien se contente en vérité de compiler (mais pouvait-il alors faire autre chose ?) les deux témoignages principaux dont nous disposons sur les vingt premières années du règne de Charles VI (1380-1400), la chronique française de Jean Froissart et la chronique latine du Religieux de Saint-Denis, dont on sait maintenant qu'il s'appelait Michel Pintoin et fut longtemps chantre de l'abbaye de Saint-Denis.

Et, depuis 1840, ou bien les historiens ont suivi Michelet, ou bien ils ont fait comme lui. Ils ont tenté de construire un récit cohérent en prenant tantôt à Froissart, tantôt au Religieux, tantôt à

1. Jules Michelet, *Œuvres complètes*, P. Viallaneix éd., t. V, Paris, 1975, p. 310, n 2.
2. *Ibid.*, p. 312, n. 1.
3. *Ibid.*, p. 319, n. 4 et 5.

quelque autre source mineure découverte depuis [4]. Je voudrais pour ma part examiner les deux témoignages en eux-mêmes, marquer leurs concordances, leurs erreurs, leurs silences, et en tirer peut-être quelques conclusions sur les caractères des deux œuvres et la personnalité des deux auteurs. Cela dit, je suis bien conscient de mon audace, et j'avoue bien volontiers ma gêne. Si je connais un peu le Religieux de Saint-Denis, je ne suis pas un familier de Froissart. Mon examen attentif de quelques pages de sa *Chronique* ne suffit évidemment pas, et je tremble à parler devant ce savant auditoire d'éminents froissartologues.

Et d'abord disons tout de suite que les deux témoignages sont de nature bien différente. Froissart n'était pas là. « Il me fut dit, et je m'en laissay infourmer », précise-t-il [5]. Michel Pintoin n'a certes pas assisté à la scène. Ce n'est pas un témoin oculaire. Mais enfin, comme il nous le dit, il était dans le camp [6]. Et pourtant le récit de Froissart est beaucoup plus long que celui du Religieux. Pour préciser les choses, disons, après avoir compté les signes, qu'il est en gros cinq fois plus long.

Est-ce à dire qu'il faut faire entièrement confiance au bref récit du témoin le mieux placé ? Certes non. Ainsi, Jean Froissart et Michel Pintoin sont d'accord pour dire que le duc de Berry était au Mans, près du roi. Le Religieux précise même que Charles VI, à ce moment-là, a redonné à son oncle le gouvernement du Languedoc. Mais il n'en est absolument rien, et le duc de Berry était, le 5 août 1392, à Avignon [7]. Faut-il le dire ? Cette affirmation erronée suffit pour comprendre que, si Michel Pintoin était dans le camp, il n'y vivait pas à l'ombre du roi ou des ducs. Et comme Froissart, lui aussi, écrit que le duc de Berry était au Mans, nous pouvons faire, dès le départ, une constatation bien déprimante. Il ne suffit pas que les deux témoignages concordent pour qu'on soit assuré de leur véracité.

4. En dernier lieu : F. Autrand, *Charles VI. La folie du roi*, Paris, 1986, p. 290-298.
5. *Œuvres de Froissart*, J. M. B. C. Kervyn de Lettenhove éd., 28 vol., Bruxelles, 1867-1877 ; ici t. XV, p. 37.
6. *Chronique du Religieux de Saint-Denis contenant le règne de Charles VI de 1380 à 1422*, publiée en latin et traduite par M. Louis-François Bellaguet, 6 vol., Paris, 1839-1852 ; reproduite avec une introduction de Bernard Guenée en trois volumes contenant chacun deux tomes, Paris, 1994 ; ici, t. II, p. 18.
7. F. Lehoux, *Jean de France, duc de Berri. Sa vie, son action politique (1340-1416)*, t. III, Paris, 1968 , p. 476.

Dès avant le 5 août, on pouvait se douter qu'il allait se passer quelque chose. Froissart nous dit que le roi n'était pas bien, et cela depuis des mois. Il buvait et mangeait peu. Il était presque « tous les jours en challeur de fièvre et de chaude maladie ». Il avait l'esprit troublé et égaré. Il était « foible de chief » [8]. Et personne ne pouvait l'empêcher d'aller en Bretagne. Le Religieux, lui, nous dit que, dès le début d'août, il était apparu que le roi n'était plus sain d'esprit. Il tenait des propos insensés et avait des gestes indignes de la majesté royale. D'ailleurs, peu avant, dans l'église de Saint-Julien du Mans, une petite statue de la bienheureuse Vierge Marie avait, disait-on, tourné sur elle-même pendant une demi-heure environ, sans que personne y touchât [9]. Les sages en avaient auguré qu'une grande calamité était près d'éclater dans le royaume. Froissart insiste sur la faute politique que s'obstinait à commettre un esprit égaré. Le Religieux plante le décor d'un drame qui, annoncé par un prodige, allait atteindre la majesté royale et menacer le royaume.

Nous voici maintenant au jour fatal. Ce fut, nous dit Michel Pintoin, le 5 août. Froissart, lui, situe la chose en plein mois de juillet (hernu). Mais, s'il ignore la date, il note dès alors, en conteur consommé, un fait qui va jouer un grand rôle dans son récit et dont le Religieux ne fait nulle mention. Il faisait ce jour-là « très asprement chault ».

Et donc, le 5 août, Charles VI sort du Mans à la tête de sa route. Bientôt, un vieux en haillons se précipite. On essaie de le chasser. En vain. Il suit le roi pendant une demi-heure en criant : « Roy, ne chevauche plus avant, mais retourne, car tu es trahy. » [10] Puis il disparaît, et personne n'en a plus jamais entendu parler. Froissart et le Religieux parlent tous les deux du vieux en haillons, et lui font dire exactement la même phrase. A ceci près que le latin du vieux en haillons, chez le Religieux, reste tout de même plus respectueux : « Ne va pas plus loin, noble roi, *insigne rex*. » [11] Il y a pourtant deux différences essentielles entre les deux témoignages. Le Religieux situe la scène à la sortie du Mans, près de la léproserie, tandis que, selon Froissart, Charles « chevauchait et estoit entré en la forest du Mans » lorsque le vieux « se lancha par entre deux arbres hardie-

8. Jean Froissart, *Chronique* XV, 36.
9. *Chronique du Religieux de Saint-Denis* (cité désormais *RSD*) II, 18.
10. Jean Froissart, *Chronique* XV, 37.
11. *RSD* II, 20.

ment ». Froissart fait en outre une brillante variation sur sagesse et folie. Le vieux semblait plus « fol que sage ». On ne tint pas compte « de sa parole non plus que d'un fol, dont ce fut folie ». On le laissa partir sans savoir « se il estoit naturellement fol ou sage ». En reprenant cette interrogation sur sagesse et folie familière aux littérateurs médiévaux, en situant la scène dans la forêt, si chère à la littérature médiévale, en composant son beau récit, Froissart n'a pas oublié, dans sa *Chronique*, qu'il a aussi écrit un roman.

Reprenons le récit de Froissart. Le roi sort de la forêt. Il est midi. La chaleur est accablante. Le soleil tape à tout transpercer de sa réverbération. Le roi était suivi d'un premier page qui portait un casque d'acier. Et ce premier page était suivi d'un autre qui portait une lance. Le deuxième page s'endort. Sa lance tombe sur le casque du premier. Le fracas surprend et égare l'esprit du roi déjà frappé par les « paroles que le fol homme ou le sage luy avoit dittes en la forest du Mans » [12]. Charles se croit trahi, entouré d'ennemis. Il tire son épée et frappe sur tous ceux qui l'entourent, qu'il ne reconnaît plus. Ce superbe morceau ne peut qu'enthousiasmer un lecteur. On comprend qu'il ait traversé les siècles et que Michelet le résume. On ose à peine citer la phrase à quoi le « grave historien » que Michelet prétend suivre pas à pas réduit toute l'affaire : « Un des hommes d'armes qui chevauchaient à ses côtés, se trouvant trop pressé dans la foule, laissa tomber à terre son épée. Au bruit du fer, le roi fut saisi tout à coup d'un accès de fureur... » Où l'on voit la différence entre un grave historien et un conteur génial.

Charles VI est donc saisi d'une crise de folie furieuse, où il ne reconnaît plus personne et frappe de son épée tous ceux qui l'entourent. Pour qualifier cet état, le Religieux, soucieux d'écrire en un style soutenu et conscient que le malade est son roi, emploie une fois le mot latin *furor*, mais une seule fois. Il se garde d'user du mot médical technique, *phrenesis*. Froissart n'a pas de ces scrupules. Il dit et redit à chaque occasion, sans égard pour la majesté royale, que le roi est tombé « en une maladie que on dist frenaisie » [13].

Et devant ce frénétique frappant de son épée à droite et à gauche, il n'y avait qu'une attitude possible : la fuite. Et le Religieux résume d'une phrase la situation. Il frappait « ses amis aussi bien que les premiers venus. Tout le monde fuyait devant lui comme devant la

12. Froissart, *Chronique* XV, 40.
13. B. Guenée, *La Folie de Charles VI roi Bien-Aimé*, Paris, 2004, p. 26.

foudre ». L'historien ajoute qu'il y eut mort d'hommes : « Le roi tua quatre hommes, entre autres un fameux chevalier de Gascogne, nommé de Polignac, qui était bâtard. » Ce qui s'était passé, en ce 5 août 1392, c'était bien une tragédie.

Froissart, lui, donne au contraire l'impression qu'il s'emploie à dépouiller l'événement de son caractère dramatique. Lorsque ceux qui étaient loin de la scène virent arriver les fuyards, ils crurent, note notre conteur, « que on chaçast au loup ou au lievre » [14]. Parmi tous ceux que Charles VI ne reconnut pas et voulut frapper, il y eut son frère, le duc d'Orléans, qui prit, comme les autres, la fuite. Le fait n'avait évidemment aucune portée politique. Il était simplement déplorable. Le grave historien ne donna le nom d'aucun fuyard. Le grand conteur a tout de suite le sens de la scène à ne pas manquer, et il n'est pas fâché de présenter le duc d'Orléans dans une position inconfortable. Et c'est la scène fameuse. Le duc de Bourgogne voit passer le duc d'Orléans que son frère chassait : « Hara ! Hara ! le grand meschief, dit le duc de Bourgogne (Hélas, hélas, quel malheur !). Monseigneur est tout desvoyé ... » Et puis il dit encore : « Fuiés ! Beaulx nieps d'Orleans, fuiés ! monseigneur veult vous occir. » [15] La fuite du duc d'Orléans fait contraste avec la réaction des plus adroits, que Froissart s'empresse de décrire aussitôt après. Ceux-là attendaient, et quand le roi venait sur l'un d'eux, celui-ci « se laissoit choir devant le coup ». Et le chroniqueur achève de dédramatiser les choses en insistant : « Je n'oys point dire que nuls fuist mort de celle aathie » [16], c'est-à-dire de cette joute. Il y eut pourtant quatre morts, dont un certain de Polignac, un bâtard il est vrai. Froissart a fini par faire de la frénésie du roi une comédie. Le drame du 5 août 1392 appelait un Shakespeare, il a eu son Alexandre Dumas.

Finalement, l'épée du roi se brise, nous dit le Religieux de Saint-Denis ; un chevalier réussit à le ceinturer par derrière, nous dit Froissart. L'un et l'autre sont d'accord qu'il fut alors ligoté sur un chariot et ramené au Mans, où il resta deux jours inerte et sans connaissance. Mais qu'était-il donc arrivé au roi ? Ce ne fut qu'un cri. Il a été ensorcelé, disent, selon le Religieux, la plupart des seigneurs et des gens du menu peuple [17]. Il a été « empoisonné et

14. Jean Froissart, *Chronique* XV, 42.
15. *Ibid.* 41.
16. *Ibid.* 42.
17. *RSD* II, 24

ensorcéré », telle est la commune renommée selon Froissart [18]. Et c'est pour le chroniqueur l'occasion d'une nouvelle et hilarante scène de comédie, où il montre les ducs enquêtant pour savoir si le roi a été empoisonné, interrogeant successivement les médecins, les échansons et celui qui avait essayé le vin du roi, et concluant que « le roy n'a esté empoisonné ne ensorcelé fors de mauvais conseil » [19].

Il faut par ailleurs créditer Froissart d'admirables notations qui n'ont évidemment pas leur place dans le récit solennel et guindé du Religieux. Il aime par exemple nous montrer l'embarras des autorités dans une situation il est vrai exceptionnelle : « Les seigneurs de son sang estoient tous esbahis et ne sçavoient que dire ne que faire. » [20] Il aime surtout souligner comment les responsables ont tenté, à plusieurs reprises de cacher, sans y parvenir, la triste nouvelle. J'ai cru ailleurs devoir insister sur l'importance de l'opinion publique sous Charles VI [21]. Nous avons de nombreux exemples, sous le même règne, du poids de la propagande. Froissart nous livre ici un cas beaucoup plus rarement attesté : une tentative de *cover-up*, comme on dit aujourd'hui en français. Aussitôt après la crise, le voyage de Bretagne est annulé. La nouvelle est communiquée à l'armée. « Aux aucuns on disoit la cause pourquoy, aux autres non. » [22] Un peu plus tard, des messagers furent envoyés aux cités et bonnes villes du royaume, leur mandant de se bien garder. On craignait évidemment des troubles. Et Froissart d'expliquer ce qu'on disait aux villes : « La cause pour quoy, on leur touchoit ung petit : que le roy n'estoit pas bien disposé. » [23] Même souci et même insuccès un an plus tard, après la seconde crise du roi : « La maladie du roy de France fut cellée et tenue secrette tant que on polt, mais ce ne fut pas moult longuement » ; car de tels événements sont vite ébruités et la nouvelle se répandit partout [24].

Pourquoi faut-il qu'une erreur flagrante vienne ternir cette suite de notations si remarquables ? En août 1392, nous dit Froissart,

18. Jean Froissart, *Chronique* XV, 43.
19. *Ibid.* 45.
20. *Ibid.* 42.
21. B. Guenée, *L'opinion publique à la fin du Moyen Âge d'après la* Chronique *de Charles VI du Religieux de Saint-Denis*, Paris, 2002.
22. Jean Froissart, *Chronique* XV, 43.
23. *Ibid.* 47.
24. *Ibid.* 127.

« il fut ordonné... que on cellast à la royne ung temps celle advenue de la maladie du roy, car pour ces jours elle estoit durement enchainte » [25]. Or, il est impossible qu'Isabeau ait été « durement enceinte » en août 1392. L'aimable conteur a cru pouvoir enjoliver son récit de ce détail émouvant en se disant qu'après tout il y avait de grandes chances pour qu'à ce moment-là comme si souvent la reine ait été « durement enceinte ». D'ailleurs Froissart est si peu au courant des grossesses de la reine que, quelques pages plus loin [26], il répète ce qu'il a déjà dit, en y ajoutant quelques précisions : « Et fut celle maladie trop bien cellée et dissimulée devers la royne, car jusques à tant qu'elle fut acouchie et relevée, elle n'en sceut riens et adjut cette fois, ce m'est advis, d'une fille. » Effectivement, la reine a fini par accoucher d'une petite fille, la petite Marie, mais un an plus tard, le 24 août 1393, après la seconde crise du roi, et, bien entendu, Isabeau savait alors depuis longtemps l'état de santé de son mari. Il est clair que Froissart, mal et tardivement informé, a tiré, avec tout son génie, un récit lumineux de lueurs incertaines.

Mais reprenons notre récit. Malgré tous les efforts des responsables, la nouvelle se répand, d'abord à l'armée, puis dans tout le royaume. « Quand la nouvelle s'en fut répandue dans tout le royaume, nous dit le Religieux, tous les vrais Français (*omnes veri Francigene*) pleurèrent comme pour la mort d'un fils unique ; tant le salut de la France était attaché à celui de son roi. » [27] Et l'historien décrit ensuite les larmes, les sanglots et les prières du clergé et du peuple. On croit bien voir, au récit du Religieux, comment le drame du 5 août 1392 a frappé tout un royaume. A la réflexion, quand on connaît la précision du vocabulaire de Michel Pintoin, on a un doute. L'historien ne dit pas : « tous les Français ». Il dit, de façon surprenante : « tous les vrais Français ». C'est donc qu'il y avait dans le royaume des Français douteux. Le Religieux nous fait comprendre d'un mot que les réactions n'ont peut-être pas été aussi unanimes. Mais ce sont des choses sur lesquelles le chantre de Saint-Denis entend ne pas s'étendre.

Froissart, lui, s'étend. Il dit à deux moments différents les réactions du peuple français. Une fois, il tient des propos que le Religieux aurait pu applaudir des deux mains. La nouvelle abattit

25. *Ibid.* 48.
26. *Ibid.* 76.
27. *RSD* II, 22.

« la joye et le revel de France », et à juste titre. Le royaume fut touché par « la douleur et la payne du roy », car celui-ci « estoit durement et grandement en l'amour et grâce de tout le pueple, et pour ce que il estoit le chief, de tant le devoient mieulx toutes gens sentir ; car quand le chief a mal, tous les membres s'en sentent » [28]. Mais auparavant Froissart avait déjà abordé le sujet, et il avait bien montré que les gens avaient discuté sur les causes de cette frénésie et sur les problèmes qu'elle posait, et qu'il y avait eu, comme diraient aujourd'hui les journalistes, un début de polémique. Je cite Froissart : « On ne puet deffendre les gens à parler : la matiere estoit bien telle et si grande qu'elle desiroit bien et demandoit à estre déparlée en plusieurs et diverses manieres. » [29]

Le roi était inconscient. On attendait sa mort. Il retrouve à peu près la santé. On décide alors de le ramener doucement à Paris, puis en son château de Creil, où le bon air le rétablirait complètement. Charles VI était à Creil au plus tard le 1er septembre. Le chantre de Saint-Denis ne s'étend guère sur cette période. Il mentionne simplement que, sur son chemin de retour, le roi se rendit à Chartres pour accomplir le vœu qu'il avait fait en reprenant conscience, et offrit un collier précieux à l'image de la bienheureuse Vierge Marie [30]. Puis le récit de Michel Pintoin ne retrouve Charles VI que le 9 octobre 1392, jour de la fête de saint Denis, lorsque le roi, suivant l'usage de ses prédécesseurs et conformément à son vœu, se rend à l'église du bienheureux martyr. Et, ajoute l'historien, « pensant qu'il serait peu convenable de se présenter les mains vides, il voulut offrir au saint patron de la France une châsse d'or du poids de deux cent cinquante marcs, que son père avait commandée en l'honneur du roi saint Louis, et qu'il avait lui-même fait achever » [31]. L'historien dionysien tient à souligner que sa maladie avait simplement poussé le roi à répéter les gestes les plus classiques de la religion royale.

Froissart, lui, ne parle ni de Chartres ni de Saint-Denis, mais il insiste qu'on fit porter l'offrande du roi « en tous lieux où on sçavoit corps saint ou de sainte qui euissent grâce et merite par la vertu de Dieu à garir de frenaisie et de derverie » [32], et en particulier à

28. Jean Froissart, *Chronique* XV, 16.
29. *Ibid.* 48.
30. *RSD* II, 24.
31. *Ibid.* 34.
32. Jean Froissart, *Chronique* XV, 52.

Haspres, entre Cambrai et Valenciennes, où était le corps de saint Acaire, et à Renaix, en Flandre, où était le corps de saint Hermer. Et le mot de « frenaisie » revient par trois fois dans les quelques lignes du paragraphe. Le Religieux parle d'un roi malade, Froissart d'un homme qui a été fou furieux.

Et les médecins dans tout cela ? Je rappelle d'abord qu'après la crise et la convalescence d'août et septembre 1392, Charles VI a repris une vie normale pendant l'hiver et le printemps suivants. Puis il a eu sa seconde maladie en juin 1393, qui l'a tenu jusqu'en janvier 1394. La troisième crise date de novembre 1395. Un mandement royal du 20 août 1392 précise les noms des six médecins qui ont examiné Charles VI dans la quinzaine écoulée. Le 19 juillet 1393, un autre mandement royal donne les noms des vingt-deux médecins qui ont été consultés à l'occasion de sa seconde maladie. Pour résumer les choses en trois phrases, sont intervenus en août 1392 les quelques médecins qui avaient suivi le roi et les princes parce qu'ils étaient leurs médecins personnels. Tous avaient fait leurs études à la faculté de médecine de Paris. En 1393, on appela au chevet du roi ces mêmes médecins, mais aussi et surtout presque tous les professeurs de la faculté de médecine de Paris. Dans les deux cas le rôle principal était revenu à Regnault Fréron, « premier physicien du roi ». Toute la responsabilité retombait donc sur les médecins en place, et sur les membres de la faculté de médecine de Paris. C'étaient des praticiens fort instruits et fort respectables, qui firent ce qu'ils purent, mais ne purent empêcher le roi de retomber malade, et ses sujets de se poser de plus en plus de questions [33].

Le Religieux de Saint-Denis ne parle guère des médecins avant 1395. Et Froissart ne parle guère des médecins qui ont soigné le roi que pour dire leur totale impuissance, et il ne donne naturellement pas leurs noms ! En revanche, il consacre un énorme développement à un médecin que la documentation dont nous disposons sur la maladie du roi ne mentionne même pas, auquel il donne le rôle principal et le beau rôle : Guillaume de Harcigny. Guillaume de Harcigny, nous dit-il, était médecin à Laon. Enguerran VII, sire de Coucy tout proche, le connaissait. Il en parle au duc de Berry et au duc de Bourgogne. Ceux-ci le font venir à Paris. Puis ils l'envoient à Creil en lui donnant sur « tous les autres medechins la souveraine administration de luy curer ». Et Guillaume de Harcigny voit bien

33. B. Guenée, *op. cit.* (n.13), p. 113-126.

en effet « que la maladie du roy estoit curable ». Et ses soins firent merveille [34].

Mais qui était donc ce docteur miracle dont Froissart chante les louanges ? Guillaume de Harcigny était né à Laon vers 1300, je dis bien 1300. Il avait fait ses études de médecine à Paris, puis il avait beaucoup voyagé, en Italie, en Syrie, en Palestine, en Égypte. Puis il était revenu s'installer à Laon, où il avait écrit de nombreux ouvrages, qui ont tous disparu. Il fréquentait, à Laon et dans les environs, le meilleur monde. C'était un personnage, auquel son grand âge ajoutait, à n'en pas douter, une aura supplémentaire.

A-t-il joué le rôle que Froissart lui donne ? Je me permets d'en douter. Je vois mal un nonagénaire qui se disait lui-même « ung vieulx homs foible et impotent » [35], allant à cheval de Laon à Paris, puis de Paris à Creil, avant de regagner son domicile. Et il est bien clair que Regnault Fréron est resté le premier physicien du roi dès avant 1392 et jusqu'en 1395. Pourquoi donc ce roman ? Charles VI a été au début d'octobre en pèlerinage à Notre-Dame-de-Liesse. Il était à Laon le 1er octobre, à Coucy le 4 octobre [36]. Et il a peut-être bien passé un moment à Laon avec la vieille célébrité locale. Et l'imagination de Froissart aura d'autant mieux travaillé que l'homme du Nord y voyait le moyen de ridiculiser Paris en général et sa faculté de médecine en particulier.

La seconde crise du roi, en juin 1393, mettait l'optimisme de Guillaume de Harcigny en fâcheuse posture. Heureusement pour Froissart le vieux médecin mourait le 10 juillet. Ce qui permet à Froissart de faire son oraison funèbre, où il réserve aux élèves et aux professeurs de la faculté de médecine de Paris des phrases assassines : « Ores estoit regretté grandement de tous ceulx qui aymoient et desiroient à veoir le roy en bonne disposition et santé de sa personne maistre Guillaume de Harselly, le bon medechin, qui mort nouvellement estoit, et ne sçavoient bonnement les plus prochains du roy où recouvrer de medechins sages et prudents et qui bien se congneussent en la maladie du roy. Toutesfois il se convenoit passer et aydier de ce que on povoit trouver et avoir, quant autre chose on n'en povoit faire. » [37]

34. Jean Froissart, *Chronique* XV, 50.
35. *Ibid.* 78.
36. E. Petit, « Séjours de Charles VI (1380-1400) », *Bulletin historique et philologique du Comité des Travaux historiques et scientifiques*, 1893, p. 457.
37. Jean Froissart, *Chronique* XV, 128.

Il est vrai qu'avant d'avoir démoli ainsi la médecine parisienne grâce à Guillaume de Harcigny, Froissart avait déjà prononcé un premier éloge funèbre du vieux médecin, où il s'était empressé à détruire la statue que lui-même avait érigée. Il rappelait d'abord qu'on avait donné mille couronnes d'or du roi à Guillaume de Harcigny. Chiffre évidemment exagéré, chacun des médecins consultés en 1393 ayant reçu cent francs, ce qui est déjà énorme. Après quoi Froissart continue : « Il moru très riches homs ; et avoit bien en finance [...] trente mil frans, et fut en son temps le plus [...] aver que on sceuist, et estoit toute sa plaisance, et fut tant que il vescu, à assembler grant foison de flourins, et chiès soy il ne despendoit pas tous les jours deux sols de parisis, mais aloit boire et mengier à l'avantage où il povoit. De telles verges sont batus tous medechins. » [38]

Lorsque Regnault Fréron, le premier physicien du roi, fut chassé de la cour en 1395, parce qu'il n'avait pu guérir le roi malade pour la troisième fois, le Religieux de Saint-Denis ne le pleura guère. « Il fut chassé de Paris. On lui laissa toutefois tout le mobilier qu'il possédait soit à Paris, soit ailleurs, et qui le rendait plus riche qu'aucun médecin des règnes précédents » [39]. Remarquable convergence. Jean Froissart et Michel Pintoin n'avaient pas grand-chose en commun. Leurs caractères, leurs convictions étaient trop différents. Ils s'accordaient du moins sur un point. Ils étaient tous les deux exaspérés par la richesse des médecins, que la maladie du roi rendait plus riches encore.

Pour en revenir à Froissart, nombre de ses notations nous ont paru fort remarquables. Mais son récit si séduisant est entaché de tant d'erreurs flagrantes ou vraisemblables qu'on ne sait plus très bien que croire. Le talent et l'imagination de Froissart apparaissent plus clairement dans son récit que la vérité.

Un jour que je disais à Michel Zink qu'il y avait vraiment beaucoup d'erreurs dans la chronique de Froissart, mon interlocuteur, visiblement scandalisé de mes paroles blasphématoires, me répondit : « Plus tu trouveras d'erreurs chez Froissart, et plus tu prouveras par là-même son génie ». Et c'est bien vrai. Et Michel Zink a raison. Et je suis le premier, en cette année où l'on célèbre le sixième centenaire de sa mort, à vouloir mettre Froissart à la place

38. *Ibid.* 78.
39. *RSD* II, 404.

qu'il mérite. Froissart est un historien douteux, mais un conteur génial. C'est le père du roman historique. C'est l'Alexandre Dumas du XIVe siècle. Sa place est au Panthéon.

Note additionnelle

Ma communication a été la première présentée au colloque. Or cette passionnante réunion a permis de très fructueux échanges de vues entre les participants, historiens ou littéraires. A la fin de ces deux journées, j'avais le sentiment très vif que plusieurs points de mon exposé avaient été confirmés et enrichis, que d'autres méritaient d'être précisés ou développés. La nécessité de cette note additionnelle s'est ainsi imposée à moi.

Au témoignage de Froissart lui-même (*Chronique* XV, 38), le sire de Coucy était présent au Mans dans l'armée royale. Après la communication de Godfried Croenen, il est clair que Froissart a tiré d'Enguerran de Coucy ou de son entourage les informations dont il a disposé sur la folie de Charles VI en général et sur la journée du 5 août 1392 en particulier. Les récits de Michel Pintoin et de Jean Froissart ont donc tout naturellement des points communs ; même si Froissart nous renvoie du drame un écho déjà plus lointain, plus élaboré, plus enjolivé. Et lorsque les deux historiens en viennent à parler des médecins qui ont soigné le roi, il est de plus en plus clair que Michel Pintoin donne le point de vue parisien, tandis que Jean Froissart est le porte-parole décidé de l'entourage du sire de Coucy, fier de son médecin laonnais et fort critique à l'égard des Parisiens.

J'avais été surpris de constater que Jean Froissart avait tout fait pour dédramatiser le drame du 5 août 1392. La communication de Jacqueline Cerquiglini-Toulet et les remarques que Michel Zink a faites à sa suite m'ont permis de comprendre pourquoi. C'est que d'une façon générale, Jean Froissart est attiré par le drame, mais en a peur et le refuse. Son récit du 5 août 1392 est, me semble-t-il, un exemple éclatant de cette réaction de notre historien. On comprend mieux l'œuvre historique de Froissart lorsqu'on connaît son œuvre de poète et de romancier.

J'avais moi-même insisté en son temps sur l'importance du non-dit dans la chronique du Religieux de Saint-Denis. Et Alberto Varvaro a bien montré l'importance du non-dit dans l'œuvre de Froissart. Mais, pour détecter le non-dit, il est bien clair qu'une autre documentation, extérieure au récit de l'historien, doit permettre de savoir ce qui s'est réellement passé. Si j'ai pu montrer que le récit de Froissart sur la folie de Charles VI est, entre autres, un virulent pamphlet contre les médecins de la faculté de médecine de l'Université de Paris ; c'est que deux documents m'ont donné les noms des médecins qui avaient été appelés au chevet du roi, et qu'une autre documentation m'a permis de connaître les hommes qui portaient ces noms. Le non-dit est important chez Jean Froissart comme chez Michel Pintoin. Mais les lecteurs des deux historiens dépendent ici d'une érudition qui est loin d'avoir éclairé tout le règne de Charles VI et qui, malheureusement, n'a plus guère les faveurs des chercheurs d'aujourd'hui.

Enfin, évoquer Alexandre Dumas à propos de Froissart me paraissait audacieux. George T. Diller m'a montré que c'était pertinent. Et que les lecteurs de Froissart, au XVe siècle, attendaient peut-être de leur lecture un plaisir analogue à celui que cherchaient les lecteurs d'Alexandre Dumas au XIXe et au XXe siècle.

C'est peut-être l'occasion de préciser ce que Froissart voulait faire en écrivant ses chroniques. Observons qu'il nous dit que Jean le Bel avait « cronisié », c'est-à-dire apporté des faits, des informations. Lui au contraire affiche une ambition plus haute. Il a « historié », et il entend écrire une « histoire », c'est-à-dire, à partir de la matière première fournie par le « chroniqueur », un beau récit qui plaise à ses lecteurs. En vérité, Jean Froissart et Alexandre Dumas ont voulu tous les deux écrire un beau récit à partir d'une matière première historique. Tous les deux ont écrit des « romans historiques ». Et avec le même succès. Froissart suivant sans doute les faits d'un peu plus près que Dumas.

Bernard GUENÉE

POSTÉRITÉ DE FROISSART

ALEXANDRE DUMAS, LECTEUR DE JEAN FROISSART

Il y a deux ans, en cette même saison, la France rendait un hommage éloquent à son grand Alexandre, à l'occasion du bicentenaire de Dumas, lorsqu'elle transférait ses restes au Panthéon. En ce mois de novembre 2004, nous célébrons le quasi six-centième anniversaire de la mort d'un autre écrivain, lui aussi auteur d'une vaste œuvre de chroniqueur et de mémorialiste. Aujourd'hui, la proximité de ces dates d'anniversaires nous convie à examiner les grandes « coïncidences » entre les textes du XIVe siècle et ceux de Dumas. Nous pouvons à bon droit nous interroger sur la nature et la valeur de ces multiples échos de Froissart chez Dumas. Quelles étaient les lectures de Froissart par Dumas, lectures qu'il prit pour de splendides « prétextes » à ses transformations intarissables ? Et ce sera en outre pour nous l'occasion de rappeler quelques romans de Dumas tombés de nos jours dans un grand oubli.

Une première constatation un peu troublante : chez les deux grands biographes contemporains de Dumas, Daniel Zimmerman [1] et Claude Schopp [2], le nom de « Froissart » n'apparaît inexplicablement que trois ou quatre fois. Or, Alexandre Dumas invoque le nom de Froissart une bonne centaine de fois dans son œuvre, soit du fait de souvenirs variés, soit lorsqu'il fait appel à l'autorité du texte des *Chroniques*, soit en faisant entrer carrément le chroniqueur dans l'intrigue de son roman *Le Bâtard de Mauléon*.

Portons d'abord notre attention sur la présence du chroniqueur aux franges de l'œuvre de Dumas. Il s'agit de bribes de textes isolés, où reviennent sous la plume de Dumas des « souvenirs » de

1. *Alexandre Dumas le Grand. Biographie*, nouv. éd., Paris, Phébus, 2002.

2. Alexandre Dumas. *Le génie de la vie*. Édition revue et augmentée, Paris, Arthème Fayard, 1997.

Froissart, qui peuvent paraître à première vue éphémères et banals, mais qui se révèlent être des marques éparses de la grande source que celui-ci constitue chez l'écrivain. Ainsi de ses récits de voyage. Premier exemple : dans un récit de voyage qui date de 1842, *Le Corricolo* ou *Impressions de voyage à Naples*, Dumas parle ainsi de la légende de saint Janvier, le patron de Naples :

> « Dans les premiers siècles, [...] [la vie du saint] revêt l'allure simple et naïve d'une légende de Grégoire de Tours ; au Moyen Âge, elle prend la marche poétique et pittoresque d'une chronique de Froissart ; enfin, de nos jours, elle offre l'aspect railleur et sceptique d'un conte de Voltaire » (chapitre XIX, éd. Acamédia).

Ici « Froissart » joue le rôle d'un symbole de choix pour évoquer le Moyen Âge. Cinq ans plus tard, « Froissart » reviendra sous la plume de Dumas, au service d'un style archaïsant, dans *De Paris à Cadix* (1847), récit où le narrateur se gausse des routes d'Espagne dans une « lettre » adressée à l'amie fictive [3] :

> « Or, madame, pour vous prouver que la voiture ne peut pas être une volupté en Espagne, je vous dois une description des routes d'Espagne, des carrosses qui les sillonnent, et de la marche d'iceux, comme disait le bon Jehan Froissart... » [4]

Dans un troisième texte de voyage, *Excursions sur les bords du Rhin* (1841), les villes et les pays se métamorphosent en espace littéraire. A peine touche-t-il le sol de la Belgique que les souvenirs historiques fusent de toutes parts. A Waterloo, c'est son enfance à Villers-Cotterêts qui était sur la route de Napoléon. A Anvers, ce sont les artistes, Rubens surtout. A Gand, il évoquera Froissart, Du Guesclin et d'Artevelde. La vue d'une grosse bombarde, baptisée « Marguerite l'Enragée », lui rappelle avec précision un passage de Froissart dans l'édition de Buchon [5] :

> « Pour esbahir ceux de la garnison d'Oudenarde, dit Froissart, les Gantois firent faire et ouvrir une bombarde merveilleusement grande,

---

3. Suzanne Broham.
4. Proust sur le « h » de Jehan : « la [...] belle *h* inutile, héraldique, telle qu'on l'admire, enluminée de vermillon ou d'outre-mer, dans un livre d'heures ou dans un vitrail », dans *A la recherche du temps perdu*, coll. « Quarto », Gallimard, 1999, p. 1630.
5. T. II, chapitre CLXI, p. 214 (Paris, A. Desrez, 1835).

laquelle avait cinquante-trois pouces de bec, et jetait carreaux merveilleusement grands, gros et pesans, et quand cette bombarde déclignait, on l'entendait, par jour, bien de cinque lieues loin, et par nuit, de dix, et menait si grand bruit au décligner qu'il semblait que tous les diables d'enfer fussent en chemin. »[6]

Cette citation prouve chez Dumas une assez bonne connaissance textuelle du Froissart de Buchon. Il y opère deux modernisations typiques qui visent à rendre la langue du XIVe siècle plus accessible à son grand public : « entendait » pour « ouoit » et « bruit » pour « noise ». Une troisième modification, par contre, défie la logique : à la place du verbe « descliquier », verbe que Froissart emploie pour décrire l'action de décharger un coup, Dumas écrit « décligner ». Ce néologisme indiquerait, je pense, le jeu des yeux de Marguerite, plutôt qu'un coup de canon. Serait-ce un trait d'humour ironique ou tout simplement la marque d'une rédaction menée à la diable ?

Nos trois exemples tirés de récits de voyage permettent-ils de conclure que Dumas a réellement lu plus que des bribes de textes ou qu'un manuel scolaire d'histoire ? Froissart occupe-t-il vraiment chez Dumas une place autre que diffuse et de seconde main, ou même pire, celle d'un nom pris dans un répertoire d'œuvres ?

Or un répertoire existe bel et bien dans ses mémoires. Au chapitre LXXIX[7] de *Mes Mémoires (1847-1855)*, Alexandre évoque fièrement, sous forme d'un épisode dialogué et dramatisé, la plus ancienne rencontre qu'il aurait faite avec le chanoine de Chimay. Voici comment il rappelle son bain d'initiation littéraire. En avril 1823, peu de jours après qu'il eut été agréé comme copiste surnuméraire au secrétariat du duc d'Orléans, son sous-chef de bureau, le journaliste et écrivain, Espérance Hippolyte Lassagne, apprenant que son nouveau collègue voulait se faire écrivain, lui aurait dicté un vaste programme de lectures, que le jeune Dumas lui promit

6. Alexandre Dumas, *Excursions sur les bords du Rhin*, Flammarion, coll. « GF », 1991, p. 91. *Grand Dictionnaire universel de Pierre Larousse* (reproduction électronique Redon), t. II, p. 905, col. 3, « Il existait encore trois *bombardes* en 1843 : l'une, de cinquante-sept centimètres, était à Gand... » Voir aussi dans *Excursions sur les bords du Rhin*, p. 261-262, où Dumas rappelle Valram de Juliers, archevêque de Cologne dans son roman *La Comtesse de Salisbury* [chapitre IX (fin) ; cf. Froissart, *Chroniques*, Buchon éd. (1835), t. I, p. 71, col. A.].

7. Paris, Robert Laffont, coll. « Bouquins », 2002, t. I, p. 586-591.

d'accomplir, ainsi que de relire et apprendre par cœur les dits auteurs. Après avoir nommé Shakespeare, Eschyle, Sophocle et Euripide pour la tragédie, Aristophane, Plaute, Térence et Molière pour la comédie, Goethe, Walter Scott et Fenimore Cooper pour le roman ; puis Joinville, Froissart, Monstrelet, Chastellain, Juvénal des Ursins, Montluc, Saulx-Tavannes [8], L'Estoile, le cardinal de Retz, Saint-Simon, Villars [9], Mme de Lafayette et Richelieu, pour l'histoire, Lassagne lui désigne enfin Homère, Virgile, Dante, Ronsard, Mathurin Régnier, Milton, Goethe, Uhland [10], André Chénier, Lamartine et Hugo pour la poésie. La présence de Froissart sur cette liste imposante où cependant n'apparaissent pour le Moyen Âge français ni poésie ni roman, mais seulement quatre chroniqueurs, fournit un cachet certain pour le nom du chroniqueur. Plus loin dans *Mes Mémoires*, Dumas revient aux « instructions de Lassagne » : le premier roman qu'il lut, *Ivanhoé* de Scott, lui donna, dit-il « ...cet avant-goût des grands coups d'épée et des rudes coups de lance que je devais retrouver dans Froissart ... » (chapitre XCIV, p. 708). Quelle que soit la part de l'imaginaire dramatique qui inspire le mouvement de cette phrase, une demi-douzaine de romans et de contes historiques — sans parler de nombreuses pièces — composés tout au long des grandes années de la production littéraire dumasienne, entre 1831 [11] et 1857, témoignent d'une lecture fidèle des *Chroniques* de Froissart, et plus précisément, sous la forme où il les trouvait éditées par Jean Alexandre Buchon [12].

Au départ, Dumas composa, avec la publication de sa *Gaule et France*, une large préface à ses romans historiques. Paru en 1833, ce résumé chronologique de l'histoire de la France — depuis

8. Tavannes, Jacques de Saulx (comte de), 1620-1683 ; il s'attacha au grand Condé, qu'il suivit dans ses campagnes, devint lieutenant général et grand bailli de Dijon. On a de lui des *Mémoires sur la guerre de Paris, depuis la prison des princes (1650) jusqu'en 1653*, Paris-Cologne, 1691.

9. Louis-Hector Villars (duc de), maréchal, né à Moulins en 1653, mort à Turin en 1734. *Mémoires*, Hollande, 3 vol. in-12.

10. Johann-Ludwig Uhland, poète allemand (1787-1862).

11. Quand il publie dans la *Revue des Deux Mondes* (déc. — 2 numéros) les chapitres XVI-XXVII d'Isabel de Bavière.

12. Voir *Gaule et France*, par Alexandre Dumas, nouv. éd., Paris, Michel Lévy Frères, 1862, p. 3, où Buchon est nommé. Émile Girardin fut l'éditeur/patron de la collection « Panthéon littéraire », collection dans laquelle fut publiée l'édition des *Chroniques* par Buchon.

l'invation d'Attila en 451 jusqu'aux derniers Capétiens — résulte d'un travail de synthèse et de démarquage de travaux historiques contemporains, surtout ceux d'Augustin Thierry (1795-1856) et de Chateaubriand (1768-1848). Au terme de cet ouvrage un peu laborieux, Dumas cite (p. 273-274) un passage du début du premier livre des *Chroniques* où Froissart parle de la mort de Charles IV en 1328 [13], qui annonce l'avènement du premier Valois, ce qui fait donc le pont avec le règne de Philippe VI durant lequel il situe son roman, *La Comtesse de Salisbury*. Or vers 1848, Dumas ajouta à cette compilation de jeunesse, plutôt servile, une importante *Introduction* et un *Épilogue* dans lesquels il élabore sa pensée sur le roman-historique [14].

Reconnaissant dans cette introduction que Walter Scott « ...avec *Ivanhoé, le Château de Kenilworth* et *Richard en Palestine* avait introduit un roman historique supérieur au roman historique français » (p. 1), il poursuit sur un ton pince-sans-rire : « ...*Quentin Durward* [...nous apprit...] que notre histoire avait aussi ses pages romanesques et poétiques ; et pour comble d'humiliation, un Anglais les avait lues avant nous... » (p. 2). Pour répondre à ce « défi » anglais, Dumas déclare que le romancier français devra s'engager dans un triangle, enfermé entre l'histoire proprement dite qui n'est qu'« une compilation ennuyeuse de dates et de faits », le roman historique, qui, « ... à moins d'être écrit avec le génie et la science de Walter Scott, n'est qu'une lanterne magique sans lumière », et enfin, les chroniques originales. Mais entraîné sans doute par son élan rhétorique, il dénonce la composition des chroniques : « ... si pittoresques que soient Froissart, Monstrelet et Juvénal des Ursins, [...]

13. *Gaule et France*, p. 273.

14. Dumas parle du roman historique à plusieurs reprises dans son œuvre, notamment en tête de son conte, *Les Gentilhommes de la Sierra-Morena* (1849), chapitre I : « Au milieu de toutes ces recherches, de toutes ces investigations, de toutes ces nécessités, le moi disparaît ; je deviens un composé de Froissart, de Monstrelet, de Chastelain, de Commynes, de Saulx-Tavannes, de Montluc, de l'Estoile, de Tallemant des Réaux et de Saint-Simon ; ce que j'ai de talent se substitue à ce que j'ai d'individualité, ce que j'ai d'instruction à ce que j'ai de verve : je cesse d'être acteur dans ce grand roman de ma propre vie, dans ce grand drame de mes propres sensations ; je deviens chroniqueur, annaliste, historien ; j'apprends à mes contemporains les événements des jours écoulés, les impressions que ces événements ont produites sur les personnages qui ont vécu réellement ou que j'ai créés avec ma fantaisie. »

leurs chroniques sont plutôt des fragments réunis qu'une œuvre complète, [...] point de fil conducteur que l'on puisse suivre dans ce labyrinthe. [...] On saute sans liaison de l'Angleterre en Espagne, de l'Espagne en Flandre, de la Flandre en Turquie » (p. 6). Alors c'est Dumas romancier, justement, qui va inventer le « fil conducteur » de ses romans historiques.

Dans l'*Épilogue,* Dumas annonce la suite de *Gaule et France* et formule en même temps un jugement sévère sur son ouvrage :

> « Maintenant, c'est l'histoire de ces guerres et de ces désolations que nous allons raconter en détail, bornant ici notre travail chronologique ; car l'introduction qu'on vient de lire n'est qu'une œuvre de dates et de faits accomplie par l'investigation seule de l'historien, et à laquelle n'a eu aucune part l'imagination du poëte... » (p. 274).

En 1836, Dumas s'engagea à rédiger pour *La Presse* d'Émile Girardin [15] une série de *Scènes historiques* qui devaient passer en revue les règnes les plus importants de l'histoire de France.

Passons maintenant, selon l'ordre des règnes des rois de France au XIVe siècle, aux romans proprement « froissardiens » qui sont nés de ces premières publications périodiques.

Située sous les règnes de Philippe V et d'Édouard III, *La Comtesse de Salisbury*(1839) vit le jour d'abord en 1836, dans *La Presse*, sous la forme d'un des premiers romans-feuilletons publiés en France [16]. Pour le règne de Jean II (1350-1364), Dumas tire de Froissart, un récit de la bataille de Poitiers (1356) qu'il met au premier chapitre de son *Charles le Téméraire* (1857). Quant au règne de Charles V (1364-1380), c'est dans *Le Bâtard de Mauléon* (1848) que Dumas raconte quelques grands moments du début de ce règne, alors que les protagonistes historiques de cet excellent roman sont plutôt deux frères ennemis, les prétendants au trône de Castille, Pierre le Cruel (1334-1369) et Henri de Trastamare (1333-1379). Enfin, Dumas tire du quatrième livre des *Chroniques* la première

15. D. Zimmermann, *op. cit.* (n. 1), p. 302.

16. Dans les numéros suivants : 17 juillet (n° 26), Règnes de Philippe VI de France et d'Édouard III Angleterre, 1338-1350 ; 28 juillet (n° 40) ; 31 juillet (n°44) ; 7 août (n° 52) ;14 août (n° 58) ; 21 août (n° 64) ; 28 août (n° 70), Règnes d'Édouard III d'Angleterre, de David Bruce d'Écosse et de Philippe VI de France ; 12 septembre (n° 82). Voir R. Guise, « Balzac et le roman-feuilleton », *L'Année balzacienne 1964*, Paris Garnier-Frères, p. 286 sqq.

moitié de son roman *Isabel de Bavière* où, à côté de la reine et de son frère Louis, Charles VI occupe une place centrale.

On a souvent dit que Dumas était « textophage », qu'il ne pouvait lire une œuvre sans la dévorer, sans la digérer et sans en faire un nouveau texte — drame ou roman — de son cru. Le cas de *La Comtesse de Salisbury*, né d'une lecture du premier livre de Froissart fait un peu exception à ce principe agressif. Pour ce « premier » roman historique, Dumas l'historien se fait un point d'honneur, d'une part, de conserver tous les faits et dates des *Chroniques*, tandis que, de l'autre, Dumas le romancier y superpose une nouvelle version du drame de la passion d'Édouard pour la comtesse. De la sorte, depuis l'assassinat de Jacques d'Artevelde jusqu'à la bataille de Crécy, depuis le siège d'Aiguillon jusqu'aux campagnes d'Écosse, Dumas ne saute quasiment aucun épisode du chroniqueur, encore qu'il regroupe souvent les détails historiques sous forme de retours en arrière. Dix-neuf fois il invoque le témoignage de Froissart, de fréquentes citations tirées de l'édition de Buchon [17] insistent tout au long du roman sur le poids de cette dépendance, au point même que Dumas en laisse échapper quelquefois des murmures d'impatience. Au cours de la composition de l'épisode de la prise de Caen par les Anglais en 1346, par exemple, Alexandre s'exprime de la manière suivante :

> « Cependant, ajoute Froissart, notre guide éternel dans le dédale de cette époque, " nonobstant ce et le ban du roi et du maréchal, il y eut dedans la ville de Caen moult (beaucoup) de vilains meurtres et pillemens... " » [18]

La hâte croissante de l'écrivain à mettre fin à la narration de cette masse de détails historiques transperce dans de fréquentes interventions telles que : « ...Bravant l'ennui qui ne manque jamais de s'attacher à l'histoire de faits et de dates... » (chap. V) ; « Nous sommes l'esclave de l'histoire et non de notre fantaisie » (chapitre XXII) ; « Une dernière épidose [19], et nous en aurons fini avec

17. Chapitres VIII, XXII, XXIV, XXVIII, XXXII, XXXIV, XXXV, XL, XLI, XLII(2), XLIII, XLVI(2), L(2), LIV et LVIII.

18. *La Comtesse de Salisbury*, chapitre XLII (la prise de Caen).

19. Forme donnée par l'édition de 1848 : Bruxelles, Alphonse Lebègue, 3 vol. Ce mot « rare » n'est peut-être qu'une coquille : devrait-on lire « épisode » comme la donne l'édition du *Siècle* de 1856 ? Cependant Dumas étant bien friand de mots « rares », nous conservons la première forme dont le sens, bien plus intéressant,

l'histoire politique et guerrière de Philippe VI et d'Édouard III » (chapitre LXI).

En revanche, voulant lui donner fonction de fil conducteur de son roman, Dumas compose et entrelace librement son récit de la passion d'Édouard III, récit que Froissart, comme on le sait, avait lui-même déjà emprunté à Jean le Bel. Dès le premier chapitre de son roman, Dumas place son intrigue sous les beaux yeux d'Alix que le jeune roi découvre au palais de Westminster au moment où Robert d'Artois impose aux convives les vœux du héron [25 septembre 1338]. A part quelques épisodes typiques de l'humour impertinent d'Alexandre, tels un faucon de la comtesse qu'il baptise sans pitié « la Prude » (chapitre III et IV), une jarretière plaisamment égarée par la comtesse (chapitre XVIII) — et qui aurait été à l'origine de l'Ordre de la Jarretière bleue — et le rôle d'amoureux pur et désespéré joué par le neveu du comte de Salisbury (chapitre XIII, XV,...), ce sont les scènes où Dumas compose les conséquences du viol royal qui nous valent ses écarts les plus significatifs avec la leçon des *Chroniques*. L'épisode où nous lisons comment le comte de Salisbury, sombre et vengeur, voyage jusqu'au Louvre pour dénoncer au roi français la trahison d'Olivier de Cliçon et de Godefroi de Harcourt (chapitre XXVI), les chapitres où la comtesse se meurt devant Édouard III et où le roi reconnaît le comte déguisé en fossoyeur (chapitre XXXVIII-XL), la mort du roi à la fin du roman qui se fait donner une dernière rémission de son crime d'amour par le comte de Salisbury devenu ermite religieux (chapitre LXIII-fin du roman), ce sont tous là des textes par lesquels l'auteur-dramaturge d'*Henri III et sa cour* transforme le récit mesuré de Froissart en scènes dialoguées, sombres et violentes.

Presque oubliée lors de la rédaction pressée de *La Comtesse de Salisbury*, la période 1350-1376 se retrouve dans un récit abrégé des règnes de Jean II, Charles V et Charles VI que Dumas place en tête de son roman *Charles le Téméraire* (1857). Or seul le « Prologue » [20] de cette œuvre où il raconte la bataille de Poitiers semble venir en ligne droite du Froissart de Buchon, le reste du texte

convient parfaitement au contexte. Voir Pierre Larousse, *Grand Dictionnaire universel du XIXe siècle*, t. VII, p. 707, col 1 : « ÉPIDOSE s. f. (é-pi-do-ze — du gr. *épi*, sur ; *didòmi*, je donne). Méd. anc. Accroissement. »

20. Alexandre Dumas, *Charles Le Téméraire*, Paris, Michel Lévy, 1860, t. I, p. 1-44. Dumas cite Froissart aux p. 15, 28 et 29.

s'inspirant plutôt de *L'histoire des ducs de Bourgogne* par Prosper de Barante [21] et des *Mémoires* de Philippe de Commynes. Au terme de ce « Prologue », ayant noté la création de Philippe, le fils cadet de Jean II, duc de Bourgogne, puis la mort du roi son père, « le 8 avril 1364 », Dumas conclut avec sa verve un peu ronflante : « Si cette espèce de prologue a dit ce qu'il voulait dire, le lecteur sait maintenant dans quelle terre ensanglantée avait poussé cet arbre gigantesque de Bourgogne, dont Charles le Téméraire n'est qu'un rameau » (p. 44).

Passons à un autre roman historique important, *Isabel de Bavière*. La partie froissardienne du roman, c'est-à-dire les treize premiers chapitres, ressemble par sa facture à *La Comtesse de Salisbury*. De nouveau, Dumas compose un panorama dramatisé des grands événements, cette fois-ci, ceux du Quatrième Livre des *Chroniques*, depuis l'entrée d'Isabel dans Paris, en passant par l'attentat contre Olivier de Cliçon, la folie du roi dans la forêt du Mans, et le bal des Ardents, et en allant jusqu'au désastre de la bataille de Nicopolis. Il entrelace ici son fil historique avec une intrigue de drames passionnels dans l'entourage royal. Peut-être « attendri », comme le dit bien Françoise Autrand [22], mais certainement, je pense « mis en appétit » par l'histoire de la concubine donnée à Charles VI que rapporte Le Religieux de Saint-Denis, Dumas amplifie généreusement le rôle d'Odette de Champdivers.

Jusqu'à présent pour les ouvrages dont nous avons parlé — *La Comtesse de Salisbury*, *Charles le Teméraire* et *Isabel de Bavière* — auxquels on pourrait ajouter *Monseigneur Gaston Phœbus* [23] — Dumas, tout en dramatisant son récit, tout en développant avec bien des libertés les intrigues d'amour, se soumet assez fidèlement à Froissart pour ce qui concerne les faits et les dates. Avec *Le Bâtard de Mauléon*, enfin, nous avons affaire à un roman, où l'auteur embrasse intimement la manière de Froissart en même temps qu'il prend de grandes libertés avec son texte-source. Au début de son Troisième Livre, on se souvient, Froissart rapporte comment à Orthez, le vieux routier, Bascot de Mauléon, lui raconte des péripéties de ses aventures avec les Grandes Compagnies, depuis la bataille de Poitiers (1356) jusqu'à celle d'Aljubarrota (1385). Pour son roman, Dumas

21. *Histoire des Ducs de Bourgogne de la Maison de Valois 1364-1477*, Paris, Dufey, 1837-1838.

22. F. Autrand, *Charles VI. La folie du roi*, Paris, Fayard, 1994, p. 416.

23. Réédité par Pierre Tucoo-Chala, Biarritz, Atlantica, 2000, 121 p.

recule le récit de Mauléon, le place à Tarbes, soit plusieurs jours avant l'arrivée de Froissart et d'Espang de Lyon au château de Gaston de Foix. Par ce déplacement sur les lieux des premières prouesses de son héros, mais surtout grâce à une série de coïncidences romanesques, Dumas communique à son lecteur un vif sentiment d'authenticité dramatique. Voici comment, dans son exorde (chapitre 1), Dumas organise le rendez-vous du chroniqueur avec son héros. Arrivés au pas de l'Arrêt, entre Tournay et Tarbes, Espang décrit à Froissart un combat qui eut lieu sur ce site entre la garnison anglaise de Lourdes et des Béarnais français, et comment le jeune neveu d'Ernauton [Bissette] [24] survenu au moment où son oncle épuisé allait succomber à son adversaire de Lourdes, le Mongat de Saint-Bazile, le remplaça et tua le Mongat « d'un petit coutelet long et mince dont la lame glissa sous le gorgerin » (p. 12). Et Espang d'apprendre à Maître Jehan que ce jeune neveu s'appelait le Bâtard Agénor de Mauléon. Puis, avançant devant une croix érigée pour marquer la tombe du Mongat, Froissart aperçoit un chevalier déjà agenouillé. Espang et le chroniqueur suivent à distance l'inconnu jusqu'à Tarbes où ils descendent à l'hôtel de l'Étoile. Or, contre toute attente, ils se trouvent devenir les invités involontaires du chevalier inconnu, car celui-ci vient de réserver toutes les chambres ainsi que l'ensemble de la cuisine de l'auberge. Leur hôte obligeant, Bascot de Mauléon, soit « Agénor à la main de fer », se présente et convie les deux voyageurs dans sa chambre pour leur raconter et faire écrire par Froissart l'histoire de sa vie. Et, nous affirme Dumas, c'est là l'histoire qu'on va lire et que :

> « Nous avons tirée d'un manuscrit inédit, sans nous donner, selon notre habitude, d'autre peine que celle de mettre à la troisième personne une narration qui était écrite à la première » (p. 27).

Ce que nous lirons, ce sont les événements que Mauléon vécut en France et en Espagne, entre 1361 et 1367, depuis l'assassinat de don Frédéric [25] et celui de la reine Blanche de Bourbon, jusqu'à l'expédition en Espagne des Grandes Compagnies dirigée par

24. Que Dumas confond avec Ernaut de Sainte-Colombe, homme d'armes de Lourdes. *Le Bâtard de Mauléon*, Éd. Calmann-Lévy, Paris, 1923, t. I, p. 9. Pour le texte de Froissart qui correspond à cet épisode, voir *Chroniques*, S. Luce éd., Paris, Société de l'Histoire de France, t. XII, p. 42-54.
25. « Fadrigue, frère d'Henri de Trastamare. »

Bertrand Du Guesclin, la défaite franco-castillane à Najera (1366) et, enfin, le retour au pouvoir d'Henri de Trastamare grâce à sa victoire à la bataille de Montiel (1367). Nombre de ces événements, Dumas pouvait les trouver racontés dans le premier livre des *Chroniques*, d'autres se rapportant à Pierre le Cruel et surtout à sa maîtresse, Maria de Padilla, il devait les tenir de son ami Prosper Mérimée qui publia en 1848 sa grande œuvre historique, *L'histoire de Don Pèdre Ier, roi de Castille* [26] presque au même moment que la publication du *Bâtard de Mauléon*. Ici, cependant, à la différence de ce que fut la passion d'Édouard III, à la différence du rôle que joue Odette de Champdivers — destins romanesques puissants mais épisodiques, noyés cependant dans le grand flot des événements historiques —, Agénor et son fidèle écuyer, Musaron, en vrais protagonistes, occupent des places de premier rang aux grands moments historiques du roman. Un exemple : à l'hôtel Saint-Pol, en 1361, le régent Charles cherche avec Du Guesclin, Henri de Trastamare et Agénor une stratégie pour libérer la France des Grandes Compagnies. Mais, c'est l'avis d'Agénor qui prévaudra et qui sera celui de l'histoire :

> « — Et moi, dit timidement Mauléon, si Votre Altesse me permettait de dire un seul mot...
> [...]
> — Dites, reprit Charles
> [...]
> — Sire, toutes ces bandes se rassemblent en ce moment sur la Saône... Que messire Duguesclin, cette fleur de la chevalerie, qui est respecté du dernier d'entre eux, aille vers eux, se mette à leur tête et les conduise en Castille... » (t. I, chapitre XIII).

* * *

Deux ou trois courtes observations en guise de conclusion.

Sur le plan idéologique et moral, le roman historique de Dumas diverge de manière notable des *Chroniques* de Froissart. D'abord, chez Dumas, l'amour et la passion n'apportent guère que

26. Édition Gabriel Laplane, Paris, Didier 1961. Dumas publia aussi, en 1841, un conte intitulé *Pierre le Cruel*.

la mort et le malheur : Odette de Champdivers meurt juste après avoir mis au monde une fille de Charles VI (*Isabel de Bavière*, t. I, chap. XI) ; le viol royal pousse Alix à se suicider ; quant à Agénor, sa quête amoureuse se termine par la décapitation d'Aïssa, sa belle sarrasine, et par son poing droit tranché. Par contre, l'œuvre de Froissart n'offre pas l'image d'un tel amour destructeur. Quant à la prouesse et à la vaillance, valeurs fondatrices de l'univers de Froissart, ces valeurs n'apportent plus de récompenses à Agénor, le fidèle ami et vassal du roi Henri. Dans l'*Épilogue* du roman, le Bâtard de Mauléon décrit pour le chroniqueur son existence depuis la mort d'Aïssa. Ainsi, à la demande de Froissart, le vieux chevalier relate comment, vers le début du règne de Charles VI, Musaron et lui, emmenés par Louis de Bourbon, reprirent la route pour Ségovie et la cour du roi Henri. Mais quelle déception pour notre héros : « noble et malheureux » en sa jeunesse, « en ... retrouvant [le roi], je lus la cruauté, la dissimulation sur son visage » (III, 233). Henri leur montra une cage de fer dans laquelle étaient enfermés deux fils de don Pèdre et de Maria de Padilla, et invita Louis à faire mourir « les enfans de celui qui fit mourir votre sœur ». Mais ce dernier répondit fermement : « Sire, les enfans ne sont pas coupables des crimes de leur père » (III, 234). Quand, pour ses services passés, Henri invite Agénor à lui demander une grâce, le chevalier lui demande de libérer ces deux enfants de don Pèdre, mais le roi réagit avec colère : « ... Je vous ai promis de vous faire une grâce qui vous enrichisse, non une grâce qui me ruine » (III, 235). Et Agénor de faire observer au chroniqueur : « Pauvres nous sommes partis, ce brave Musaron et moi, pauvres nous sommes revenus quand d'autres fussent revenus bien riches. »

La critique a toujours eu tendance à passer sous silence les romans froissardiens de Dumas, ou, ce qui n'est guère plus flatteur, à les réduire au rang de « compilations » [27]. Certes il y a du démarquage dans ces œuvres, mais n'oublions pas que pour Dumas tout texte n'existe que comme prétexte, que pour chaque passage copié, Alexandre en a remanié, recomposé dix autres. En fin de compte, ses romans que l'on peut sans être injuste comparer favorablement aux *Rois maudits* de Maurice Druon, font hommage à la permanence de Froissart dans la mémoire littéraire moderne.

27. Par exemple : Alexandre Dumas, *Les Trois Mousquetaires. Vingt ans après*, Préface et dossier par Cl. Aziza, Paris, Omnibus, 2002, p. 1372.

Dernier détail.

N'oublions pas enfin que d'Artagnan, béarnais, né à Tarbes, héros le plus renommé de Dumas, descend en ligne directe, si on peut dire, d'Agénor et peut-être par la même occasion de Jean Froissart.

George T. Diller

FROISSART ET « SES » MANUSCRITS : TEXTES, IMAGES, CODEX ET RESSOURCES ÉLECTRONIQUES

En dépit de ce que nous apprennent le Troisième Livre des *Chroniques* et certains des *dits* narratifs concernant les méthodes de travail de Jean Froissart en tant que chroniqueur, poète et écrivain [1], les données textuelles nous font presque entièrement défaut au regard d'une quelconque activité de sa part lors de la préparation du « produit matériel » définitif, autrement dit le manuscrit achevé, enluminé, décoré et livré à tel ou tel patron commanditaire. Presque disert sur ses interviews conduites auprès de divers informateurs [2], et fort heureux de nous livrer au détour d'un poème narratif des confidences précieuses sur ses méthodes de composition, l'écrivain ne nous dit presque rien sur les rapports qu'il aurait pu entretenir avec des copistes, ateliers ou clients-acheteurs. Peut-être tout simplement parce que, à l'inverse d'une Christine de Pizan, Froissart s'intéressait moins à ce tout dernier stade de production, se préoccupant plutôt de l'*ordonnance* du contenu, et ne songeant guère à la présentation artistique de celui-ci dans tel ou tel codex particulier. Il est vrai, d'ailleurs, que la plupart des manuscrits subsistants — à l'exception des manuscrits BNF fr. 830 et 831 contenant ses poésies et du célèbre ms Reg. Lat 869 de la Bibliothèque du Vatican offrant la toute dernière rédaction du premier Livre des *Chroniques* — ont été copiés et enluminés longtemps après la mort de l'écrivain. Nous

1. Détails dans notre article « Configuring Transience. Patterns of Transmission and Transmissibility in the *Chroniques* (1395-1995) », dans *Froissart Across the Genres*, D. Maddox et S. Sturm-Maddox éd., University Press of Florida, Gainesville etc., 1998, p. 15-39 ; ici, p. 22-23.

2. Voir l'Introduction à notre édition du troisième Livre dans la coll. « Lettres gothiques », Paris, 2004, p. 74, ainsi que le début du chap. 12 de celui-ci, p. 162.

songeons, tout d'abord, à ce groupe de manuscrits réalisés à Paris entre 1408 et1418 environ (commentés *infra*), et à ceux confectionnés à Bruges ou ailleurs en Flandre entre 1468 et 1482. Ceci dit, il reste tout à fait possible que Froissart ait contribué en personne à la production d'un manuscrit copié avant 1400, mais aujourd'hui perdu.

Résumons-nous : si Froissart parle volontiers de ses productions en tant que monnaie [3] courante (on pense dans ce contexte aux études de Jacqueline Cerquiglini-Toulet [4] et Michel Zink [5]) et s'il commente à l'occasion le sort qu'il réserve à un codex particulier, ainsi le célèbre recueil de poésies *bien ordonné* offert à Richard II en 1395 [6], le manuscrit achevé — *en tant qu'objet esthétique* — ne fait pas habituellement partie de la thématique de l'écrivain. Si Froissart consacre son temps à un manuscrit achevé, c'est en premier lieu, nous semble-t-il, pour en revoir le *texte* — afin de créer à partir de celui-ci un nouvel avatar narratif. En dépit de quelques renvois à l'encre, aux plumes et au parchemin dans le *Joli Buisson de Jonece* [7] et

3. P. F. Ainsworth, *art. cit.* (n. 1), p. 22.

4. J. Cerquiglini-Toulet, « Fullness and emptiness : shortages and storehouses of lyric treasure in the fourteenth and fifteenth centuries », dans *Context : styles and values in medieval art and literature*, D. Poirion et N. F. Regalado éd., livraison spéciale de Yale French Studies, 1991, p. 224-239.

5. M. Zink, « Le temps, c'est de l'argent », chapitre XI de *Froissart et le temps*, Paris, PUF, 1998, p. 181-192.

6. « Et avoie de pourveance fait escripre, grosser et enluminer et fait recueillier tous les traittiés amoureux et de moralité que ou terme de XXXIIII ans je avoie par la grace de Dieu et d'amours fais et compilés. [...] Si desiroie moult ce roy Richart a veoir et messeigneurs ses oncles, et estoye pourveu de ung tresbeau livre et bien adourné, couvert de velours, garny et cloué de clous d'argent dorés d'or pour faire present et entrée au roy. [...] Si le vey en sa chambre, car tout pourveu je l'avoie, et luy mis sur son lit. Il l'ouvry et regarda ens, et luy pleut tresgrandement, et bien plaire luy devoit, car il estoit enluminé, escript et historié et couvert de vermeil velours a dix clous attachiés d'argent dorés et roses d'or ou milieu, a deux grans frumaus dorés et richement ouvrés ou milieu de roses d'or. Adont me demanda le roy de quoy il traittoit. Je luy dis : " D'amours ". De ceste reponse fut il tous resjouys, et regarda dedens le livre en plusieurs lieux et y lisi, car moult bien parloit et lisoit le franchois, et puis le fist prendre par ung sien chevallier qui se nommoit messire Richard Credon et porter en sa chambre de retraite » (Jean Froissart, *Œuvres*, J. M. B. C. Kervyn de Lettenhove éd., Bruxelles, 1867-1877, t. XV, p. 141-142 et 167) ; c'est nous qui ponctuons.

7. *Le Joli Buisson de Jonece*, A. Fourrier éd., Genève, Droz, 1975, v. 1-6.

à l'exception notoire des livres apportés en Béarn chez Gaston Phébus [8] et en Angleterre chez Richard II, dont il nous parle volontiers, on constate une absence relative de témoignages détaillés sur des codex particuliers achevés et enluminés. Seul le livre offert au roi Richard se voit agrémenté d'un commentaire matériel susceptible de retenir la curiosité d'un codicologue ou bien d'un historien de l'art.

Or il serait temps, à notre avis, de relancer l'appel d'Alberto Varvaro qui, en 1994, appelait de ses vœux une étude plus systématiquement intégrée des textes et des images [9]. Le corpus des témoins manuscrits est étonnamment riche, offrant aux spécialistes un champ très varié de matériaux pouvant desservir la recherche textuelle, codicologique, linguistique et socio-culturelle. Les défauts de l'édition de Kervyn de Lettenhove nous font oublier trop vite le service insigne que nous a rendu l'éditeur belge en gardant présent à son esprit, tout au long de ses travaux d'édition, l'apport des textes *et* des codex, dans l'élaboration progressive des versions successives des *Chroniques*. Ses notices sont souvent défectueuses, mais ce n'est pas toujours le cas ; bien avant l'avènement d'une science codicologique digne de ce nom, les commentaires du savant belge s'avèrent plus utiles que les notices un peu sèches des catalogues de bibliothèque du XIXe siècle.

Dans le sillage des études de M. Varvaro sur les rapports entre texte et image dans certains manuscrits du premier Livre, des commentaires fort éclairants ont été publiés à propos de quelques témoins majeurs des Livres III et IV, par des romanistes français ayant eu le mérite de doubler leur science philologique et textuelle d'un regard porté sur les aspects iconographiques des supports matériels (nous pensons surtout aux travaux de M.-L. Le Guay [10] et de Laurence Harf-Lancner [11]). En particulier, nos collègues

8. P. F. Ainsworth, *Jean Froissart and the fabric of history : truth, myth, and fiction in the* Chroniques, Oxford, Clarendon Press, 1990, p. 155 et n. 34.

9. A. Varvaro, « Il libro I delle *Chroniques* di Jean Froissart. Per una filologia integrata dei testi e delle immagini », *Medioevo romanzo*, 19, 1994, p. 3-36.

10. M.-L. Le Guay, *Les princes de Bourgogne lecteurs de Froissart. Les rapports entre le texte et l'image dans les manuscrits enluminés du livre IV des* Chroniques, Paris-Turnhout, CNRS Éditions-Brepols, 1998.

11. En particulier L. Harf-Lancner et M.-L. Le Guay, « L'illustration du livre IV des Chroniques de Froissart : les rapports entre texte et image », *Le Moyen Âge. Revue d'Histoire et de Philologie* 96, 1990, p. 93-112 ; L. Harf-Lancner, « La

romanistes parisiennes ont mis en lumière comment les artistes concevaient un programme d'illustration mettant en rapport texte, épisode ou « chapitre », rubriques et mise en scène narrative ou syncrétique. Une communication de Laurence Harf-Lancner au colloque de Lille en septembre-octobre 2004 a mis en valeur la tragédie de Richard II ainsi que l'assassinat de Thomas de Gloucester, dans deux manuscrits du quatrième Livre. A l'instar d'Auguste Castan [12], Alberto Varvaro s'était mis sur la piste du codex offert par l'écrivain à Richard II, produisant en cours de route un essai suggestif sur les manuscrits aux pages de présentation enluminées au format in-4° ou in-folio [13]. Plus récemment encore, Godfried Croenen a fait avancer notre compréhension du contexte social, économique et professionnel régissant la production de ce même groupe de manuscrits parisiens des *Chroniques*. Identifiant avec Mary Rouse et Richard Rouse un *librarius* responsable d'au moins une partie de ce sous-groupe important de manuscrits des Livres I à III, il a montré comment furent confectionnés et enluminés à Paris, au cours du premier quart du XVe siècle (donc après la date présumée du décès de Froissart), des « manuscrits-jumeaux » des *Chroniques* [14]. Il travaille à l'heure actuelle sur les rubriques de quelques sous-groupes de manuscrits des *Chroniques*, indice parfois révélateur d'origine commune ou de parenté au niveau de la production artisanale.

Les historiens de l'art (comme l'on s'y attendrait) se sont penchés avant tout sur les aspects iconographiques et artistiques des

merveille donnée à voir : la chasse fantastique et son illustration dans le Livre III des *Chroniques* de Froissart », dans *Merveilleux et fantastique au Moyen Âge*, F. Dubost éd., livraison spéciale de *Revue des Langues romanes* 100, 1996, p. 91-110 ; Ead., « Image and propaganda : the illustration of Book I of Froissart's *Chroniques* », dans *Froissart Across the Genres*, D. Maddox et S. Sturm-Maddox éd., University Press of Florida, Gainesville etc., 1998, p. 220-250 ; Ead., « Le masque de l'homme sauvage : le bal des Ardents dans les chroniques médiévales », dans *Masca, maschera, masque, mask : testi e iconografia nelle culture medievali*, R. Brusegan, M. Lecco et Al. Zironi éd., livraison spéciale de *L'immagine riflessa*, N. S., 9, 2000, p. 377-388.

12. A. Castan, « Étude sur le Froissart de Saint-Vincennes de Besançon », *Bibliothèque de l'École des chartes* 26, 1865, p. 114-148.

13. A. Varvaro, *art. cit.* (n. 9).

14. G. Croenen, M. Rouse et R. Rouse, « Pierre de Liffol and the manuscripts of Froissart's *Chronicle* », *Viator. Medieval and Renaissance Studies* 33, 2002, p. 261-293.

manuscrits des *Chroniques*, sans se soucier toujours du contenu de celles-ci. Deux études conduites en 1844 et 1848 par un amateur éclairé du nom de Humphreys [15] ont fait connaître à un public malgré tout assez restreint, et par le biais de lithographies accompagnées seulement de rubriques, les manuscrits des fonds Royal et Harley conservés à la British Library. Suivirent cinquante ans plus tard les études de Reinach [16] et Lindner [17] sur le remarquable manuscrit Rehdiger de Berlin dit « de Breslau », dont quelques enluminures furent reproduites en noir et blanc dans l'étude de Shears [18]. Des travaux beaucoup plus récents (que nous devons à Châtelet [19], Stirling [20], König [21] et Millard Meiss [22] surtout) nous ont éclairés sur les rapports complexes entretenus entre codex, maîtres et ateliers. Dans deux essais parus en 1998 [23], nous avons

15. *Illuminated Illustrations of Froissart. Selected from the MS. in the British Museum.* By H.N. Humphreys, ESQ. London : William Smith, 113, Fleet Street, 1844 ; *Illuminated Illustrations of Froissart. Selected from the MS. in the Bibliothèque Royale, Paris, and from other sources*, by H.N. Humphreys, ESQ. London : William Smith, 113, Fleet Street, 1845. Both volumes printed at London by Bradbury and Evans, Printers, of Whitefriars. N'oublions pas non plus la contribution de G. G. Coulton, *The Chronicler of European Chivalry*, Londres, The Studio Ltd., 1930.

16. S. Reinach, « Note sur les miniatures d'un manuscrit de Froissart à Breslau », *CRAI*, 1904, p. 48 ; Id., « Le manuscrit des « Chroniques« de Froissart à Breslau », *Gazette des Beaux-Arts. Courrier européen de l'Art et de la Curiosité* 33, 1905, p. 371-389.

17. A. Lindner, *Der Breslauer Froissart. Festschrift des Vereins für Geschichte der bildenden Künste zu Breslau / Zum fünfzigjährigen Jubiläum verfasst im Auftrage des Vereins*, Kommisions-Verlag von Meisenbach, Berlin, Riffarth & Cie, 1912, p. 3 et 77, 1 illustration, 50 pl.

18. F. S. Shears, *Froissart, Chronicler and Poet*, Londres, Routledge, 1930.

19. A. Châtelet, *L'Âge d'or du manuscrit à peintures en France au temps de Charles VI et les Heures du Maréchal de Boucicaut*, Dijon, Faton, 2000.

20. Ch. Sterling, *La peinture médiévale à Paris, 1300-1500*, 2 vol., Paris, 1990.

21. E. König, *Französische Buchmalerei um 1450*, Berlin, 1982.

22. M. Meiss, *French Painting in the Time of Jean de Berry : the Limbourgs and their Contemporaries*, 2 t., Londres-New York, 1974.

23. P. F. Ainsworth, « A Passion for Townscape : Depictions of the City in a Burgundian Manuscript of Froissart's *Chroniques* », dans *Regions and Landscapes. Reality and Imagination in Late Medieval and Early Modern Europe*, P. F. Ainsworth et T. Scott éd., Bern, Peter Lang, 2000, p. 67-109 ; Id., « The Image of the City in Peace and War in a Burgundian manuscript of Jean Froissart's *Chronicles* », dans *At the Crossroads of History : Urban Culture in Valois Burgundy.* P. E. Bennett éd.,

tenté nous-même de mettre en évidence les caractéristiques les plus saisissantes des enluminures du manuscrit de Berlin. Katariina Närä prépare actuellement sous notre direction à Sheffield — avec le concours de Scot McKendrick de la British Library — une thèse sur le Froissart de Commynes ou « Harley Froissart », BL Harley MSS 4379-4380, qui rassemblera transcription, texte édité et commentaires des aspects iconographiques et artistiques de celui-ci [24]. Mais il reste encore beaucoup de terrain à défricher dans le domaine très étendu des manuscrits des *Chroniques* de Froissart.

Avec le nouveau millénaire et six cents ans après la mort du chroniqueur de Valenciennes, de nouveaux outils technologiques nous offrent des possibilités de travail jusqu'ici inespérées. Si la photographie numérique offre bien aux chercheurs, par le truchement du service de reproduction des grandes bibliothèques, des images de la meilleure qualité imaginable (mais au détail, et à un prix parfois fort élevé), de nouvelles perspectives s'ouvrent aux spécialistes réussissant à mettre en place un partenariat de coopération scientifique avec une bibliothèque de taille plus modeste, mais possédant des fonds manuscrits de grande envergure. Ces derniers temps le projet Froissart à Sheffield a inauguré trois partenariats de ce genre, à commencer par celui l'associant désormais à la Bibliothèque d'Étude et de Conservation de Besançon [25]. Des fonds alloués sous l'égide du « Knowledge Exchange Programme » du Royaume Uni ont subventionné la reproduction numérique entre 2003 et 2004 des deux codex formant le Froissart dit « de Saint-Vincent », autrement dit les mss 864-865 contenant les Livres I à III des *Chroniques* [26]. L'édition du troisième Livre d'après le ms. 865, paraissant bientôt chez Droz dans les « TLF »,

Proceedings of the First International Colloquium of the Centre francophone belge, Spring, University of Edinburgh, 1996 ; livraison spéciale de *Revue Belge de Philologie et d'Histoire*, 2000, p. 1-20.

24. Ce manuscrit fera partie d'une grande exposition sur Charles de Luxembourg qui doit avoir lieu à Budapest en 2006 (le catalogue de celle-ci contiendra en effet une notice de Katariina Närä).

25. Nous tenons à exprimer toute notre reconnaissance à M. Ferreira-Lopes et à Mmes Marie-Claire Waille et Karine Rebmeister de la Bibliothèque municipale de Besançon pour leur aimable concours à nos projets d'édition, de numérisation et d'exposition de leurs manuscrits des *Chroniques*, et au Leverhulme Trust.

26. Photographie par David Cooper et par Colin Dunn de Scriptura (Oxford).

trouvera un jour son répondant numérique (disponible pour les seuls chercheurs), le texte de celle-ci s'accompagnant de clichés de chacun des feuillets [27]. Seront transcrits et édités aussi les textes des premier et deuxième Livres. Dans le cadre de ce projet a déjà été réalisé un dispositif de collationnement nous permettant de donner à voir côte à côte d'autres témoins de ces textes (par exemple les BNF fr. 2663-2664, « jumeaux » des mss 864-865 de Besançon) [28].

Un projet de collaboration entamé avec la bibliothèque de Stonyhurst College (Lancashire) a permis la reproduction numérique d'un manuscrit apparenté au ms. de Besançon 864 — le Stonyhurst College ms. 1 — enluminé par la même équipe que celle à qui l'on doit l'illustration de celui-là et copié par au moins quelques-uns des mêmes scribes [29]. Un projet financé par le Department of Trade and Industry (dans le cadre des « Knowledge Transfer Partnerships ») entame la création de logiciels permettant aux chercheurs de manipuler ces copies numériques selon leurs propres exigences et leurs besoins. Sont déjà en usage des outils informatiques permettant le visionnement simultané et, en regard du texte, des manuscrits Besançon ms. 864 et Stonyhurst ms. 1. Un projet analogue s'amorce avec la Bibliothèque du Patrimoine de la Ville de Toulouse autour du ms. 511 (Livre Premier des *Chroniques*, lui aussi apparenté aux codex de Stonyhurst et Besançon précités) [30]. Enfin est projetée pour 2007 une exposition publique aux Royal Armouries de Leeds, qui réunira sur place les manuscrits de Besançon et de Stonyhurst autour d'une

27. Presses électroniques de l'Université de Sheffield : *hriOnline*, vers 2009-2011. L'édition de Katariina Närä précitée paraîtra d'abord, bien évidemment, sous forme de thèse imprimée, et ensuite (en principe) chez Droz dans les « Textes Littéraires Français » ; mais nous espérons que le concours de la British Library nous permettra d'envisager aussi une version en ligne comportant des images numériques placées en regard de la transcription (la négociation est en cours).

28. Tout dépend, évidemment, de la volonté des bibliothèques citées et de leur politique relative aux droits de reproduction et d'exploitation des images (négociations en cours).

29. Nos remerciements vont également aux autorités de Stonyhurst College et en particulier à Jan Graffius et David Knight qui nous ont accueilli en 2004 lors des séances photographiques du ms. 1.

30. Négociations en cours. Projet appuyé par le Leverhulme Trust.

sélection d'armes et d'armures datant du début du XVe siècle [31]. Le concours de la British Library a été sollicité (images sollicitées du ms. Arundel 67, apparenté au Besançon ms. 865, et des mss Additional 38658-38659, ceux-ci ayant des rapports avec le ms. 864 de Besançon et peut-être aussi avec le ms. 511 de Toulouse). En même temps une exposition virtuelle sera organisée dans les locaux publics des Royal Armouries à la Tour de Londres et à Louisville (Kentucky) ; cette installation multimédia sera diffusée grâce à un portail du Worldwide Universities Network ou WUN (nommé « INCIPIT ») en train d'être réalisé à Sheffield. Des pourparlers sont aussi en cours avec le Musée National de France à Pau [32], en vue d'une exposition virtuelle du même type.

*
* *

Tout lecteur spécialiste travaillant sur les *Chroniques* de Froissart et en explorant les manuscrits se doit de consulter les historiens de la peinture du Moyen Âge finissant ; mais nous osons affirmer que ces derniers auraient tout autant besoin, pour affiner leur compréhension de ce qui se trouve dans ces codex et leurs programmes d'illustration, de l'apport des romanistes et des lecteurs spécialistes. Notre essai se terminera par quelques réflexions personnelles, nourries par nos lectures des principaux spécialistes de la peinture médiévale, mais s'inspirant aussi de notre connaissance des textes et de la tradition manuscrite des *Chroniques*, à propos d'un manuscrit datant du milieu du XVe siècle — méritant, à notre avis, que l'on s'y penche d'un peu plus près qu'on ne l'a fait jusqu'ici. Il s'agit des trois volumes composant le BNF n.a.f. 9604 à 9606 (désormais cités NAF 9604-9606). Offrant le texte des Livres I à III, ceux-ci furent copiés — selon toute probabilité pour un membre de l'entourage de René d'Anjou — d'après un manuscrit réalisé pour Arnaud de Corbie et resté en possession du fils (Philippe) de ce dernier : les BNF fr. 6474, Bruxelles B.R. IV 1102 et BNF fr. 6475. Contenant des interpolations que l'on a attribuées au grand copiste Raoul Tainguy, ce manuscrit a appartenu au XIXe siècle au

31. Projet agréé par le directeur, M. Peter Armstrong, et ses associés conservateurs, en particulier de Mme Karen Watts (armes et armures) toujours avec le concours du Leverhulme Trust.

32. Auprès du directeur M. Paul Mironneau, qui nous a reçu en 2004 à Pau pour en discuter.

comte d'Ashburnham ; les trois volumes furent achetés en 1899 pour la Bibliothèque nationale de France [33], où ils sont bien sûr toujours conservés aujourd'hui. Seules subsistent, dans ces codex, deux des trois enluminures de présentation (NAF 9604 et 9606) constituant l'unique illustration des trois volumes attribuées par Tesnière et Gifford à l'atelier du Maître de Jouvenel des Ursins et au Maître de Boèce. Dans un chapitre de son ouvrage sur la peinture médiévale à Paris entre 1300 et 1500 consacré à André d'Ypres (dit le Maître Guillaume de Jouvenel des Ursins) Charles Sterling [34] a conclu, lui aussi, qu'on est en droit d'attribuer l'exécution de la miniature de présentation du NAF 9604 (fig. 1) à un enlumineur

33. *Catalogue Général des manuscrits français* par Henri Omont, membre de l'Institut, conservateur du département des manuscrits. Nouvelles Acquisitions Françaises, III. N°s 6501-10000, Paris, Ernest Leroux, 1900. XVe siècle. Parchemin. 420, 254 et 227 feuillets, à 2 col., 412 mm sur 318 mm et 438 mm sur 318 mm. Demi-reliure. Le NAF 9604 contient un texte du Livre Premier ainsi que quelques chapitres du début du Livre III ; le NAF 9605 contient la suite de celui-ci, alors que le NAF 9606 contient le deuxième Livre. Voir *Creating French Culture. Treasures from the Bibliothèque nationale de France*, Introduction par E. Le Roy Ladurie, M.-H. Tesnière et P. Gifford éd., New Haven-Londres, Yale University Press, 1995). *Item* 39 [c'est le BNF n.a.f. 9606], Jean Froissart, *Chroniques, Livre II*. G. Raynaud éd., du vol. 9 (1895) à la p. 313 du vol. 11 (1899), suivi de deux lettres du duc d'Orléans datées du 7 août 1402 et du 27 mars 1403, mettant fin à son alliance avec le duc de Lancaster, et de la réponse du roi d'Angleterre, datée du 31 mai 1403. Parchemin ; 1 + 227 + ii fol. ; 440 mm × 317 mm. *Ca.* 1455-1460. Par l'atelier du Maître de Jouvenel des Ursins et du Maître de Boèce. Ces trois volumes (NAF 9604-9606) ont été copiés à partir d'un ms. réalisé par Arnaud de Corbie, qui appartint ensuite à son fils Philippe (BNF. Fr. 6474 ; Bruxelles, Bibliothèque Royale IV, 1102 ; BNF. Fr. 6475). Ayant appartenu au comte d'Ashburnham au XIXe siècle, ces volumes furent achetés en 1899 par la BNF [? copiés — *i.e. item* 39 — pour un membre de l'entourage de René d'Anjou ?]. Voir aussi M.-H. Tesnière, « Les manuscrits copiés par Raoul Tainguy : un aspect de la culture des grands officiers royaux au début du XVe siècle », *Romania* 107, 1986, p. 301-318, 324-325 et 354-361 ; Ch. Sterling, *op. cit.* (n. 20), vol. 2, p. 116-131 et fig. 114 et 115 ; L. Delisle, « Vente des manuscrits du comte d'Ashburnham », *Journal des Savants*, 1899, p. 493-500 ; E. König, *Französische Buchmalerei um 1450*, Berlin, 1982, p. 201-203.

34. Ch. Sterling, *op. cit.* (n. 20), vol. 2, p. 116-31 et fig. 114 et 115. L'enlumineur qu'on connaît sous ce nom était en fait André d'Ypres, « domicilié et actif à Amiens jusqu'à 1443, ensuite à Paris et peut-être aussi dans la région de la Loire, mort avant 1479 » (*ibid.*, p. 117).

travaillant pour René d'Anjou. A la suite de Christine de Mérindol [35], il lui assigne une datation postérieure à 1453 (vers 1455-1460) étant donné que : « Les " flammes " et la " couronne d'épines " emblèmes du Roi René, qui ornent la belle bordure de ce frontispice, indiquent cette période. »

Commentant la scène d'offrande du livre par Froissart à un roi de France, ainsi que celle où un roi d'Angleterre trône entouré de ses conseillers, Sterling fait valoir les dons de cet « artiste de grande qualité, capable de camper des personnages vigoureux et de rythmer clairement leurs groupes ». Nous ferons à notre tour remarquer la qualité tout à fait remarquable de la composition de chacune des deux lunettes constituant le « diptyque » du NAF 9604, le modelé des visages, l'attitude des personnages, la fermeté du dessin et les postures des figurants (en particulier, bien sûr, celles des deux rois). Relevons aussi le jeu très fin des plis du vêtement du personnage se trouvant au centre de la lunette de gauche et occupant donc une position située juste derrière le livre tenu par le chroniqueur. Ce personnage porte son regard (et le nôtre) vers le roi ; d'un geste de sa main gauche, il saisit sa robe sans ornement de conseiller de la cour, comme s'il voulait s'effacer devant son roi en habit de majesté royale. Nous reviendrons sur d'autres détails de cette scène d'offrande, mais constatons d'ores et déjà qu'elle est fort différente de celle que nous rencontrons au début du NAF 9606. Pour Eberhard König [36], celle-ci constitue « l'œuvre la plus ancienne d'André d'Ypres ». Il la date de 1435 environ et en situe l'exécution à Angers. Endossant cette localisation, Sterling conteste pourtant la datation proposée, faisant remarquer que le frontispice du tome premier (NAF 9604) « est certainement antérieur à l'autre » et n'a pas été exécuté (comme nous l'avons vu plus haut) avant 1453. La miniature de présentation du NAF 9606 est par conséquent postérieure à cette date.

Dans un essai paru en 1998, Laurence Harf-Lancner a fait remarquer (après Philippe Contamine) en quoi le public amateur des *Chroniques* de Froissart était essentiellement composé par les comtes de France, plutôt que par ses rois [37], qui considéraient que le

35. C. de Mérindol, *Le roi René et la seconde maison d'Anjou*, Paris, Le Léopard d'Or, 1987, p. 182, 305 et 310, et fig. 156.
36. E. König, *op. cit.* (n. 21), p. 202-203.
37. L. Harf-Lancner, *art. cit.* (n. 11), 1998, p. 235.

FIG. 1 — Frontispice du NAF 9604 réalisé par André d'Ypres : à gauche, offrande par Froissart des *Chroniques* au roi Charles VI ; à droite, un roi d'Angleterre trônant entouré de ses conseillers. Paris, Bibliothèque nationale de France.

chroniqueur de Valenciennes était trop favorable à la cause anglaise. Quoi qu'il en soit — nous avons commenté ailleurs l'existence d'exemplaires presque identiques du Premier Livre, illustrés, en revanche, par des programmes d'enluminures tantôt anglophiles, tantôt francophiles [38] et qui ont l'air de répondre aux attentes ou exigences de tel ou tel patron commanditaire au niveau social des comtes —, il est vrai que la page de présentation du NAF 9604 nous propose un très beau diptyque dont l'interprétation ne va pas, cependant, tout à fait de soi. A la suite de son modèle, le BNF fr. 6474, le NAF 9604 nous montre (dans la lunette de gauche) le chroniqueur agenouillé devant un roi de France, auquel il présente un volume relié. La composition a été analysée par Laurence Harf-Lancner [39], qui fait valoir le profil du roi de trois quarts. Charles, entouré de ses oncles et conseillers, porte une robe ornée des lys de France, décorée de motifs brodés en fil d'or et doublée d'hermine ; à la main droite il tient le sceptre royal. Un rideau de tissu bleu marine fleurdelisé, fermant normalement l'accès à la salle du trône, est retiré pour nous laisser découvrir une porte en ogive. Le baldaquin au-dessus du trône est lui aussi fleurdelisé, ses franges arborant les couleurs de la livrée royale — blanc, noir, rouge et or — ainsi que la devise de Charles VI, *Jamés*. Mme Laurence Harf-Lancner a raison de relever ce détail, ainsi que la présence, tout à fait à la droite de la composition, du seul personnage se trouvant à la droite du rideau : Bertrand du Guesclin, en cotte d'armes ornée de son blason [40]. Général d'origine roturière, il se trouve ici aux côtés d'un représentant de l'*ordo* des hommes d'église. Se tenant juste derrière le chroniqueur agenouillé, ce soldat brandit à la main droite le symbole de son office, le bâton du connétable. L'examen de la photo numérisée que nous a communiquée la Bibliothèque nationale de France nous permet de constater que la gaine de l'épée du

---

38. Voir notre étude intitulée « Representing Royalty : Kings, Queens and Captains in Some Early Fifteenth-Century Manuscripts of Froissart's *Chroniques* », *The Medieval Chronicle* IV, Amsterdam, Éditions Rodopi, sous presse (20 p.) ; version française intitulée : « Rois, reines et capitaines : échos de parti-pris dans quelques manuscrits des *Chroniques* de Froissart », dans Actes du colloque international « Jehan Froissart » (Lille III et Valenciennes, 30 septembre-1er octobre 2004), M.-M. Castellani et Ch. Herbin éd., *Perspectives médiévales*, Suppl. au n° 30, Villeneuve d'Ascq, 2006, p. 9-51.

39. L. Harf-Lancner, *art. cit.* (n. 11), 1998, p. 236 et planche 11.6.

40. D'argent, à l'aigle éployée de sable, becquée et membrée de gueules.

connétable est elle aussi fleurdelisée. Les traits de celui-ci rappellent bien ceux qu'on trouve encore aujourd'hui sur son effigie dans la crypte de la basilique de Saint-Denis. La présence du connétable a de quoi surprendre dans un frontispice au début du premier Livre des *Chroniques*. Racontant les débuts de la guerre de Cent ans, celui-ci met en scène les grandes victoires d'Édouard III à l'Écluse (1340), Crécy (1346) et Poitiers (1356). Les miniatures de présentation des manuscrits du premier Livre mettent normalement en scène le chroniqueur à genoux devant un roi d'Angleterre, mais rappelons-nous que ce Livre se termine aussi, dans la plupart des manuscrits, avec le récit des premières actions de reconquête remportées par le connétable entre 1370 et sa mort en 1380, cautionnées par la pensée stratégique du sage roi, Charles V. Comme on le sait, celui-ci a voulu éviter les rencontres armées inutiles, préférant à celles-ci le renforcement militaire des villes et des forteresses de son pays. Si la devise et la livrée sont bien celles de Charles VI, le portrait (moral et physique) du roi nous semble accuser les traits de son père. Ici dominent sérénité et sagesse ; l'expression du roi est résolue, sa lèvre inférieure tout aussi ferme que celle-ci. Charles V est mort, comme Du Guesclin, en 1380. La première crise de démence de Charles VI date de 1392 et il trouva la mort en 1422. Son successeur meurt en 1461, donc l'exécution de notre miniature relève vraisemblablement de l'époque au cours de laquelle Charles VII le Victorieux ou le Bien-Servi créa une armée professionnelle garantissant la sécurité du pays et réussit à réunir l'ensemble du royaume.

De la composition ornant la deuxième lunette du NAF 9604, Laurence Harf-Lancner nous propose la description suivante (traduction par Sara Sturm-Maddox) :

> « On the right, the king of England is enthroned, crowned, beneath the arms of England ; he too is surrounded by nobles, body facing forward, head in three-quarters profile ; at his feet there is a man in a blue robe, in whom Kervyn [de Lettenhove] sees a messenger, the kitchen servant sent by Charles V to challenge Edward III. [...] Even if the *devise* is that of Charles VI, the presence of Du Guesclin encourages us to see in the scene on the right the challenge addressed by Charles V to Edward III. [...] It is significant that this scene is placed at the opening of book 1 ; the result is to erase the terrible French defeats that marked the reigns of Philippe VI and Jean le Bon, to accentuate, with Du Guesclin, the restorative reign of Charles V. »

Sous un baldaquin vert clair autour duquel court une frise de couronnes d'or frangée de noir, rouge et blanc, trône un jeune homme à l'expression tout aussi ferme et résolue que celle de son homologue royal de France, mais au physique beaucoup plus svelte et nerveux. La couleur du baldaquin et du dossier du trône (lui aussi semé de couronnes d'or) symbolise peut-être la jeunesse, l'énergie et la fougue [41]. Les couronnes de la frise et du dossier du trône constituent vraisemblablement un écho ironique du blason légendaire du roi Arthur (d'*azur* à trois couronnes d'or), encore que le fond demeure bien vert clair. Le blason royal des rois d'Angleterre apparaît sur un écusson ornant le dossier du trône. Il s'agit de la version d'avant 1339-1340 : de gueules, à trois léopards d'or en pal. Le 22 janvier 1340, Édouard avait reçu à Anvers la livraison de bannières nouvelles aux quartiers de France et d'Angleterre, à une époque où il rassurait ses sujets en Flandre et en Angleterre quant à sa résolution de restaurer les lois et coutumes de « notre prédécesseur saint Louis » [42]. Au contraire d'un Édouard III barbu, ce jeune roi anglais à l'air impétueux ressemble plutôt au vainqueur d'Azincourt, Henry V. A l'inverse aussi de l'entourage bien équilibré du roi français, celui paraissant dans la lunette de droite dépeint le roi (sollicité par un messager tenant son chapeau à la main et se tenant à genoux à la gauche du souverain) figé dans un geste de refus au milieu d'une salle où domine à gauche la figure sévère d'un chancelier — que le roi ne regarde pas. Les courtisans anglais se tiennent juste derrière le trône, de part et d'autre ; au fond et de chaque côté de celui-ci, deux visages d'homme sans corps ont l'air d'essayer de voir ce qui se passe sur le devant de la scène. Mais le détail le plus curieux de cette composition se trouve à gauche et autour du sceptre tenu par le roi d'Angleterre, qui — tout comme celui du roi de France — finit en fleurs-de-lys. A regarder l'image de plus près on aperçoit un étrange jeu de mains : un courtisan portant un chapeau noir (qui aurait été fort à la mode durant le règne d'Henry IV) enfonce la main droite dans sa ceinture d'un geste désinvolte, juste au-dessous de la main du chancelier, à l'index morigéneur. Une troisième main (qui pourrait être la main gauche

41. Faisons pourtant attention à la mise en garde de Michel Pastoureau à l'encontre des interprétations par anachronisme ou parti-pris de démonstration : article sur la couleur, dans *Dictionnaire du Moyen Âge*, C. Gauvard, A. de Libera et M. Zink éd., Paris, PUF, coll. Quadrige, 2002, p. 354-355.

42. J. Sumption, *Trial by Battle. The Hundred Years War I*, Londres, Faber and Faber, 1990, p. 302.

du courtisan au chapeau noir, mais qui semble faire écho aux têtes goguenardes et détachées des deux personnages se trouvant derrière le dossier du trône) semble prête à caresser ou à s'emparer du sceptre.

Coïncidence, peut-être, mais ce détail retient quand même l'attention. Si nous regardons par la suite le frontispice du NAF 9606 (fig. 2) inaugurant le texte du deuxième Livre des *Chroniques* (troubles de Flandre et Grande Révolte des paysans en Angleterre), nous constaterons d'abord que l'artiste a changé. Nous remarquons aussi que le roi de France ici représenté ressemble bien aux portraits (dans d'autres manuscrits contemporains) du roi Charles VI. L'air vigoureux et le regard perçant, le roi de France se trouve entouré de ses courtisans, parmi lesquels on reconnaît à leurs armoiries le duc de Bourgogne et le comte de Flandre.

Dans la lunette de droite, en revanche, combien grand apparaît le contraste entre le présent souverain anglais et celui du NAF 9604 ; si celui-ci porte bien une cotte aux quartiers de France et Angleterre, son sceptre est coiffé non pas de fleurs de lys mais d'une feuille de trèfle, et puis ce souverain anglais a l'air maladif et même chétif. Si le texte nous parle de Richard II, l'image semble nous renvoyer bien davantage à Henry VI (roi d'Angleterre depuis 1429 et roi de France à partir de 1431) dont une période de maladie soutenue commençait justement en 1453. Henry avait perdu la Normandie dès 1450 et il perdait peu à peu ce qui lui restait encore de son influence en France. L'image composite du NAF 9606 en vient de la sorte à signifier le redressement progressif de la France, mais aussi le déclin en France du pouvoir anglais, tout en évoquant des événements s'étant produits entre 1381 et 1385.

⁂

Le six-centenaire de la date présumée du décès de Jean Froissart nous offre une occasion hors pair de passer en revue les progrès tout à fait remarquables enregistrés ces dernières années dans tous les domaines de la recherche le concernant. Qu'on interroge les études textuelles ou narratives des *Chroniques* ou du *Méliador*, ou encore les analyses les plus récentes de ses *dits* narratifs, le chanoine de Chimay a toujours de quoi nous surprendre et à nous apprendre [43]. Au

43. Voir à ce propos notre essai récent : « État présent. Jean Froissart : A Sixcentenary Reappraisal », *French Studies* LIX/3,2005, p. 364-372.

FIG. 2 — Frontispice du NAF 9606 réalisé par André d'Ypres : à gauche, le roi Charles VI entouré de ses conseillers ; à droite, le roi d'Angleterre Richard II. Paris, Bibliothèque nationale de France.

regard des textes et des manuscrits, en particulier, le champ demeure riche encore, et plein de possibilités nouvelles — même si l'évaluation de sa contribution à l'histoire des nations émergentes, des sociétés et des cultures du XIVe siècle, montre combien son regard manque de pénétration critique et de capacité d'analyse (modernes). Mais étudier Froissart, comme nous avons essayé de le démontrer dans cette communication, c'est étudier en même temps la contribution tout aussi importante qu'ont apportée, eux aussi, les libraires, copistes et enlumineurs responsables des codex, encore aujourd'hui conservés dans nos bibliothèques de recherche, à notre compréhension de la vie culturelle de l'époque de Froissart et de la première moitié du XVe siècle.

Peter F. AINSWORTH

DÉBAT

Peter F. DEMBOWSKI : Je tiens à vous signaler qu'un projet semblable existe aussi à Princeton à propos des manuscrits du *Lancelot*. Ce projet a vu le jour sous la direction du regretté professeur Karl D. Uitti, il y a maintenant dix ans de cela, et il est aujourd'hui utilisé comme un outil pédagogique, parce que c'est une excellente introduction aux problèmes textuels de l'ancien français.

Michel ZINK : Je veux un instant seulement attirer l'attention de chacun — bien que nul ne l'ignore — sur tout ce que les études consacrées à Froissart doivent à Peter Ainsworth. Depuis son premier livre, *Froissart and the Fabric of History* — auquel on pourrait faire écho en usant de l'expression suivante : « Peter Ainsworth and the Fabric of Froissart » — notre collègue a su constituer à Liverpool, puis à Sheffield, ou encore ailleurs, plusieurs équipes de recherche extrêmement efficaces ; nous bénéficions tous du résultat de ses efforts, efforts qui sont réellement désintéressés, car il est d'une certaine manière plus gratifiant de dire ce qu'on veut dans son coin sur un auteur plutôt que d'avoir à fournir à la communauté des chercheurs des outils aussi utilisables et aussi raffinés.

Hideichi MATSUBARA : Ma question se rapporte au sujet des « femmes guerrières » que Mme Colette Beaune, qui ne peut malheureusement pas être présente, avait annoncé. Il se trouve que je m'intéresse à l'expression de « femmes guerrières ». Ces femmes dites « guerrières » existaient-elles réellement à cette époque ? L'expression de « femmes guerrières » a-t-elle bien, du reste, été employée par Froissart ? Est-il possible que ce dernier ait tout simplement utilisé le terme de « guerrière » ? Avec la transcription du texte original en français moderne, peut-on faire la recherche du mot au féminin, en ayant recours à votre moteur de recherche électronique ?

Peter F. AINSWORTH : Je vous remercie de poser une telle question, qui me permet d'ailleurs d'adresser, en mon nom propre ainsi qu'en celui de toute cette assistance, mes salutations à Mme Beaune. Je vous répondrai rapidement, en trois points. Tout d'abord, nous envisageons la création d'un moteur de recherche permettant d'identifier des syntagmes contenant eux-mêmes des mots-clé, des mots-clé dont nous avons tout intérêt à rechercher les combinaisons diverses. Ensuite, il est intéressant de remarquer à quel point, dans les manuscrits, l'iconographie fait état de la présence ou de l'absence des personnages des reines, telles que Philippa d'Angleterre à la bataille de Nevill's Cross ; elle apparaît dans tel manuscrit et disparaît dans tel autre ; l'artiste ne choisit pas toujours de représenter la reine présente, présidant à la bataille de Nevill's Cross. Enfin, et pour peu qu'on se reporte à la p. 591 de notre édition des *Chroniques* dans la collection « Lettres gothiques », on trouve un récit concernant une femme extraordinaire, que Froissart qualifie de « folle » et d'« outrageuse », vêtue de bleu, couleur symbolique, mais inversée, ici ; il s'agit d'une dame qui accueille les troupes de Guillaume de Hainaut, si je ne m'abuse, en leur montrant son derrière. On la met en pièces. C'est là une femme « guerrière », extraordinaire dans cet épisode du Livre IV, édité par les soins d'Alberto Varvaro. Il y a donc, à ce propos, matière à recherche, j'en suis pour ma part certain. Il est par ailleurs fait mention de femmes protégeant une ville lors d'une tentative de siège, de citadines venant au secours des habitants de leur ville. Ce sont peut-être aussi des femmes guerrières, indirectement, des résistantes, en tous cas des êtres pleins d'esprit et d'aplomb, qui parviennent à sauver une garnison, ou une forteresse ; on en trouve dans les *Chroniques*, particulièrement dans le Troisième Livre.

SYNTHÈSE DES COMMUNICATIONS PRÉSENTÉE PAR MICHEL ZINK À L'ACADÉMIE DES INSCRIPTIONS ET BELLES-LETTRES

Je me fais d'abord l'interprète des intervenants et des participants en disant à vous-même, M. le Président, et au Secrétaire perpétuel de notre Compagnie, notre reconnaissance pour avoir pu tenir ici la dernière séance de ce colloque.

Nous l'avions conçu comme une réflexion dont l'unité était fournie par la figure d'un chroniqueur du XIVe siècle, qui fut aussi un poète : figure consciente d'elle-même, presque complaisante à l'égard d'elle-même, que celle de ce Froissart qui dans ses *Chroniques* et ses poèmes se révèle de toutes les manières, mais particulièrement par le regard, à la fois distancié et complaisant, faussement naïf et profondément habile qu'il porte sur lui-même, sur les événements, sur les événements à travers lui-même et sur lui-même à travers les événements. Or ce colloque nous a permis de modifier les contours de cette figure, il a apporté des éléments véritablement nouveaux et les convergences entre diverses communications confirment la pertinence des conclusions qui se sont dégagées.

Du côté de la biographie, la communication de Godfried Croenen sur les mécènes de Froissart a apporté des éléments factuels tout à fait neufs et a fait émerger la figure d'Enguerrand de Coucy (Enguerrand VII), présent partout dans les *Chroniques* et dont on s'aperçoit qu'il a été peut-être encore plus présent dans leur élaboration qu'on ne pouvait le penser. A l'autre extrémité, celle d'une approche proprement littéraire, la communication de Jacqueline Cerquiglini-Toulet montre à travers sa poésie la fascination de

Froissart pour une sorte de tragique sanglant du démembrement et de la dévoration, mais aussi son recul au dernier moment devant ce qu'ont d'excessif ces visions sanglantes. En l'écoutant, nous nous apercevions que cette attitude et cette démarche, on les trouve aussi dans les *Chroniques* et que ce qui est pratiquement explicite dans les poèmes éclaire la démarche du chroniqueur. Nous avons vu aussi émerger, dans la communication de Philippe Contamine, la vision d'un Froissart plus attentif qu'on n'aurait pu le penser au menu peuple, une attention qui peut être non seulement sévère ou sympathique, mais qui est également politiquement significative et qui fonde une analyse très profonde des rapports de force, en particulier en Flandre dont il connaît bien la situation, même si, dès qu'on franchit la Manche, la connaissance est un peu plus lointaine. Quant au jeu de la modernité et de la tradition chez Froissart écrivain, cet esprit que l'on sent foncièrement conservateur à tous égards — dans sa façon d'écrire, dans sa vision du monde, dans ses attachements — renouvelle les motifs courtois en décrivant une « Horloge mécanique », description qu'a présentée Peter Dembowski ; il renouvelle de façon très profonde le roman chevaleresque, comme l'a montré Michael Schwarze, en écrivant *Méliador*, ce roman de trente mille vers qui est plus qu'un avatar tardif du roman arthurien. Françoise Autrand, elle aussi, a mis en lumière quelque chose de très nouveau : ce Froissart, amateur de hauts faits chevaleresques, ce Froissart, dont le sujet même est la guerre, les « guerres de France et d'Angleterre », ce Froissart aime la paix, parce que Froissart, on l'oublie toujours, est prêtre, Froissart est chanoine, Froissart n'est pas un mauvais prêtre. Froissart sait que la paix vient de Dieu, est un don de l'Esprit Saint, est un grand don de Dieu. Si la paix est le fruit de la Passion du Christ, il y aurait quelque chose de blasphématoire à ne pas vouloir, à ne pas désirer, à ne pas admirer la paix. Au milieu de tous l'éclat des armes qui le séduit et qui le fascinent, il ne l'oublie pas et, comme l'a très bien montré aussi Alberto Varvaro, il essaie de le faire apparaître. Mais il y avait dans la communication de Françoise Autrand une autre idée qui rencontrait l'analyse magnifique d'Alberto Varvaro, celle d'une invitation à la compréhension des faits, d'une sorte d'herméneutique des faits, immanente à la narration. Et c'est cette immanence même qui a fait soupçonner Froissart d'incompréhension ou de superficialité. En réalité, ce qu'Alberto Varvaro a appelé « la dislocation à droite de l'information » est constant chez lui. Il cache son jeu parce que dans ses présupposés historiographiques, dans ses outils, dans cet arsenal de l'écriture et de la compréhension qu'il a à sa disposition, il y a au centre un creux, il y a un non-dit. On croit qu'il ne voit pas la complexité des problèmes, alors que souvent il la voit. Mais pour voir qu'il la voit, il faut être attentif à ce qu'il ne dit pas tout autant qu'à ce qu'il dit, à la façon dont il le dit, aux suspens, aux moments où il s'arrête, où il introduit quelque chose qui paraît être une digression, mais qui plus tard éclairera la suite du récit. C'est quelque chose qui n'est pas propre à Froissart, c'est quelque chose qui en fait relève très profondément de l'art littéraire médiéval. C'est ce qui rend celui-ci spontanément étranger à notre sensibilité, mais fait sa richesse et sa complexité. Il faut sans cesse, quand on lit les œuvres médiévales, être attentif à ce genre de choses et à propos de Froissart particulièrement. Alberto Varvaro nous a montré que le non-dit a une place formelle, qu'il est un élément de la construction littéraire et de la construction signifiante des *Chroniques*.

Cette construction signifiante, elle ressortait aussi de l'exposé de Michel Stanesco, qui était un exposé déceptif, donc très froissardien, car on attendait des songes, des poèmes, les songes-cadres des poèmes allégoriques, comme *Joli Buisson de Jeunesse*, *Espinette amoureuse*. Mais ce dont il a traité, c'est du rêve de Charles VI : ce rêve qui n'est pas présenté comme un rêve et qui prend son poids de signification historique du fait qu'il est chargé de toute une imagination mythologique et de tous les réseaux qui l'alimentent. Il y a donc une rencontre de l'imaginaire poétique et du récit historique : il y a le songe de Charles VI et la vision de Sagremor dans *Méliador*. Il y a, nous l'avons vu avec Michael Schwarze, la rencontre du somnambulisme de Pierre de Béarn et du somnambulisme de Camel de Camois dans *Méliador*, avec une énigme touchant l'ordre de composition des deux textes qui est absolument insoluble dans l'état actuel de nos connaissances. A l'intérieur même des *Chroniques*, on a cette rencontre, mais on a aussi une opposition, un rêve qui n'est pas raconté comme un rêve, un rêve qui n'a rien à voir avec les conventions poétiques du rêve telles qu'elles alimentent la poésie du temps et singulièrement celle de Froissart.

Enfin, l'intervention de Georges Diller nous a montré ce qui justifie la tenue d'un tel colloque : c'est que Froissart n'est pas seulement un objet d'études pour l'historien ou pour l'historien de la littérature, un auteur qui se situe au XIVe siècle et qui, si l'on s'intéresse à autre chose que le Moyen Âge, n'a aucune importance.

Froissart est un auteur qui a alimenté d'abord la connaissance historique de son époque de façon continue et de façon grandissante, peut-on dire, à travers tout l'Ancien régime, de Montaigne à nos ancêtres les académiciens du XVIIIe siècle. C'est aussi un auteur qui a alimenté l'imagination littéraire du XIXe siècle de façon constante. M. le Président de l'Académie se demandait il y a un instant : Alexandre Dumas avait-il lu Froissart ? Je crois qu'il l'avait lu. En fait, ils avaient tous lu Froissart grâce à la fameuse édition Buchon. Après tous ces efforts inaboutis, que George Diller a d'ailleurs très bien analysés, pour donner une impossible édition critique de Froissart, Buchon donne un texte en trois volumes dans les années 1830, et ainsi tout le monde a pu lire Froissart, tout le monde l'a effectivement lu. Il y a les romans d'Alexandre Dumas, mais il y a aussi les allusions que l'on trouve partout, comme dans *L'éducation sentimentale* : Frédéric Moreau commence dans la vie par vouloir écrire un roman d'après Froissart. Et dans les dernières pages du roman, ce qu'ils ont eu de meilleur, disent-ils, Deslauriers et lui, ce n'est pas seulement la visite avortée dans un mauvais lieu, c'est aussi ce rêve, qui n'a pas abouti non plus, d'écrire un roman inspiré par Froissart. Si bien que, et pour notre connaissance de l'histoire, malgré toutes ses erreurs, et pour l'enrichissement de notre littérature, nous pouvons être reconnaissants à cet homme qui est en outre un si grand poète et un si grand conteur.

LES PARTICIPANTS

Peter F. Ainsworth	Professeur à l'Université de Sheffield
Françoise Autrand	Professeur émérite à l'ENS
Jacqueline Cerquiglini-Toulet	Professeur à l'Université de ParisIV-Sorbonne
Philippe Contamine	Membre de l'Académie des Inscriptions et Belles-Lettres, professeur émérite à l'Université de Paris IV-Sorbonne
Godfried Croenen	Professeur à l'Université de Liverpool
Peter F. Dembowski	Professeur émérite à l'Université de Chicago
George T. Diller	Professeur émérite à l'Université de Floride
Bernard Guenée	Membre de l'Académie des Inscriptions et Belles-Lettres, professeur émérite à l'Université de Paris I-Panthéon-Sorbonne, directeur d'études à l'EPHE (IVe section)
Laurence Harf-Lancner	Professeur à l'Université de la Sorbonne nouvelle Paris III
Michael Schwarze	Assistant à l'Université catholique d'Eichstätt-Ingolstadt
Michel Stanesco	Professeur à l'Université Marc-Bloch de Strasbourg
Alberto Varvaro	Professeur à l'Université Frédéric II de Naples
Michel Zink	Membre de l'Académie des Inscriptions et Belles-Lettres, professeur au Collège de France

TABLE DES MATIÈRES

Postérité de Froissart

ACHEVÉ D'IMPRIMER
EN SEPTEMBRE 2006
SUR LES PRESSES
DE
L'IMPRIMERIE F. PAILLART
À ABBEVILLE

DÉPÔT LÉGAL : 3e TRIMESTRE 2006
N°. IMP. 12789